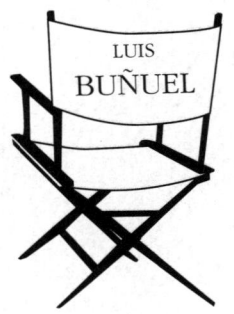

Director de la colección: Jenaro Talens

Agustín Sánchez Vidal

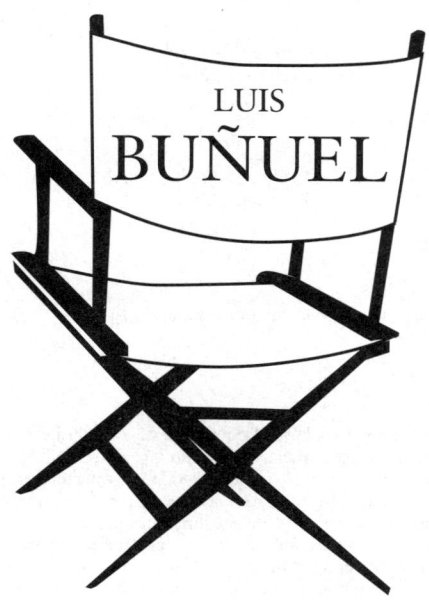

LUIS
BUÑUEL

QUINTA EDICIÓN

Cátedra
Signo e Imagen / Cineastas

Diseño de colección: Manuel Bonsoms

1ª edición, 1991
5ª edición, 2010

Documentación gráfica: Agustín Sánchez Vidal
y Fernando Muñoz

Diseño de cubierta: aderal

Reservados todos los derechos. El contenido de esta obra está protegido por la Ley, que establece penas de prisión y/o multas, además de las correspondientes indemnizaciones por daños y perjuicios, para quienes reprodujeren, plagiaren, distribuyeren o comunicaren públicamente, en todo o en parte, una obra literaria, artística o científica, o su transformación, interpretación o ejecución artística fijada en cualquier tipo de soporte o comunicada a través de cualquier medio, sin la preceptiva autorización.

© Agustín Sánchez Vidal
Ediciones Cátedra (Grupo Anaya, S.A.), 1991, 2010
Juan Ignacio Luca de Tena, 15. 28027 Madrid
Depósito legal: M. 23.850-2010
ISBN: 978-84-376-2151-7
Printed in Spain

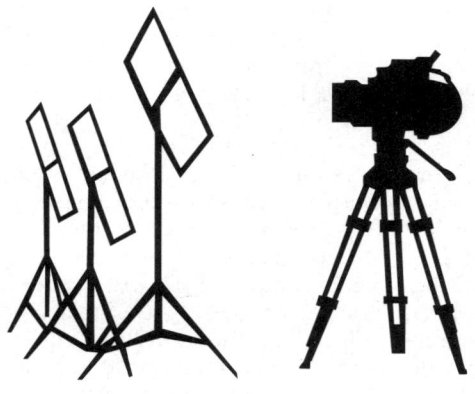

El cine, instrumento de poesía

Cabe asignar al cine multitud de cometidos, pues no en vano se trata de un arte de fuerte vocación integradora. Para Buñuel siempre fue, ante todo, un *instrumento de poesía,* como él mismo lo definió en uno de sus textos de madurez de rara claridad programática. En su concepto, ningún precipitado «artístico» podía compararse con la poesía, compañera del misterio, del azar, del humor y otros escotillones y asideros que dotaban a la realidad de esa dimensión superior que el grupo de

Breton bautizó como *superrealidad*. Inasible y escurridiza, la poesía afloraba en distintos lenguajes y designios, y a Buñuel seguramente no le habría importado utilizar como excipiente la música, la pintura o la literatura, si se hubiera sentido dotado en esos terrenos. Pareció encontrarse definitivamente a gusto en el cine, aunque nunca disimuló sus orígenes literarios, ni dejó de suspirar por esta vocación que cultivó allá en sus años jóvenes con aplicación y no pocos logros en la órbita de Gómez de la Serna, el creacionismo y el ultraísmo.

Esos escritos permiten establecer relaciones insospechadas, correspondencias y armónicos que el cine, debido a sus condicionantes comerciales, hizo mucho más difíciles de formular o, simplemente, le obligó a disfrazar bajo códigos más convencionales. La libertad de la hoja en blanco por la que siempre suspiraría, puso a su alcance en la década de los 20 hallazgos de una imaginación y radicalidad que la industria cinematográfica nunca le permitiría por razones de censura económica y moral. El férreo control del nuevo medio le obligaría a arbitrar diversas estrategias para expresar sus obsesiones personales; pero el ámbito básico de las mismas apenas variaba, limitándose en cierto modo a desarrollar en distintas direcciones el repertorio de sintagmas y vislumbres iniciales.

En junio de 1980, mientras preparábamos su *Obra Literaria* en su casa de la Cerrada Félix Cuevas de Ciudad de México y repasábamos aquellos textos de los años veinte, Buñuel me confesaba: «Hoy yo puedo tener alguna importancia como cineasta, pero lo hubiera dado todo gustoso a cambio de poder ser escritor. Es lo que realmente me habría gustado ser. Porque el mundo del cine es muy agobiante, hace falta mucha gente para hacer una película. Y envidio al pintor o al escritor que pueden trabajar aislados en su casa. Pero no valgo para escribir. Me repito. Lo que a un escritor le cuesta dos minutos a mí me cuesta dos horas.»

Este vínculo de su cine con esos orígenes poéticos

ha sido notado por los más cualificados frecuentadores de la obra del aragonés, como Octavio Paz: «Aunque todas las artes, sin excluir a las más abstractas, tienen por fin último y general la expresión y recreación del hombre y sus conflictos, cada una de ellas posee medios e instrumentos particulares de encantamiento y así constituye un dominio propio. Una cosa es la música, otra la poesía, otra más el cine. Pero a veces un artista logra traspasar los límites de su arte; nos enfrentamos entonces a una obra que encuentra sus equivalencias más allá de su mundo. Algunas de las películas de Luis Buñuel —*La edad de oro, Los olvidados*— sin dejar de ser cine nos acercan a otras comarcas del espíritu: ciertos grabados de Goya, algún poema de Quevedo o Péret, un pasaje de Sade, un esperpento de Valle-Inclán, una página de Gómez de la Serna...»

Otro testigo de primera fila, Max Aub, afirmó en repetidas ocasiones que el cine del calandino estaba lleno de greguerías, como consecuencia de ese impulso poético originario que buscaba un cauce de expresión: «Luis Buñuel, como cualquier gran artista, tenía un mundo que comunicar, pero no encontraba el instrumento para hacerlo. Intentó expresarse por el deporte, dando salida al vigor físico que llevaba dentro, y llegó a ser subcampeón de peso semi-completo de España, como *amateur*. Luego quiso ser poeta —yo he logrado recoger toda su obra, que no carece de interés en aquel erial de los "ismos" y escuelas vanguardistas en boga. Se dedicó luego a la "borrachera", y, por último, descubrió el cine de la mano de Fritz Lang, *Las tres luces*. Pero el cine en Buñuel no se parece a ningún otro cine; es, ante todo, una pluma, porque escribe con él.»

En 1947, al intentar vender en el mercado estadounidense el guión *Ilegible, hijo de flauta,* en el que Luis Buñuel había colaborado con Juan Larrea, le pusieron un prólogo en inglés en el que se abogaba por un cine *poemático* frente al *cine-novela* y al de carácter comercial: «El arte cinematográfico, debido principalmente a contingencias de orden económico, parece haber renunciado a sus inmensas posibilidades creadoras, que en la actualidad caminan exclusivamente en una sola dirección: la del más estricto *realismo*...Los asuntos originales [del *cine-novela]* están poco menos que agotados y el cine realista ha tenido que recurrir a las creaciones literarias de las que principalmente nutre su inspiración. Lo que a través de los siglos se nos había contado por la novela o por el teatro nos lo vuelve a repetir ahora el cinematógrafo... Siendo éste, como se ha dicho a menudo, instrumento maravilloso para la expresión de la poesía y de los sueños —del subconsciente— se ve constreñido al papel de simple *repetidor* de historias, ya expresadas por otras formas del arte.»

Estas ideas serán retomadas por Buñuel en *El cine, instrumento de poesía,* conferencia pronunciada por él en la Universidad de México en 1958. Si al séptimo arte se le permitiera moverse en el terreno de la poesía, nada podría detener su potencial liberador: «Ha dicho Octavio Paz: «Basta que un hombre encadenado cierre sus ojos para que pueda hacer estallar el mundo», y yo, parafraseando, agrego: bastaría que el párpado blanco de la pantalla pudiera reflejar la luz que le es propia, para que hiciera saltar el universo. Mas por el momento, podemos dormir tranquilos, pues la luz cinematográfica está convenientemente dosificada y encadenada... El misterio, elemento esencial en toda obra de arte, falta, por lo general, en las películas. Ya tienen buen cuidado autores, directores y productores de no turbar nuestra tranquilidad abriendo la ventana maravillosa de la pantalla al mundo libertador de la poesía... El cine es un arma maravillosa y peligrosa si la maneja un espíritu libre. Es el mejor instrumento para expresar el mundo de los sueños, de las emociones, del instinto... El cine parece haberse inventado para expresar la vida subconsciente, que tan profundamente penetra por sus raíces; la poesía, sin embargo, nunca se emplea para esos fines».

Aunque haya películas suyas construidas con innegable virtuosismo —como *Él* y *Ensayo de un crimen*—, de Buñuel la memoria retiene, más que cintas completas, imágenes con vida propia, súbitas y deslumbrantes revelaciones de la cara oculta de la realidad, auténticas *iluminaciones en la sombra,* por recurrir a un título español que aúna los ecos de Rimbaud con los de la noche oscura de los místicos. Y ello se debe en buena medida al grado de *necesidad* que llegan a cobrar tales imágenes, sólo en apariencia gratuitas y arbitrarias.

Sin sus películas careceríamos de una de las apuestas más decididas por liberar a la cámara de sus obligaciones para con el cine-novela, o, según lo parodiaban los surrealistas, el agobiante y menesteroso cliché decimonónico de «la marquesa salió a las cinco». Aunque Buñuel terminara interesándose por las historias que contaba y, sobre todo, por los personajes que las poblaban, no dudaba en utilizarlas como pretexto para hacer saltar esos chispazos en los que reside justamente la fuerza de su universo fílmico: las secuencias oníricas de *Los olvidados, Subida al cielo* y *Robinson Crusoe;* los delirios de *Él* y *Ensayo de un crimen;* el final de *Abismos de pasión;* los encuentros inesperados de *La ilusión viaja en tranvía;* las irreverentes iconografías crísticas de *Así es la aurora, Nazarín, Viridiana* y *Simón del desierto;* los fetichismos de *Tristana, Belle de jour* y *Ese oscuro objeto del deseo;* o las disquisiciones teológicas y metafísicas de *La Vía Láctea* y *El fantasma de la libertad...* Todo ello porque despreciaba los esquemas archisabidos.

En marzo de 1981, Buñuel mantuvo una larga entrevista con Jean-Claude Carrière para la Radiotelevisión Italiana. En ella comenzaba marcando sus distancias con el sistema industrial de Hollywood a través de una reveladora anécdota ocurrida durante su estancia en Los Ángeles:

«Yo iba mucho al cine y había clasificado las películas según su argumento: ambiente de guerra, de *gangsters, westerns,* cómicas o comedias cómicas. Y me daba cuenta de que los personajes dependían del tipo de película en que intervenían, de la ambientación general. Y que podía anticipar aquello que sucedía en una determinada película, sobre todo a las mujeres... Existía una moral muy rígida... Un día Sternberg me invitó a ver el avance de un filme. La película estaba ambientada en Viena, durante la guerra. Eran las tres de la tarde y había una cola inmensa de personas que esperaban la apertura de las tiendas para comprar pan. Entre ellas estaba Marlene Dietrich, que hacía el papel de una prostituta. Se ve llegar un general aliado que busca espías. Ve la prostituta y le dice: "Pequeña, ¿quieres venir a mi habitación?". "Vamos", contesta ella. Se trataba, por tanto, de una película de guerra con puta incluida, según mi esquema.

Después de la proyección, y cuando regresábamos a casa en coche, el productor me dice: "¿Ha visto qué genio es Sternberg? Ha hecho que la protagonista muera". Entonces yo le dije al productor: "Escuche, apenas vi el comienzo de la película comprendí que moriría fusilada". "Pero, ¿cómo?", dice él. Y yo respondí: "Porque las putas en una película en general, sí que pueden morir asesinadas, pero en una película de guerra..."

Y el productor me dice: "No es posible". "Ah, ¿no quiere creerme?", le dije. Y yo se lo probé yendo a despertar a un amigo español. Era ya más de medianoche cuando llamé a la puerta de mi amigo, que salió en pijama y de un humor pésimo: "¿Qué ocurre?". "Baja a tomar una copa a mi apartamento". Así que viene y le digo: "Escucha; he visto la presentación de una película ambientada en la guerra. Hay una cola de mujeres y entre ellas está Marlene Dietrich". Y él, rápido, añade: "Muere fusilada", porque conocía mi esquema.»

No es extraño que Buñuel, cuando hablaba de cine europeo, citara a los directores por sus nombres; sin embargo, al referirse a Estados Unidos, decía «el cine americano». Y contaba a Carrière la entrevista que había mantenido en Madrid con Nicholas Ray, mientras él rodaba *Viridiana* con cinco millones como presupuesto y el director americano filmaba *Rey de reyes* con cuatrocientos ochenta millones: «Es un episodio que ilustra muy bien lo que es el cine en EE.UU. Nicholas Ray se hospedaba en el hotel Royal y me telefoneó para invitarme a comer... y me dijo: "Escuche Buñuel, estoy muy sorprendido con usted. Quería conocerle para saber cómo se las arregla para hacer películas que no están nada mal —incluso hay algunas que son buenas—, con tan poco dinero. Me gustaría realmente saberlo". Yo le dije:"Es muy fácil, y usted podría hacerlo mejor aún que yo en Hollywood". "Pero, ¿cómo?". "Mire —dije—, en lugar de hacer un filme de tres millones de dólares, de cinco millones, de diez millones, haga una película con 250.000 dólares". Se quedó horrorizado, y me respondió: "Si yo hiciese eso en Hollywood, estaría acabado como director. ¿Sabe por qué? Porque quien ha hecho una película con tres millones de dólares y luego hace una con 200.000 dólares significa que está prácticamente acabado". Yo me asusté, poque sabía que lo decía absolutamente en serio. Es terrible.»

De ahí la sencillez de las películas del aragonés en el aspecto de la producción material, que algunos han confundido con pobreza técnica. Así se lo explicaba don Luis en octubre de 1965 a Juan Cobos y Gonzalo Sebastián de Erice en el primer número de la revista *Griffith:* «Siempre que en un guión se escribe: *la barquita aparece sobre las olas y llega el vendaval o la tempestad,* tacho *tempestad, vendaval* y todo lo que mecánicamente signifique dificultad de rodaje. Mi ideal es contar una historia con cuatro o cinco personajes. Nada de crecidas de ríos ni romanos que se baten. Nunca he pensado en hacer una historia cara.»

Buñuel había tenido la fortuna de poder rodar su

cortometraje inicial, *Un perro andaluz,* gracias al dinero de su madre, algo que no sería tan raro en el cine independiente. Pero tuvo, sobre todo, la oportunidad de realizar con la más absoluta libertad un largometraje como *La edad de oro* que, como se ha observado, es junto a *La sangre de un poeta* de Cocteau, una auténtica rareza, un «superviviente», de un mundo cinematográfico en vías de extinción. ¿Quién ha tenido la fortuna de encontrarse —como le sucedió a Buñuel con el Vizconde de Noailles— un mecenas que corra con los gastos de una película sonora de una hora de duración, realizada con un equipo y actores profesionales? Esa circunstancia, unida a la no menos afortunada oportunidad de financiación desinteresada de su tercer filme, *Las Hurdes,* acostumbraron a Buñuel a unos planteamientos de intransigencia moral a los que le costaría renunciar, y que le revelaron, de todos modos, unas posibilidades que había tocado con sus propias manos.

UNA ALTERNATIVA MORAL

A lo largo de su trayectoria, Buñuel criticó repetidamente la separación de las técnicas del surrealismo del espíritu que las animaba y justificaba en origen. Para él, poco amigo de adherencias estilísticas o esteticistas, su ingreso en el grupo acaudillado por Breton suponía ante todo una opción ética, cuyos deberes se encaminaban hacia la subversión de los valores burgueses para sustituirlos por otros nuevos, más respetuosos con el incontaminado motor del deseo. Por esa razón, a los ojos del cineasta, el surrealismo fue, por encima de cualquier otra consideración, el heredero del Marqués de Sade, debelador, a su vez —con la máxima radicalidad por él conocida— de la moral judeocristiana en la que había sido educado.

Se instauraría así en el seno de su obra una dialéctica que la enriquece y vertebra de punta a cabo: es el conflicto entre la tradición española y la vanguardia, la medieval Calanda y el París cosmopolita, la disciplina jesuítica y la libertad surrealista: en definitiva, entre Cristo y Sade, Dios y el hombre... Todas estas antinomias entablan batalla en su cine teniendo como fondo los más variados argumentos, escenarios y circunstancias. Y en esas escaramuzas a Buñuel no le duelen prendas, ni rehuye el matiz. Lo que sí impone como parte del juego limpio es el atenimiento a la naturaleza física y material del hombre, habida cuenta de las innumerables hogueras inquisitoriales alimentadas por el desprecio a esa concreción, como bien se aprecia en *La Vía Láctea.*

Gracias a esa estrategia, Buñuel instala su cine y sus personajes en el ámbito de la carne, sumiéndolos en todas las grandezas y servidumbres que ha de acometer el hombre abandonado a sus propios designios, como le sucede a su Robinson Crusoe. La misma soledad y dudas acometen a Simón en lo alto de su columna, suspendido entre el suelo y el cielo, desde donde intenta superar los lazos que le atan a la carne para ascender hasta lo que él postula como cimas de la espiritualidad. O a Viridiana, que pasará del claustro al siglo, uniéndose, como su hermano Nazarín, a la humana grey, a la que, de grado o por la fuerza, pertenecen. La riqueza del cine de Buñuel y de los personajes que nos son servidos por su cámara reside en esa dialéctica entre el deseo y sus penumbras, la libertad y sus fantasmas, la picaresca y la mística, el hombre y la Divinidad.

Pocas veces ha mostrado su cine este proceso con más escueto rigor que en *Nazarín,* cuando el sacerdote ofrece a una joven moribunda los consuelos del más allá y ella responde, reclamando a su amante: «No Cielo; Juan.» Como escribe Octavio Paz glosando esta secuencia: «A medida que la imagen de Cristo palidece en la conciencia de Nazarín, comienza a surgir otra: la del hombre... En la escena de la muchacha agonizante, que es una transposición del *Diálogo entre un sacerdote y un moribundo* de Sade, la mujer afirma el valor precioso e irrecuperable del amor terrestre: si hay un Cielo, está aquí y ahora, en el instante del abrazo carnal, no en un más allá sin horas y sin cuerpos».

El propio Paz, en su ensayo *El cine filosófico de Luis Buñuel,* ha considerado la obra del cineasta «una crítica de la ilusión de Dios, vidrio deformante que no nos deja ver al hombre tal cual es... El tema de Buñuel no es la culpa del hombre, sino la de Dios». Añadiendo: «La imaginación más violenta y libre al servicio de un silogismo cortante como un cuchillo, irrefutable como una roca: la lógica de Buñuel es la razón implacable del Marqués de Sade. Este nombre esclarece la relación entre Buñuel y el surrealismo: sin ese movimiento habría sido de todos modos un poeta y un rebelde; gracias a él, afiló sus armas. El surrealismo, que le reveló el pensamiento de Sade, no fue para Buñuel una escuela de delirio, sino de razón: su poesía, sin dejar de ser poesía, se volvió crítica.»

Itinerario éste que Buñuel no sólo no considera descendente, sino imprescindible para la recuperación de los atributos que hacen posible la emancipación de cualquier instancia ajena al proyecto humanista. Ya Breton había escrito: «Es preciso que el hombre se pase con armas y bagajes del lado del hombre.» De ahí que Buñuel respondiera a un periodista que le preguntaba por la «caída» de Viridiana: «No creo que tenga una gran caída... Va del amor a Dios al amor al hombre. No considero eso una caída.»

La Santa Objetividad

Sin Buñuel, se ha dicho con razón, no existiría el cine surrealista, que se difumina hasta convertirse en una nebulosa a medida que nos alejamos del epicentro acotado por *Un perro andaluz* y *La edad de oro.* Pero esa aportación no debe ofuscar sobre las variaciones y matices que arrojan su obra y trayectoria, que no se limitan a ofrecer una versión cinematográfica de las teorías del grupo parisino. Llama la atención que Francia

—dotada de una poderosa industria fílmica y una nutrida vanguardia reclutada en medio mundo— fuera incapaz de trasvasar el surrealismo a la pantalla, recayendo esa misión sobre quien provenía de un país como España, que carecía de infraestructura cinematográfica digna de tal nombre y cuyos artistas de avanzada negaron a menudo con denuedo cualquier vinculación con las huestes de Breton.

En su reseña del estreno parisino de *Un perro andaluz* publicada en la primera página de *La Gaceta Literaria* en junio de 1929, insistía Eugenio Montes en la radical españolidad de la película:

«La belleza bárbara, elemental —Luna y tierra— del desierto, en donde "la sangre es más dulce que la miel", reaparece ante el mundo. No. No busquéis rosas de Francia. España no es un jardín, ni el español es jardinero. España es planeta. Las rosas del desierto son los burros podridos. Nada, pues, de *sprit*. Nada de decorativismos. Lo español es lo esencial. No lo refinado. España no refina. No falsifica. España no puede pintar tortugas ni disfrazar burros con cristal en vez de piel. ¡Los Cristos en España sangran! Cuando salen a la calle van entre parejas de la Guardia Civil.»

Para sus autores y compañeros de generación, esa especificidad carpetovetónica residía justamente en el aferramiento a lo concreto y material y la tendencia a la constatación documental, en lugar de las etéreas delicuescencias de *flous,* sobreimpresiones y simbolismos a que tan aficionada era la vanguardia francesa. Es la poética que Salvador Dalí acuñó bajo el lema de la Santa Objetividad, exaltándola en su artículo «La fotografía, pura creación del espíritu» y en uno de sus lienzos, *Homenaje al Noticiario Fox*. Y que desarrolló por extenso en la primavera de 1929 en *La publicitat* de Barcelona, mediante un serial de 6 artículos titulados «Documental-París 1929», a raíz de su visita a esa ciudad para colaborar con Buñuel en *Un perro andaluz,* película que en su intención prolongaba esta línea de riguroso comportamiento objetivo: «Se trata de la simple anotación, constatación de hechos. Aquello que lo diferencia abismalmente de los otros filmes reside únicamente en que tales hechos, en lugar de ser convencionales, fabricados, arbitrarios, gratuitos, son hechos reales o parecidos a los reales y, por tanto, enigmáticos, incoherentes, irracionales, absurdos, sin explicación. Repito, al igual que los hechos reales, que son irracionales, incoherentes, sin explicación. Tan sólo la imbecilidad y el cretinismo consustanciales a la mayoría de los literatos y de las gentes de las épocas particularmente utilitaristas han hecho posible creer los hechos reales como dotados de un significado claro, de un sentido moral coherente y adecuado. De aquí la supresión oficial del misterio, la admisión de la lógica de los actos humanos, etcétera. Que los hechos de la vida aparezcan coherentes es el resultado de un proceso de acomodación muy parecido al que también hace aparecer el pensamiento como algo coherente, siendo, como es en su funcionamiento libre, la incoherencia misma.»

El ideal de pura anotación de la realidad quedaba todavía más que manifiesto en una significativa broma de la que Dalí hizo partícipes en 1929 a Picasso y Brassaï, y que retrospectivamente contaba así: «Yo quería hacer una inundación de yeso en la Plaza de la Ópera de París, para sacar después el vaciado de las gentes tomando el café con los *foulards,* los chales, con los botones, con todos los detalles... los perros que se mean, los biciclistas que se caen, el tranvía, o los coches... ¡todo! Hacer un vaciado monstruosamente monumental y pasarlo después a mármol de Carrara, porque yo... quiero que las ideas efímeras y completamente insólitas queden eternizadas como las pirámides de Egipto. Sería una cosa sublime, una instantánea marmórea de un día cualquiera en la Plaza de la Ópera de París.»

Idea no tan lejana a la de Buñuel y su guionista Ramón Gómez de la Serna en un proyecto inicial, *El mundo por diez céntimos,* donde se trataba de celebrar la vida cotidiana de una ciudad a través de varias noticias aparecidas en un periódico, y que el realizador abandonó al aparecer la película de Cavalcanti *Rien que les heures*. Posición que no sólo se da en los comienzos de la obra de Buñuel, sino que puede hacerse extensiva —al menos como actitud— a la mayor parte de ella. En cierto modo, su género «natural», es una personal y peculiar variante del documental. Y no me refiero sólo a *Las Hurdes,* los fragmentos utilizados en *La edad de oro* o su trabajo en *España leal en armas* o el Museo de Arte Moderno de Nueva York. En una carta a José Rubia Barcia le confesaba en 1952 que *Subida al cielo* "está muy cerca del documental", apreciación bajo la que cabe cobijar muchas de sus cintas mexicanas, pero también *Simón del desierto,* que viene a ser un documental sobre un anacoreta; o *La Vía Láctea* que, a pesar de su aire abstracto y metafísico, definió como «una especie de documental sobre las herejías».

Hay a este respecto un proyecto conservado entre sus papeles del Museo de Arte Moderno de Nueva York que, resumiendo perfectamente esta aparente paradoja, explica la rotunda concreción de su cine. Cuando en 1939 redacta su *Autobiografía* en Los Ángeles, el realizador percibe ante él tres hipotéticos caminos: 1) el sistema de Hollywood, que le rechaza a él y que él rechaza; 2) las producciones llamadas «independientes», que le parecen una variedad agotada del anterior; y 3) el documental, «que es, en realidad, el sucesor de las mencionadas *producciones independientes»,* opina Buñuel. Dentro de los documentales distingue, a su vez, dos variedades: a) los *descriptivos,* «en los cuales el material se limita a la transcripción de un fenómeno natural o social»; y b) «otro, mucho menos frecuente, es aquél que, aun siendo descriptivo y objetivo, trata de interpretar la realidad y puede, por esa razón, apelar a las emociones artísticas del espectador y expresar amor, tristeza y humor».

No cuesta demasiado adivinar, tras este perfil, un itinerario a mitad de camino entre *Las Hurdes* y *Los olvidados,* ni entender por qué Buñuel siempre rechazó el neorrealismo «externo» y a palo seco. Todavía queda más claro cuando, en una de sus habituales fintas, se aventura más lejos y aborda la posibilidad de un documental *psicológico,* variante de la que pone un ilustrativo ejemplo: *«Psicopatología* podría ser el título de otro documental cuyo guión necesitaría alguna preparación y estudio, así como la colaboración de un especialista en psicología y psiquiatría. Se trataría de exponer el origen y desarrollo de diferentes enfermedades psicopáticas. La vida del enfermo, su tratamiento, sus delirios. El espectador podría ver por sí mismo el mundo en que vive un esquizofrénico, o percibir en qué consiste la interpretación paranoica de la realidad. Aunque mis ideas son todavía muy generales en esta materia, intuyo que este tipo de documental, además de su gran interés científico, podría desarrollar en la escena *un nuevo tipo de terror* o su sinónimo *humor* y a ratos una extraña poesía, ausente hasta la fecha y producto de esos dos sentimientos».

Estas palabras de Buñuel podían sonar raras en 1939, pero resultan meridianamente claras conociendo *Él* o *Ensayo de un crimen,* (o tras películas como *Spellbound* y *Psycho* de Hitchcock). *Él* es, en efecto, el retrato tragicómico de un paranoico, tan logrado que la primera autoridad en la materia, Jacques Lacan, lo pasaba en clase a sus alumnos como si se tratara de un documental científico. Por otro lado, ¿cómo no detectar propósitos netamente surrealistas en esa búsqueda del *terror,* del *humor* y de la *poesía,* ingredientes los tres en los que se manifestaba la belleza convulsiva? Y es que la envoltura «realista» no debe engañar sobre las subversiones y objetivos subliminales que cobija y acarrea. Más bien trata de proporcionar una osamenta a través de cuyos resquicios pueda manifestarse con eficacia lo irracional, lo imprevisto, lo onírico.

La arquitectura del sueño

En su libro *Luis Buñuel, arquitecto del sueño,* Maurice Drouzy ha estudiado los binarismos y simetrías que estructuran la filmografía de nuestro realizador. Por su parte, Marcel Oms ha subrayado el carácter de partituras musicales que a menudo tienen sus guiones, con escenas reiteradas, situaciones que se retoman, repiten o modulan. Ello hace que en el montaje los ritmos se impongan con una lógica peculiar, suspendiendo momentáneamente el control racional, debido a la conjugación de rimas visuales. Gracias a esa particular fluencia, nadie ha logrado como él la recomposición de las cadencias internas del sueño, estableciendo atajos por la vía del inconsciente.

Es ésa una cualidad que singulariza su obra hasta dotarlo de una dimensión raramente alcanzada por otros directores, convirtiendo la pantalla en un lugar asequible, propicio e incluso cómplice para superar las limitaciones de orden realista que tan a menudo hipotecan los medios de expresión ligados a la fotografía. No sin admiración declaraba Fellini que, viendo películas como *El discreto encanto de la burguesía,* se tenía la impresión de que el cine estaba abocado, de forma casi natural, a entenderse con el universo de los sueños, cuando, en realidad, resultaba tan difícil captarlo con una cámara. Uno de los protagonistas de la cinta, Fernando Rey, ha recordado la tensión con que se rodaba en el plató, debido a los estilizados movimientos —casi un ballet— que exigía Buñuel a los actores, y que luego quedaban tan naturales en la pantalla.

Pero es justamente gracias a ese *ballet* como se logra un deslizamiento o *glissando* hacia lo irreal y llega un momento —como sucede también en *Belle de jour, La Vía Láctea* o *El fantasma de la libertad*—, en que el espectador no sabe si se encuentra en los dominios del sueño o de la «realidad» convencional, contra la cual acaba atentando este proceder del cineasta. A ello hay que unir el empleo de imágenes de muy difícil neutralización, ya que no se dejan reducir a un significado unívoco ni a un «simbolismo» lineal y tradicional a pesar de su cotidianidad, como las hormigas de *Un perro andaluz* o las gallinas de *Los olvidados.* Por no hablar de los componentes que rozan lo subliminal, como el estribillo visual de los brazos que suben y bajan golpeando con su ritmo obsesivo en la última película citada.

Su coguionista Carriére ha dejado testimonio del dominio buñuelesco de la técnica cinematográfica, pero también —y sobre todo— de aquéllas que permiten desbloquear el flujo de imágenes irracionales desde el subconsciente hasta la conciencia, entrenando la imaginación como un atleta sus músculos: «Los dos vivimos en la Torre de Madrid y nos vemos unas seis horas al día —tres por la mañana y tres por la tarde—, durante las cuales charlamos y cambiamos ideas. Después, cuando vuelvo a mi habitación, escribo los diálogos según lo que hemos hablado. Al día siguiente lee mi trabajo, lo discutimos y se corrige. Es decir, trabajamos de una manera tradicional y convencional. Ahora bien, en el fuego de la discusión, la parte de Buñuel, por supuesto, es muy superior a la mía. Lo que le caracteriza es una imaginación fantástica que puede presentar en un minuto diez imágenes arrolladoras, entre las cuales no hay más que elegir. Las posibilidades que él me propone yo las dirijo y las pongo en orden.»

De ahí la fuerte compenetración que su colaboración requería. Él mismo ha contado cómo, después de una jornada con Buñuel perfilando el tratamiento del *Diario de una camarera,* tuvo que ayudar al productor Silberman a redactar otro guión, unos pocos folios que escribió por la noche y olvidó enseguida. Pero, sin que le hubiera comentado nada al realizador, éste lo notó a la mañana siguiente en cuanto retomaron la tarea, y le dijo: «Lo noto raro, ¿está usted trabajando en una novela u otra cosa?» Porque —piensa Carrière— en aquellos retiros monásticos en que planeaban las películas no sólo se trataba de escribir juntos, sino de desayunar, comer y convivir hasta establecer una comunicación especial.

Muy capaz de despertar y sacudir al más pasivo de los espectadores cuando así le conviene (basta recordar el ojo seccionado de *Un perro andaluz*), Buñuel también es muy consciente de la capacidad de manipulación y convicción de la imagen en movimiento, que emplea para sus fines con singular habilidad. En una entrevista declaraba que no precisaba para nada de grandes alardes técnicos, sin embargo —insistía— «lo que siempre necesito es poder tener la cámara en movimiento (claro que sin que sea evidente) porque creo en el poder hipnótico de la imágen dinámica; lo que yo llamo adormecer al espectador».

«Cree firmemente en la fascinación de la cámara en movimiento —confirma Carrière—. No concibe, ni aun siquiera cuando trabaja en el guión, un plano fijo. Sin embargo, no quiere que se noten jamás los movimientos. Éstos son imperceptibles y los coordina tan bien con los de los personajes que no nos damos cuenta de ellos, creando una especie de hipnosis inconsciente. Cuando comienza una secuencia rueda hasta donde puede sin cortar el plano, si la cámara tiene un buen emplazamiento, y corta cuando deja de tenerlo. Este sistema requiere una enorme maestría técnica. Buñuel, aunque no se preocupa de los tecnicismos, es un gran técnico. Monta sus películas en ocho días. De los 350 planos de que constaba el *Diario* montó 248. Esto da idea de su seguridad en el rodaje. Jamás se cubre. El plano-contraplano le horroriza.»

Fernando Rey no ha sido el único intérprete que ha utilizado la palabra «hipnotismo» para referirse a la forma en que Buñuel lo manipulaba en sus caracterizaciones. Tampoco resulta difícil sorprender en muchos de los personajes de la filmografía de don Luis movimientos y tics suyos, transmitidos a los actores al indicarles cómo interpretar una escena o, simplemente, por el ascendiente que ejercía sobre ellos. Cuando Carrière hubo de incorporar al cura del *Diario de una camarera,* lo "teledirigió", como ha contado él mismo: «A los que no dan bien el personaje les indica hasta el más mínimo movimiento de una ceja. En mi caso, hizo de mí un autómata, un muñeco al que se da cuerda. Con este sistema no es de extrañar que consiga buenas interpretaciones con malos actores, como le ocurría en México.»

LA DENUNCIA POR ANTÍFRASIS

No son los aducidos los únicos procedimientos utilizados por Buñuel para poder decir lo que quiere solapadamente. Al igual que, de forma instintiva, se da en él una preferencia por las formas narrativas digresivas frente a las lineales y de los personajes contradictorios frente a los monolíticos, también suelen primar las estrategias oblicuas frente a las enunciaciones directas, tan fáciles de desarticular por otro lado. Claude Gauteur ha detectado la antífrasis en los sorprendentes giros que cobran muchas de sus secuencias, en la construcción de un personaje, en la inesperada forma de rematar una parábola o en el basamento de películas enteras, como ya hizo notar Ado Kyrou con *Las Hurdes,* cuya arquitectura dramática es un puro y continuo *sí, pero...*

Hay, sin embargo, formas todavía más sutiles de enunciación indirecta, como sucede en el *Diario de una camarera,* donde se nos proporciona un ácido retrato de la burguesía francesa de provincias. En buena medida se procede contra ella a partir de los representantes de esta clase, pero ese testimonio podría considerarse inocuo comparándolo con la forma en que se imprimen «en negativo» sobre la servidumbre. Pues «constituye un procedimiento frecuente en Buñuel atrapar la esencia a través de su degradación, el padre a través del hijo, el sujeto a través del objeto, la mujer a través del hombre o el hombre a través de la mujer» (Marcel Oms).

Gracias a ese recurso, Robinson Crusoe o cualesquiera de los numerosos náufragos o islotes buñuelescos (desde los de la Calle Providencia o los hurdanos a los perdidos en la selva en *La muerte en este jardín*) denuncian los resortes de la civilización; lo irracional desenmascara lo que tiene de inaceptable lo racional como andamiaje edificado sobre la mutilación del deseo; y los niños o jóvenes revelan las asechanzas del mundo adulto. Con la excepción obvia de *Los olvidados,* sólo algún crítico aislado ha insistido en la importancia del tema de la infancia en el cine de Buñuel, en el que los niños suelen añadir con su mirada y presencia una nueva dimensión. Así sucede, por ejemplo, en la secuencia de más subido erotismo de *Viridiana* (el intento de violación de la novicia a manos de don Jaime) que se imbuye de una perturbadora estereoscopia al ser observada por la cámara a través de los ojos de la niña Rita.

Ese procedimiento permite, además, el tránsito con cierta naturalidad de unas a otras antinomias de tantas como pululan por su cine, de manera que objetos como el crucifijo-navaja de *Viridiana* —por recurrir a un socorrido ejemplo— constituyen un auténtico nódulo y zona de paso. En él no sólo se materializan muchos de los conflictos de la película en el orden temático, sino también en el formal, ya que se trata de una buena muestra de antífrasis lograda mediante una suerte de *collage* involuntario que arroja un espontáneo e ibérico objeto surrealista.

Una tensión parecida se establece entre los dominios internos e individuales y los externos y sociales, que conocen sus primeras formulaciones respectivas en *Un perro andaluz* y *La edad de oro,* que, como ha hecho notar Linda Williams, representan los dos polos primarios de la obra de Buñuel. El primero desarrolla el deseo inconsciente, que habitualmente implica una fijación claustrofóbica y obsesiva que a menudo culmina en una batalla de impulsos (como en *Él, Ensayo de un crimen, Simón del desierto, Belle de jour, Ese oscuro objeto del deseo).* El segundo amplía esa problemática a la estructura social externa, su narración es más digresiva y la acción implica a un muy amplio elenco de personajes (*Subida al cielo, El ángel exterminador, El discreto encanto de la burguesía, El fantasma de la libertad.*)

Pero, aunque esa polaridad exista, los mejores logros se alcanzan justamente borrando sus fronteras. No sólo las de los géneros y estilos, entre fondo y forma, entre la percepción y la representación, sino, en general, todos los compartimentos estancos, a la búsqueda de un cine total, poético, humano sin cortapisas, sin una concepción reduccionista del hombre. Incluso un cineasta tan poco convencional como Jean-Luc Godard reconocía gustoso esta cualidad de Buñuel en su *Introduction à une véritable histoire du cinéma,* subrayando los aspectos políticos de la segunda película de Buñuel y colocándola junto a *El acorazado Potemkin* como una de las propuestas de mayor carga revolucionaria: «Me parece que hay que situar *La edad de oro* entre *Z* y el *Potemkin...* El personaje de Gaston Modot tiene una fuerza enorme; y, además, es un filme en el que el amor está implicado, a diferencia de otros. Cuando se hacen películas políticas el amor no se tiene en cuenta; y ésta es una que presenta el amor —lo que la gente considera normalmente el amor— como elemento esencial...»

Y ello, cabría añadir, porque Buñuel presta una atención central no sólo a la forma, sino también a las formas: «*La edad de oro* —razona Godard— no sería clasificada por los críticos como una película política, cuando es probablemente el único filme que ha armado un poco de escándalo, que todavía hoy posee —debo decirlo— una gran fuerza. *La edad de oro* me parece interesante porque es una película que trata de las formas. Creo que lo más difícil de cambiar no es el fondo, sino la forma... la forma es lo más difícil de cambiar que hay: cambiar un hombre, cambiar la forma, eso lleva milenios. *La edad de oro* puede clasificarse como filme político porque se dirige, efectivamente, a cambios de detalle, a cambios de formas que se ve que son las más poderosas, que son simplemente las relaciones sociales o la buena conducta, la manera de comportarse; se ve, ciertamente, que los diplomas o la forma de vestirse son cosas enormemente importantes. y si te vistes mal no te reciben en ciertos sitios: las formas, la manera en que se puede recibir a un jefe de gobierno en un aeropuerto, o la manera de bautizar a un recién nacido, o la forma de casarse que es, creo yo bastante poderosa; la gente se atiene absolutamente a un cierto número de formas. Y los verdaderos cambios se producen cuando cambian esas formas...»

TRATADO GENERAL DE LITURGIA

En efecto, la forma de casarse —por seguir con uno de los ejemplos propuestos por Godard— tiene su importancia. O, al menos, así lo piensan algunos de los personajes de Buñuel. Es el caso de un comisario de policía, un cura y un coronel (la trinidad del orden civil, religioso y militar), que hacen un aparte en la boda de Archibaldo de la Cruz para pronunciarse al respecto:

«*Comisario:* He tenido que salirme del oratorio porque se me saltaban las lágrimas. A mí una boda, un bautizo, incluso una confirmación, siempre me conmueven.

Cura: Es que la pompa de la Iglesia Católica y —¿por qué no decirlo?— el manto de poesía con que envuelve todos sus actos, es algo único. ¿Qué sentirían ustedes si esta fuera una boda civil, por ejemplo?

Comisario: Algo prosaico, vulgar...

Coronel: Tiene usted mucha razón, padre, pero, aparte de eso, creo que nuestro amigo, el señor comisario, es un sentimental.

Comisario: En todo y por todo, gracias a Dios. Por ejemplo: ¿creerán ustedes que si veo pasar un regimiento con la bandera desplegada siento enseguida un nudo aquí y los ojos llenos de lágrimas?

Coronel: Bueno, eso es natural entre personas bien nacidas: es la emoción patriótica.»

En ese momento acaba la ceremonia propiamente

dicha para dar paso a otra, la de la foto de boda. Cuando el fotógrafo ordena a los contrayentes el «¡Quietos!» ritual, un amante despechado de la novia dispara y la mata. La pistola, la cámara del fotógrafo y la de cine con que Buñuel recoge la escena coinciden en su punto de vista y de mira. A don Luis le gustaba repetir a menudo el lema bretoniano que concentraba la mayor intensidad surrealista posible en el acto de salir a la calle con un revólver y tirar al azar sobre la multitud. Aquí el disparo no es sino una metáfora de la función de la cámara, que deja la escena en foto fija, desvelando su inanidad letal, congelando el rito y la liturgia.

No es la única secuencia buñuelesca en la que se otorga al objetivo tales atributos de desenmascaramiento. En *La edad de oro* todo el convulsivo final —presidido por la rebelión de Modot y el patrocinio moral de Sade— se origina en un plano que comienza con un acercamiento a la bragueta desabrochada del protagonista, quien pasa «a través» de la cámara para instalarse en su interior, haciendo adoptar a ésta, literalmente, el punto de vista de su sexo. Más obvia resulta la orgía de *Viridiana,* donde Enedina (Lola Gaos) hace una foto al grupo de mendigos levantándose las faldas y congelando la imagen hasta dejarla reducida a una glosa visual de *La última cena.* El cine, pues, como cámara oscura, como sexo, como herida mortal que asesta al ojo la navaja barbera: «La mirada cinematográfica, como el sexo de una mujer, debe ser una herida que jamás cicatriza» (Carlos Fuentes).

En la última secuencia citada, Buñuel no arremete sólo ni principalmente contra el Evangelio, sino contra las «últimas cenas» de escayola que presiden los comedores familiares y, en general, contra cualquier cromo convertido en bandera, cualquier melodía elevada a himno, cualquier cita impuesta como consigna o cualquier acto impostado en rito. En *Nazarín* un campesino pasa delante de un militar y un cura y no los saluda con el debido respeto. El militar se indigna y le obliga a pasar de nuevo, pero descubriéndose, repitiendo su acto anómalo hasta hacerlo coincidir con las buenas maneras: se empieza no saludando al de la gorra y al señor párroco, y se termina en el monte de Pancho Villa.

Con estas premisas, Buñuel tenía que acometer, inevitablemente, la monografía del rito, la disección implacable, la magna carnicería ritual de *El ángel exterminador*. Salidos del teatro, los contertulios a cadena perpetua han de repetir las mismas ceremonias —seguir en el teatro— para salvar el *status quo*. Los protagonistas empiezan en la ópera y terminan en la catedral, donde se reproducirá ya la liturgia en toda su desnudez. Como si las fotos congeladas de *Ensayo de un crimen* y *Viridiana* se hubieran desplegado a lo largo de hora y media, con un movimiento que —como el de una pesadilla—, nunca desemboca, en la mansión de la calle de la Providencia no hay más orden providente que repetir sin chistar los mismos actos una y otra vez, para que los náufragos no terminen yéndose definitivamente a pique. En el momento en que se paraliza uno de los eslabones, todo el tinglado de la farsa se viene abajo y hay que recomponer exactamente la misma situación para salir de una deriva imprevisible, que ha vulnerado todas las formas de la buena educación hasta el borde del exterminio.

Lo demás —*El discreto encanto de la burguesía*— es divulgación para cartesianos. Desde un punto de vista intelectual, parece necesario leer al Marqués de Sade si se ha de acceder a ciertas cavernas de los instintos. Pero, en el seno de la cultura hispánica, para quien esté acostumbrado a la celebración anual y pública de las flagelaciones de la Semana Santa, sadismos y masoquismos saben un tanto a caldo de cerebro. Y es que la liturgia católica, con su resabiada, didáctica y barroca puesta en escena, brinda plásticamente una inmejorable radiografía de la sociedad, mucho menos encubierta que en los países con mayor tradición laica. Los tambores de Calanda constituyen un estentóreo exorcismo que no necesita de alegorías fáciles ni sutilezas metafísicas, puesto que su lenguaje se dirige sin rodeos a las vísceras.

Por eso, nadie tan respetuoso con los ritos como Buñuel en su vida cotidiana, con sus *martinis* y sus horarios de monástica precisión. Ni nadie tan irreverente en sus películas, porque le constaba que las grandes ideas abstractas resuelven sus cuitas en los empeños del día a día; porque sabía que en la doble moral que cimenta el orden impuesto nada cuenta tanto como las formas, y que todo poder (Estado, Iglesia, Ejército) cuida, ante todo, las liturgias. Y meditando sobre ellas, trayéndolas por las orejas ante la lupa del primer plano, cuestiona unas convenciones a las que se sorprende mucho más indefensas en el salón de estar que en el blindaje de la Teoría.

El mejor de los mundos posibles

El 26 de noviembre de 1885 Engels escribía a Minna Kaustky desde Londres una carta que habría de hacerse con el tiempo muy famosa. La autora le había enviado su novela *Die Alten und die Neuen,* obra con pretensiones sociales, y Engels se la elogiaba con un reproche final: el «mensaje», la toma de partido de la escritora era demasiado explícito. Le proponía, en su lugar, procedimientos de captación de la realidad menos condicionados: «La novela se dirige sobre todo a los lectores procedentes del ambiente burgués, es decir, a los que no pertenecen directamente al nuestro, y entre ellos la novela cumple su misión muy bien, a mi juicio, si mediante una pintura fiel de las verdaderas condiciones de la vida, rompe las convencionales ilusiones que existen sobre ellas, quebranta el optimismo del mundo burgués y hace inevitable la duda acerca de la eterna validez de todo lo que existe, aun en el caso de que la propia obra no ofrezca una solución inmediata, e incluso, en determinadas circunstancias, sin necesidad de tomar partido ostensiblemente.»

Al final de su carrera cinematográfica, a punto de emprender el rodaje de *Ese oscuro objeto del deseo,* Buñuel confesaba: «El pensamiento que me sigue guiando hoy, a los setenta y cinco años, es el mismo que me guió a los veintisiete. Es una idea de Engels. El artista describe las relaciones sociales auténticas con el objeto de destruir las ideas convencionales de esas relaciones, poner en crisis el optimismo del mundo burgués y obligar al público a dudar de la perennidad del orden establecido.»

Esa es una de las razones por las que Buñuel procura hacer extrañas las cosas cotidianas y cotidianas las extrañas, con una rara habilidad para convertir lo obvio en raro, y lo raro en obvio. Actitud esta tan fundamental en su cine, que constituye su principal marca de fábrica. Las sacudidas más hondas de sus películas se originan en el extrañamiento de personajes, objetos y situaciones de su origen primigenio (mediante la mutilación) para recomponerlos, gracias al *collage,* en una nueva identidad que ha prescindido de su ubicación jerárquica primitiva. Para decirlo con palabras que Juan Ramón Jiménez aplicó a la etapa surrealista de Vicente Aleixandre, parecería que «lo unido quiere separarse y lo separado unirse». Operaciones y peregrinajes éstos que resultan altamente cuestionadores para cualquier valor establecido, y que atraviesan la obra buñueliana de polo a polo.

Ello le permite hacer aflorar en la pantalla el lado oculto de la mente, ateniéndose —como se señalaba más arriba— a una concreción de muy española rotundidad, que hace virtud de la necesidad que tiene el cine de ocuparse de lo interno fotografiando lo externo. El punto de encuentro de esa encrucijada será, justamente, el objeto. Una de las más importantes referencias de Buñuel, Ramón Gómez de la Serna, provocaba un revelador cortocircuito que ilumina muy bien el comportamiento de su cámara al hacer notar cómo en ese desván del *yo* que es el subconsciente «tenemos todo lo que se amontonó sin orden ni conciencia». De esa forma, se hermanan el Rastro (como buhardilla desjerarquizada que propicia encuentros inesperados e imposibles en los espacios *nobles* de una sociedad llena de corsés) y el sueño como «depósito de objetos extraviados» (así se le proclama en una greguería).

Por eso ha podido escribir Carlos Fuentes que la percepción que de los objetos tiene Buñuel es una crítica de la sociedad: «La mirada cinematográfica de Buñuel parte de la presencia específica de los objetos más banales. Buñuel utiliza comúnmente planos medios y generales estáticos, que recogen sin comentarios una proliferación desordenada, amontonada, de objetos. Tan ayuna de relieve como la prosa de Sade, la cámara inmóvil de Buñuel retrata una vida que fluye con vulgaridad, sin distinción, aunque con autonomía. Entonces interviene una técnica propia y precisa que podría designarse como el florecimiento del telón de fondo. Con una velocidad que no posee otro cineasta (y con una tensión súbita también similar a la de Sade) el movimiento inesperado de la cámara primero iguala, en seguida conquista y finalmente supera el ritmo paralelo de la realidad. El acercamiento, el *travelling* o el corte son convulsivos precisamente en función de la neutralidad ambiente. Y el objeto, el rostro, el pie o el gesto seleccionados de entre el abundante y casi inmóvil desorden adquieren un relieve insoportable y se revelan en una conexión anteriormente impensable con la totalidad en la que, sin detenerse a celebrar el momento lírico, Buñuel vuelve a sumergirnos de inmediato.»

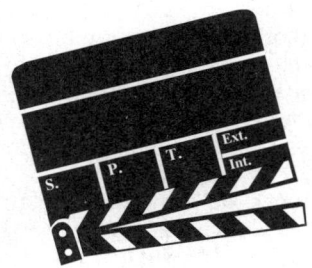

Hitos para una biografía

Luis Buñuel Portolés nace en Calanda (Teruel) el 22 de febrero de 1900. Su padre, Leonardo, era un rico indiano que había amasado una gran fortuna en Cuba gracias al negocio de una ferretería, regresando a Calanda para, a sus cuarenta y tres años, desposar a María Portolés, que apenas contaba los diecisiete. Luis fue el primero de siete hijos. Poco después de su nacimiento, los Buñuel se trasladan a Zaragoza, donde serán una de las familias más respetadas. Según el cineasta, la fortuna de su padre rondaba los seis millones de pesetas, en un momento en que se decía que el hombre más rico de España, el Conde de Romanones, tenía un patrimonio de cien. Será en esta ciudad donde crecerá, aunque con escapadas al pueblo natal durante las vacaciones. El motivo de los tambores de Semana Santa, una de las constantes de sus filmes, se hará famoso gracias a su inclusión en la banda sonora de películas como *La edad de oro, Nazarín* o *Simón del desierto*. El realizador lo ha comparado a la aparición de Velázquez o Goya en sus cuadros, como una especie de rúbrica personal.

A los seis años empieza a ir al colegio de los Hermanos Corazonistas, y desde niño se familiariza con el francés, idioma y cultura que luego serán tan importantes en su trayectoria intelectual. De los ocho a los quince años estudia en los Jesuitas, con excelentes notas. Y los dos últimos cursos del bachillerato, entre octubre de 1915 y mayo de 1917, en el Instituto de Segunda Enseñanza de Zaragoza. Sin tener en cuenta esta educación es difícil entender las complejas relaciones del cineasta con la religión, que van mucho más lejos y calan más hondo que el tosco anticlericalismo que en ocasiones se le atribuye.

El 6 de octubre de 1917 se traslada a la Residencia de Estudiantes de Madrid para cursar la carrera de ingeniero agrónomo, una vez desechada por su padre la propuesta de ingresar en la Schola Cantorum de París para perfeccionar sus estudios de música, en particular el violín (la primera pieza literaria que compone Buñuel, *Instrumentación,* está dedicada a la descripción de una orquesta sinfónica). También llegará a hacer preparados histológicos para Ramón y Cajal y trabajará con el famoso entomólogo Cándido Bolívar. En su adolescencia sería muy aficionado a la lectura de Darwin, primer estímulo intelectual que hizo tambalear su fe a partir de la lectura de *El origen de las especies.* Más tarde, los insectos serán una de las obsesiones de su obra, y ya en plena madurez confesará que los autores que más habían influido en su visión del mundo habían sido

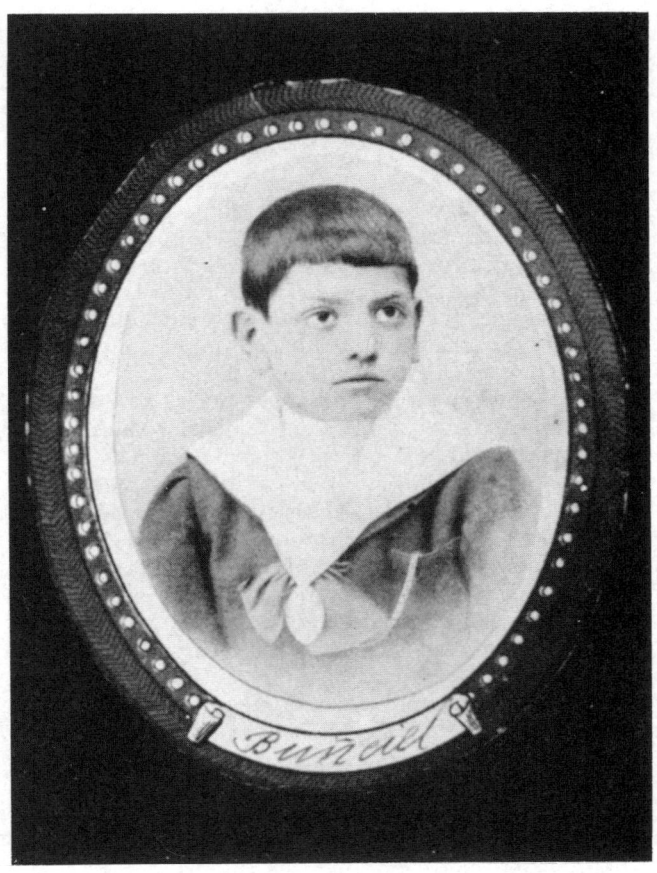

Zaragoza, 1908. Con la medalla de la Inmaculada Concepción

Engels, Sade y Fabre, con su monumental estudio sobre los insectos.

Pronto empezará su interés por la literatura, que le llevará a estudiar Filosofía y Letras, por consejo de Américo Castro. Mucho pesará en estas inclinaciones un joven estudiante de Derecho, Federico García Lorca, que ingresa en la Residencia en la primavera de 1919. Él será su gran amigo en aquel lugar, junto al jovencísimo estudiante de Bellas Artes Salvador Dalí, que se une a ellos en septiembre de 1922. La huella krausista e institucionista en Buñuel es mucho más profunda de lo que suele pensarse, y constituye una de sus facetas menos estudiadas. Su chalecito mexicano será, arquitectónicamente, una especie de réplica de la Residencia.

En los años veinte, el centro de interés de Buñuel es la literatura. Emancipándose de la inicial guía de Lorca, empieza a interesarse por la rama más anarquista del ultraísmo (Pedro Garfias), por los avances metafóricos del creacionismo (Juan Larrea) y por la obra de Ramón Gómez de la Serna, a cuya tertulia del Pombo acudirá puntualmente todos los sábados desde 1918 a 1924. En esos cafés y ambientes literarios conocerá a Jorge Luis Borges, Rafael Barradas, Angel Samblancat, Guillermo de Torre, Juan Chabás y otros. Publica cuentos y poemas en revistas vanguardistas, y pronto se distancia del esteticismo del grupo poético luego conocido como *Generación de 1927*. Trabaja activamente en la composición de un libro de poemas y prosas muy avanzados para su época y que habría de llevar el título de *Un perro andaluz*. Muchas de las imágenes de ese libro, incluido el título, serán trasvasadas posteriormente al cine.

Muerto su padre en 1923, nada le impedirá trasladarse a París en 1925, con la excusa ante su indulgente madre de servir como secretario a Eugenio D'Ors, en un momento en que la ciudad era la capital artística del mundo occidental y se disponía a acoger la sección cultural de la Sociedad de Naciones, en la que ambos trabajarían como representantes españoles. Llevaba una carta de presentación para el pianista Ricardo Viñes,

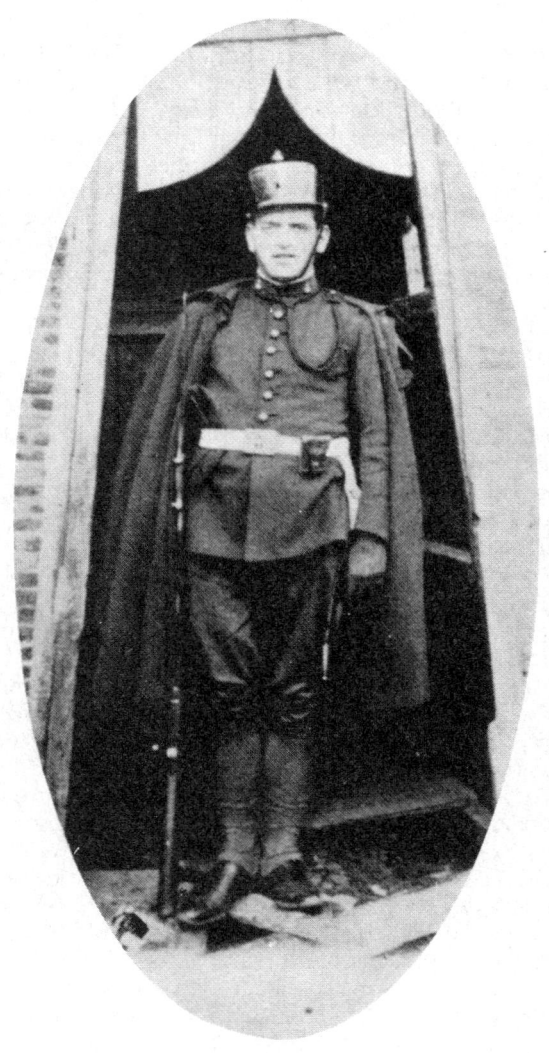
Madrid, 1919. Cumpliendo el servicio militar

quien le propondrá dirigir la puesta en escena de *El retablo de Maese Pedro,* una obra de Falla inspirada en el famoso episodio del *Quijote.* Su estreno en Amsterdam en abril de 1926 constituyó un gran éxito. Con ello Buñuel comienza a entusiasmarse con la experiencia de la puesta en escena. Ya había codirigido con Lorca en la Residencia una dislocada versión del *Tenorio* y experimentado con títeres en el Retiro. En ese estado de euforia compone en 1927 su *Hamlet,* breve pieza de cámara que estrena en el Café Sélect de París con un grupo de amigos.

Su conversión al cine se producirá poco después del éxito de *El retablo de Maese Pedro,* al ver la película de Fritz Lang *Der müde Tod (Las tres luces,*1921). Ello le lleva a ingresar en la Académie de Cinéma que regentaba la mujer de Jean Epstein, quien a petición del aragonés le permite desempeñar el cargo de ayudante de dirección en *Mauprat* (1926) y *La chute de la maison Usher* (1928). Al mismo tiempo colabora como crítico cinematográfico en *La Gaceta Literaria* de Madrid y la importante revista parisina *Cahiers d'Art.* En las dos publicaciones Buñuel va desgranando textos de gran importancia para conocer sus concepciones cinematográficas, ya que después se negará casi siempre a hacer declaraciones de este tipo. En una época en que no era nada común hacer tales profesiones de entusiasmo, elogiará el cine americano y a Buster Keaton y atacará las obras pretenciosamente vanguardistas.

En 1928 Buñuel ya está en pleno furor surrealista. Bombardea a sus compañeros de la Residencia con escritos de esa tendencia e insta a Dalí a que se traslade a París. La colaboración con él le llevará a planear juntos el guión de *Un perro andaluz,* una vez fracasado su proyecto de película sobre Goya para la Comisión Zaragozana del Centenario. También se desecha la idea inicial de hacer una película con guión de Ramón Gómez de la Serna, que se iba a titular *El mundo por diez céntimos:* No obstante, siempre quedarán en Buñuel hondas huellas ramonianas: sus filmes son a

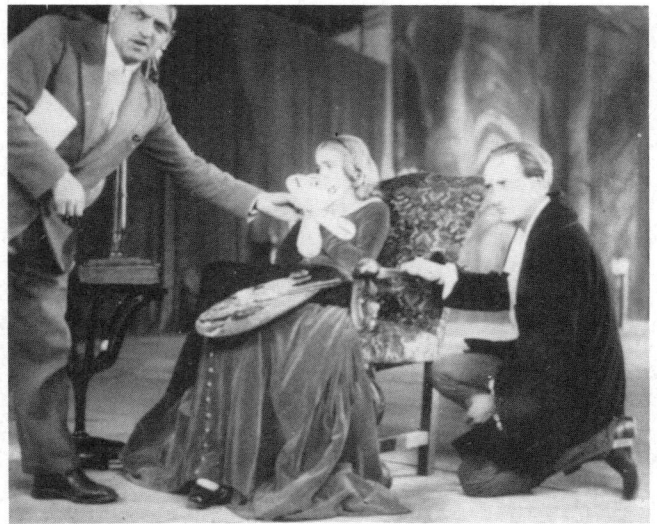

París, 1928. Ayudante de Epstein en *La chute de la Maison Usher*

menudo encadenados de greguerías y en ellos se advierte un culto por las cosas que roza el fetichismo y que se refleja en el protagonismo de cajas, zapatos, armarios, cuerdas y otros objetos.

En la segunda mitad de enero Buñuel y Dalí terminan de redactar en Cadaqués un guión que se titulará, sucesivamente, *El marista en la ballesta, Es peligroso asomarse al interior* y *Un perro andaluz*. Rodado en abril de 1929 con las veinticinco mil pesetas que obtiene de su madre, su estreno el 6 de junio en el Studio des Ursulines alcanzará un éxito fulminante entre la intelectualidad, exhibiéndose durante nueve meses consecutivos en el Studio 28. A principio de septiembre el filme representará a España en el Congreso de Cine Independiente de La Sarraz, donde merecerá los elogios de Eisenstein.

A finales de 1929 Buñuel se reúne con Dalí en Figueras para escribir juntos el guión de *La bestia andaluza,* que posteriormente se titulará *¡Abajo la Constitución!* y, finalmente, *La edad de oro*. La colaboración no resulta tan armoniosa como en *Un perro andaluz,* debido a la incompatibilidad entre el gran amor de Dalí, Gala Eluard, y el cineasta. Rodada en la primavera de 1930, mientras él está con Gala en Torremolinos, Dalí se siente traicionado y marginado por su amigo de la sustanciosa cantidad que le han proporcionado los Vizcondes de Noailles para filmar una de las primeras películas sonoras francesas. El estreno de *La edad de oro* en París tiene lugar el 28 de noviembre en el Studio 28, tras un pase privado en el palacio de los Noailles a finales de julio. El 3 de diciembre el cine es atacado por bandas de extrema derecha y nueve días después se prohíbe su exhibición y se requisan las copias en medio de un gran escándalo.

Para entonces, Buñuel ya se había embarcado el 25 de noviembre con destino a Nueva York y Hollywood, donde estará cuatro meses reclamado por la Metro-Goldwyn-Mayer en calidad de «observador», para familiarizarse con el sistema de producción americano. Buñuel acudió unos días por los estudios y terminó limitándose a aparecer los sábados para cobrar. Su personalidad no encajaría fácilmente en aquella maquinaria, aunque sí en el grupo de españoles que allí se había instalado, y entre los que se contaban López Rubio, «Tono», Edgar Neville y Jardiel Poncela.

En vísperas de la proclamación de la República, el 12 de abril de 1931, Buñuel toma en París un taxi que le devolverá a España. Entre esa fecha y 1934 alternará sus estancias en nuestro país con trabajos de doblaje para la Paramount en los estudios parisinos de Joinville. Poco a poco se ha ido alejando de la cofradía de Breton: «En 1932 —escribiría— me separé del grupo surrealista, aunque continué en buena armonía con mis ex compañeros. Empezaba a no estar de acuerdo con aquella especie de aristocracia intelectual, con sus extremos artísticos y morales que nos aislaban del mundo y nos limitaban a nuestra propia compañía.» En claro contraste con ellos, y gracias al dinero aportado por Ramón Acín —un amigo anarquista de Huesca a quien le había tocado la lotería y que sería fusilado en 1937 por los franquistas— rueda *Tierra sin pan,* documental basado en una tesis doctoral del director de la Casa de Velázquez, el francés Maurice Legendre, sobre la región extremeña de Las Hurdes. La película fue prohibida por el gobierno lerrouxista al ser considerada denigrante para España.

En 1933 maneja la posibilidad de llevar a la pantalla dos obras literarias: *Wuthering Heights,* de Emily Brontë (con el título de *Les Hauts de Hurlevent* y la colaboración de Pierre Unik y Georges Sadoul) y *Les Caves du Vatican,* de André Gide. Volverá a revisar el primero con Jean Grémillon en 1936 (sin llegar a filmarlo) y con Julio Alejandro en 1954, con el título de *Abismos de pasión.*

El 23 de junio de 1934 se casa con Jeanne Rucar, una muchacha procedente del norte de Francia, ocho años más joven que él, a la que había conocido en 1925. Posteriormente, la colocaría como vendedora en la Librería Española —que su amigo Juan Vicens había comprado a León Sánchez Cuesta en París— y como contable en el rodaje de *La edad de oro.* El 9 de noviembre nacerá su primer hijo, Juan Luis. En cuanto a su estado de salud, el siempre vigoroso y atlético Buñuel empezará a tener problemas de audición por no proteger sus oídos adecuadamente al disparar en un tunel de tiro en Zaragoza. También le afectará una dolorosa ciática que se le reproducirá más adelante.

A su regreso a España, entra en contacto con Ricardo María Urgoiti, con quien termina asociándose con vistas a la constitución de una compañía cinematográfica comercial, Filmófono, para la que producirá y dirigirá cintas de corte populista. Para salvaguardar su prestigio vanguardista, Buñuel pondrá como condición que no aparezca su nombre, utilizando a otros directores menos avezados como «firmones»: Luis Marquina, José Luis Sáenz de Heredia y Jean Grémillon. Pieza fundamental del equipo era también Eduardo Ugarte, de gran seguridad técnica en la construcción de guiones, ya que había trabajado en Hollywood, y con Lorca en la experiencia de «La Barraca», siendo coguionista en 1955 de *Ensayo de un crimen.*

A Buñuel no le disgustaban algunas secuencias de *Don Quintín el amargao,* dejando traslucir un cierto orgullo por el debut —en una escena de cabaret de *La hija de Juan Simón*— de la gran bailaora de flamenco Carmen Amaya. Menos parecía gustarle *¿Quién me quiere a mí?,* donde se trataba de lanzar a una niña al estrellato bajo el lema de «la Shirley Temple española». Le complacía haber traído a España a Jean Grémillon —que ya había trabajado aquí en *La Dolorosa*— para rodar *¡Centinela alerta!,* reconociendo: «Aceptó con la condición de no firmar, a lo que yo me avine inmediatamente, puesto que yo tampoco firmaba. Por cierto, que algunas escenas las filmé yo en su lugar o se las hice rodar a Ugarte los días en que Grémillon no tenía ganas de levantarse.»

Pero todo ese esfuerzo se lo llevaría la Guerra Civil, como ya se preludiaba en las circunstancias que rodeaban la última película: «Durante el rodaje —ha recordado Buñuel— la situación se deterioraba rápidamente. En los meses que precedieron a la guerra el ambiente era irrespirable. Una iglesia en la que teníamos que rodar varias escenas fue incendiada por la multitud y tuvimos que buscar otra. Mientras hacíamos el montaje, había tiroteos por todas partes. La película se estrenó en plena Guerra Civil con gran éxito, éxito que se confirmaría en los países latinoamericanos. Por supuesto, yo no me beneficié de él.

Urgoiti, encantado de nuestra colaboración, acababa de proponerme una asociación magnífica. Íbamos a hacer juntos dieciocho películas, y yo pensaba ya en adaptaciones de obras de Galdós. Proyectos perdidos, como tantos otros. Durante varios años, los aconteci-

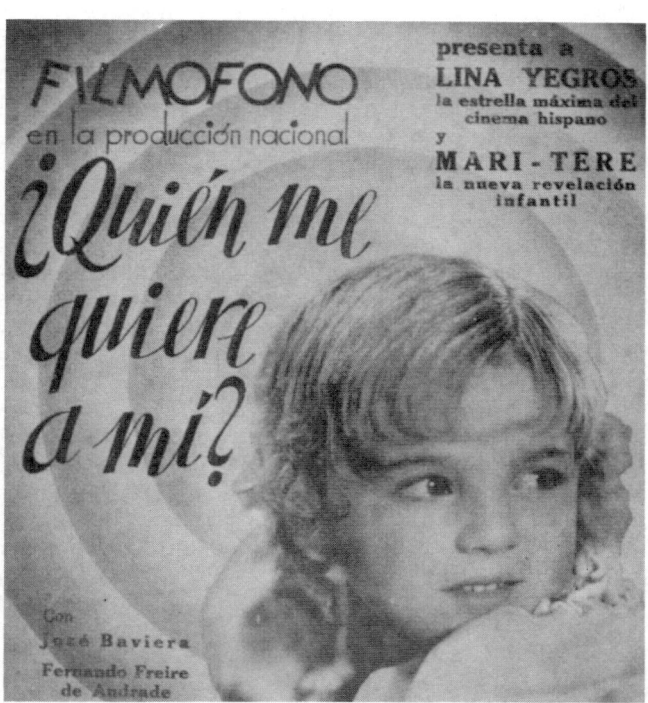

mientos que hicieron arder Europa me mantendrían alejado del cine.»

No fue exactamente así. Aunque las misiones de Buñuel fuera de España durante la Guerra Civil no están nada claras, parece ser que cuidó desde su puesto en la Embajada Española en París del montaje del filme de propaganda *España leal en armas* (1937) con Jean-Paul Le Chanois. También en 1937 redacta para la Paramount un guión bastante convencional con el título de *La duquesa de Alba y Goya*. En 1938 se traslada a Hollywood con el pretexto de supervisar algunos proyectos de apoyo a la causa republicana —como *Cargo of Innocence*— que no prosperan, y es allí donde le sorprende el final de la guerra española, en abril de 1939. El 28 de julio redacta en Los Ángeles una *Autobiografía* curricular para ingresar en la Filmoteca del Museo de Arte Moderno de Nueva York. La envía el 25 de septiembre.

Gracias a la directora de dicha Filmoteca, Iris Barry, logra un puesto en ella, tras intentar infructuosamente colocarse en el noticiario *The march of Time* y las gestiones —igualmente fallidas— de Robert Flaherty para que se le asignen encargos como documentalista en Washington. El 1 de julio de 1940, nace en Nueva York su segundo hijo, Rafael. Entre el 14 de enero de 1941 y el 30 de junio de 1943 Buñuel trabaja como supervisor y jefe de montaje de documentales para la Coordinación de Asuntos Interamericanos que patrocinaba Nelson Rockefeller. Tras haber legalizado su situación de inmigrante entrando y saliendo de Canadá por el paso fronterizo de las Cataratas del Niágara, en julio de 1942 se presenta ante un tribunal gubernamental en Washington, que analiza sus antecedentes políticos y aprueba el inicio de gestiones para concederle la ciudadanía estadounidense.

Buñuel esperaba poder hacer con el tiempo algún trabajo creativo en el Museo, como se deduce de alguno de sus informes, pero su labor se limitará a trabajos rutinarios, ya que el 30 de junio se ve obligado a presentar

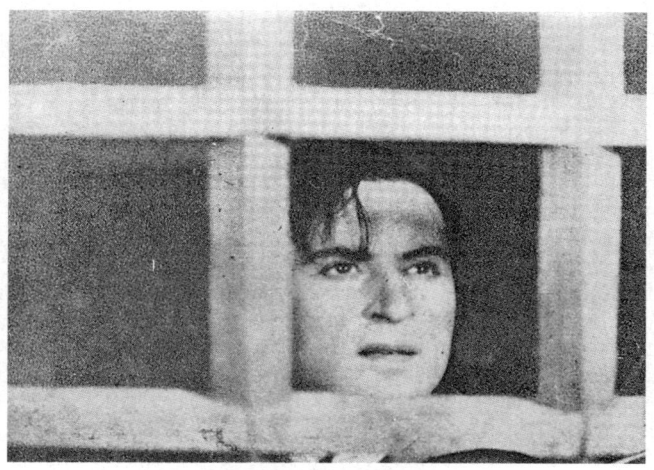

Angelillo en *La hija de Juan Simón*

la dimisión. Según él, la causa desencadenante habría sido las declaraciones contenidas en el libro *La vida secreta de Salvador Dalí* —publicado en octubre de 1942— y la campaña desatada en contra suya por el *Motion Picture Herald* en donde se le acusaba de ateo y de autor de *La edad de oro*. Pero más bien hay que pensar en que los preludios de la caza de brujas macartista y el giro dado en la trayectoria política de Rockefeller hacían incómoda en la Coordinación de Asuntos Interamericanos la presencia de personas con antecedentes políticos ligados al comunismo. Ése fue el caso de otros empleados y, seguramente, el de Buñuel. Con una dolorosa recaída en su ciática, que en ocasiones le obligaba a desplazarse con muletas, sobrevive como puede, y hace doblajes como locutor para documentales didácticos y del ejército.

Tras un intento de dar clases en la Universidad de Princeton (donde ejerce su antiguo maestro, Américo

Castro, que se lo desaconsejó), se traslada a Hollywood para trabajar como director de doblaje en la Warner Brothers, entre el 8 de julio de 1944 y el 10 de noviembre de 1945. Allí formará equipo con José Rubia Barcia y otros exiliados españoles, y abriga esperanzas de rodar sus propias películas, entre ellas: *Los basureros de Los Ángeles* (con la colaboración de Man Ray, sobre un gran vertedero en el que se desarrollaba la historia de una adolescente) y *La novia de los ojos asombrados* (en colaboración con Rubia Barcia, con un tono de misterio neogótico). También escribe el guión de una secuencia, *Alucinaciones en torno a una mano muerta,* que debería haber constituido su aportación a una película de Robert Florey, *La bestia de cinco dedos*. Finalmente, perderá su trabajo, ya que la calidad de los doblajes hizo temer por la producción autóctona en los países hispanos a los que iban dirigidos, pues suponían una dura competencia con respecto a dicha producción y se decidió adoptar medidas proteccionistas frente a ellos.

Fue entonces cuando le surgió la oportunidad de rodar en México, gracias a la oferta de Denise Tual, quien había conocido a Luis Buñuel en París durante el rodaje de *Un perro andaluz,* con cuyo protagonista, Pierre Batcheff, estaba casada por aquel entonces. En 1946, tras unirse a Roland Tual, viajó a Hollywood, donde tuvo ocasión de reencontrar en casa de René Clair al realizador aragonés, que, como se ha dicho, acababa de perder su empleo en la Warner. Ante esa perspectiva, Denise Tual intentó vender al magnate Louis B. Mayer (de la Metro-Goldwyn-Mayer) la idea de un «laboratorio» experimental donde podrían tener cabida películas a cargo de exiliados tan cualificados como Jean Renoir, René Clair y el propio Luis Buñuel. Mayer, que ni siquiera había oído hablar del cineasta aragonés («Si fuera un buen director, lo conocería», fue su comentario), desestimó tal eventualidad, sentenciando: «Si un día Hollywood tuviera que cambiar su modo de producción, lo haría rápidamente, sin necesidad de laboratorios.»

Denise Tual acababa de tener un gran éxito en Francia como productora de un intenso drama que transcurría en el interior de un convento de religiosas, *Les anges du péché* (1944) de Bresson, y pensaba que podía ser interesante hacer otra película no menos contundente sobre mujeres, adaptando para la pantalla *La casa de Bernarda Alba* de Federico García Lorca. Así se lo propuso a Buñuel: «Apenas puedo terminar mi frase: es un tema que le gusta, ya que le recuerda su juventud, su amistad con Lorca, España. Se entusiasma. Me viene a ver, con la mirada brillante y la sonrisa recuperada. No necesito más argumentos para convencerle de que me acompañe a México.»

Aunque ese proyecto no cuajará, en junio de 1946 Buñuel se traslada a México, donde tomará contacto con el productor de origen ruso Oscar Dancigers —al que había conocido en París—, comenzando el 19 de diciembre la filmación de *Gran casino,* a las órdenes de Jorge Negrete. Película que al ser estrenada el 12 de junio de 1947 constituye un rotundo fracaso y le costará tres años de inactividad. Ante el panorama que se le presenta, Buñuel no ceja en su empeño de manifestarse en su genuina personalidad, con un intento que, de haberse rodado, habría representado una de las cimas de su filmografía, *Ilegible, hijo de flauta,* cuyo guión escribe en colaboración con Juan Larrea. Si hubiera podido materializar esta fórmula, su obra habría avanzado de golpe hasta la libertad de *El ángel exterminador* o *La Vía Láctea*. Al no ser factible, habrá de ir ganando posiciones lentamente, adaptando los encargos a sus intereses siempre que puede. Es el tramo constituido por lo que él mismo ha denominado sus películas «alimenticias», aunque habría que matizar que películas alimenticias también las hizo en inglés y, sobre todo, en francés.

No resignándose a permanecer en México, baraja en 1946 y 1947 aceptar la oferta de Iris Barry —que acababa de ser nombrada Presidenta de la Federación Internacional de Archivos Fílmicos— proponiéndole

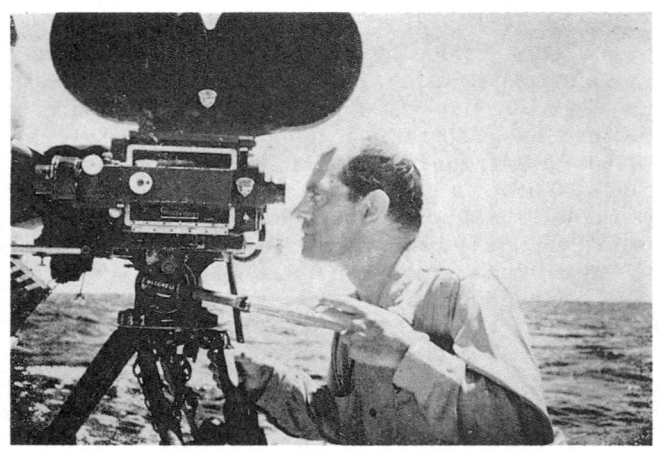

Rodaje de *Robinson Crusoe*, 1951

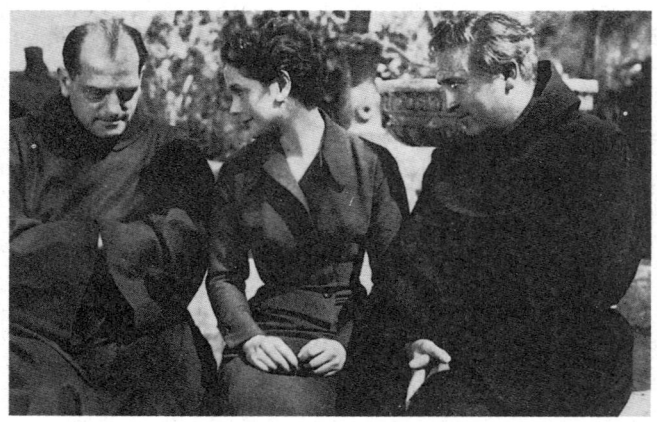

México, 1952. Rodaje de *Él*

para el cargo de Secretario General de la misma en París. Buñuel intenta hacerlo compatible con su estancia en México, pero el 21 de marzo de 1947 Iris Barry le comunica que la iniciativa ha entrado en vía muerta. A partir de ahí —con alguna intentona esporádica de coproducción con Francia— Buñuel filmará bajo pabellón mexicano veinte de sus treinta y dos películas. En México vivirá durante 36 años, adoptando aquella nacionalidad en 1949.

Su siguiente filme para Oscar Dancigers, *El gran calavera* (1949), rodado entre el 9 de junio y el 5 de julio, tiene un gran éxito comercial al ser estrenado el 25 de noviembre, lo que le permite realizar entre el 6 de febrero y el 9 de marzo de 1950 *Los olvidados*. Su estreno en México el 25 de noviembre le vale la hostilidad casi generalizada, pero al obtener en el Festival de Cannes de 1951 el premio a la mejor dirección y el de la crítica internacional supone su «redescubrimiento» europeo. Para toda la operación de *Los olvidados* cuenta con el apoyo de Iris Barry, Henri Langlois, Octavio Paz y el grueso del grupo surrealista. Sigue una etapa de febril actividad que tras *Susana* (se comienza a rodar el 10-7-1950 y se estrena el 11-3-1951) le lleva a filmar hasta tres películas por año, como sucede en 1951, en que pone a punto en enero *La hija del engaño* (nueva versión de *Don Quintín el amargao*), en abril *Una mujer sin amor* y en agosto *Subida al cielo*. Esta última, con argumento y producción del poeta Manuel Altolaguirre, fue bien acogida por la crítica.

En 1952, desechado el proyecto *El Cadillac* (con la colaboración de Hugo Butler en el guión y George Pepper, que debería haber sido el productor) filma dos películas: en marzo *El bruto* y entre el 14 de julio y el 16 de octubre *Las aventuras de Robinson Crusoe,* su primer filme en inglés y en color. Este ritmo frenético continúa en 1953 (en enero concluye el rodaje de *Él,* en abril el de *Abismos de pasión* y en septiembre *La ilusión viaja en tranvía)*, año tras el que decrece paulatinamente: *El río y la muerte* (enero de 1954) y *Ensayo de*

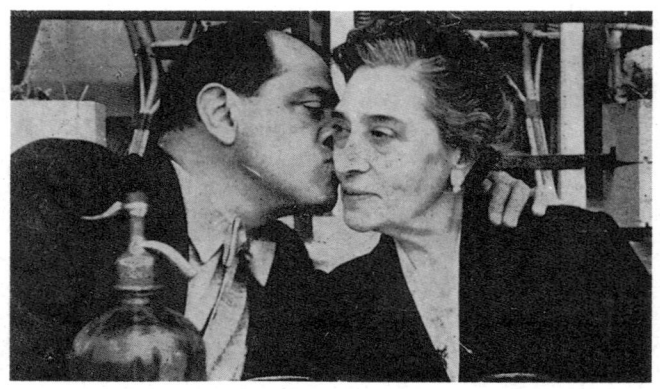

San Juan de Luz, 1955. Reencuentro con su madre

un crimen (enero de 1955). Las buenas críticas de esta última le abrirán las puertas del cine francés. Así, en abril de 1955 regresa a Francia para rodar *Cela s'appelle l'aurore* y tiene ocasión de ver en Pau a su madre y familia, en un emocionado reencuentro. En abril de 1956 filma *La mort en ce jardin,* sobre la novela de Lacour, a través de un guión elaborado con Luis Alcoriza y el viejo compañero en *La révolution surréaliste,* Raymond Queneau.

En 1956 y 1957 Buñuel se plantea tres proyectos bien distintos: la adaptación de la novela de Pierre Louÿs *La femme et le pantin,* la de Joseph Knittel *Thérèse Étienne* y la coproducción italo-franco-mexicana *Dolores.* Pero en su lugar rodó en 1958 una novela de Benito Pérez Galdós, *Nazarín*. La obra fue recibida con entusiasmo por la crítica y se le otorgó la Palma de Oro en el Festival de Cannes y el Premio André Bazin en el de Acapulco, entre otros muchos galardones. Junto con *Los olvidados* fue uno de los hitos que consiguió para el cineasta un reconocimiento cada vez más sólido y generalizado. Entre 1958 y 1972 barajaba varios proyectos, adaptando obras literarias: *Otra vuelta de tuerca* de Henry James, *Los seres queridos* de Evelyn Waugh, *Beau Clown* de Berthe Grimault, *El señor de las moscas* de William Golding, *Johnny cogió su fusil* de Dalton Trumbo, *El desierto de los tártaros* y *El sexto piso* de Dino Buzzati, *Bajo el volcán* de Malcolm Lowry, *El lugar sin límites* de José Donoso.

En 1959 dirige *Los ambiciosos,* también conocida como *La fièvre monte à El Pao,* cuyo rodaje empieza el 1 de mayo y concluye el 28 de junio, estrenándose en París el 6 de enero de 1960. Entre el 18 de enero y el 5 de febrero de este año rueda en inglés la coproducción *The Young One,* que fue estrenada en noviembre en EEUU con escasa aceptación. También en 1960 hace una visita de tanteo a España, que repetirá en 1961 para comenzar a trabajar el 4 de enero en *Viridiana.* Durante la filmación muere su hermano menor, Alfonso. El estreno de *Viridiana* el 17 de mayo en Cannes le vale la Palma de Oro, los ataques del Vaticano y la inexistencia legal de la cinta, que comienza a exhibirse a partir de la copia utilizada para el festival en noviembre de 1963, bajo pabellón mexicano. Estrenada en España en 1976, sólo tras la muerte de Franco alcanzaría *Viridiana* estatuto de «existente» en el país donde había sido rodada, como un intento de recuperarla para el Nuevo Cine Español.

Esta plenitud creadora se reafirma con *El ángel exterminador,* rodada del 29 de enero al 9 de febrero de 1962. En octubre de 1963 comienza en Francia el rodaje del *Diario de una camarera,* que marca claramente una nueva etapa en su carrera. A partir de este momento, Buñuel va a realizar sus películas de forma mucho más espaciada. Su incorporación al cine francés se va a producir bajo ciertos síntomas de estabilidad, con el productor Serge Silberman (a excepción de *Belle de jour)* y el guionista Jean-Claude Carrière.

En 1964 interpreta el papel de verdugo en *Llanto por un bandido,* de Carlos Saura, pero la censura franquista

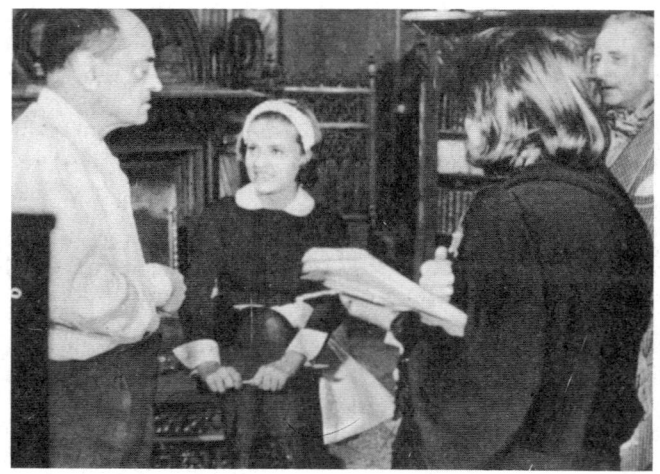

Rodaje de *El diario de una camarera*

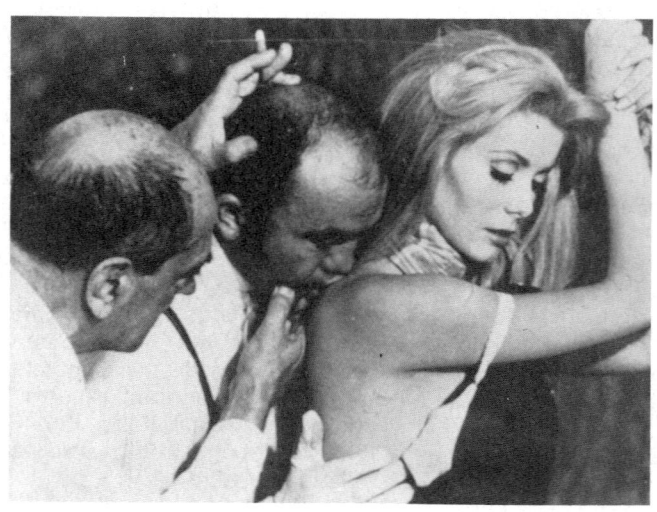

Ensayo de *Belle de jour*, 1966

corta buena parte de la secuencia inicial, en la que —con Buero Vallejo como alguacil— debía ejecutar a siete intelectuales españoles vestidos de bandoleros de la epoca fernandina: Alfonso Sastre, Bardem, Berlanga, Tápies y Antonio Saura, entre otros. Planea, sin llegar a filmarlos, *Cuatro misterios* (o *Misterios jocosos*) con historias basadas en *Aura,* de Carlos Fuentes; *Las Ménades,* de Julio Cortázar; *La Gradiva,* de Jensen, y una cuarta que podría ser la frustrada *Ilegible hijo de flauta* o *Secuestro,* de Luis Buñuel (que recuperaría en el episodio de la niña Aliette en *El fantasma de la libertad*). En su lugar, comienza el 26 de noviembre *Simón del desierto,* pero la película ha de interrumpirse el 21 de diciembre por la falta de fondos de su productor, Gustavo Alatriste. Presentada en agosto de 1965 en la Mostra de Venecia, obtiene el León de Plata.

En octubre de 1965 hace el papel de cura en la película de Alberto Isaac *En este pueblo no hay ladrones.* Entre octubre y noviembre rueda en Francia *Belle de jour,* que al estrenarse en mayo de 1967, logra un enorme éxito de público. A partir de este momento cada nuevo rodaje suyo es seguido con la expectación reservada a los acontecimientos culturales, con puestas en escena mucho más cuidadas desde el punto de vista formal y, en cierto modo, con menos garra, perdiendo parte de su fuerza primitiva en aras de un cierto buen hacer muy francés.

Desechado el proyecto de adaptación de *El monje,* de Lewis (la terminaría rodando Ado Kyrou), se recluye durante un par de meses con Carrière en el Parador Nacional de Cazorla para estructurar un recorrido por las herejías del cristianismo que rodaría entre agosto y octubre de 1968 con el título de *La Vía Láctea,* que se estrena en París el 15 de marzo de 1969. El 29 de junio muere en Zaragoza su madre, doña María Portolés. Entre octubre y diciembre, rueda *Tristana* en Toledo, tras una entrevista con Fraga Iribarne para despejar los obstáculos y recelos provocados por el escándalo de *Viridiana.*

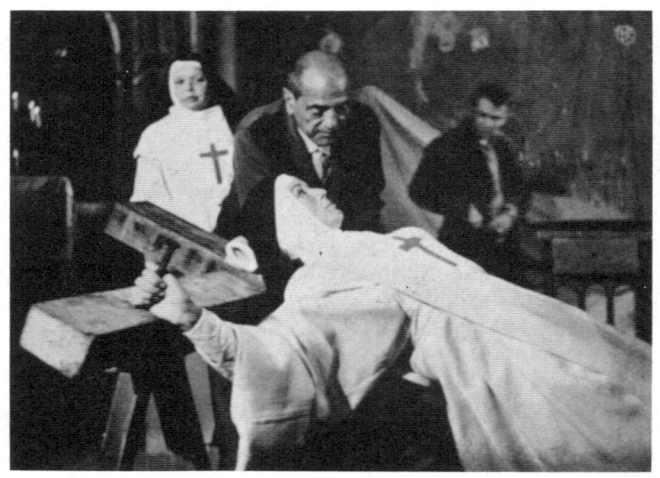

La Vía Láctea, 1968

Dejando de lado su proyecto de 1971 para hacer un filme sobre sus recuerdos en el Colegio de El Salvador, de Zaragoza —que habría de titularse *Mater Purissima*— emprende en 1972 con sus habituales Silberman y Carriére *El discreto encanto de la burguesía,* poniendo a su disposición un monitor de televisión conectado a la cámara de cine para que siga el rodaje sin fatigarse. Al alzarse con el Oscar a la mejor película extranjera, esta última proporcionará a Buñuel una gran popularidad. A pesar de ello, y de que es realmente en esta época cuando alcanza una cotización comercial respetable, ya ha dicho repetidas veces que no rodará más películas y a su productor le cuesta convencerlo para filmar en 1974 *El fantasma de la libertad.*

En 1977 aún logró Silberman embarcarlo en una última cinta, que en principio iba a ser una adaptación de *Là-bas,* de Huysmans (otra de esas obras que periódicamente asediaba y que nunca acababa de rematar) pero terminó recayendo en su viejo proyecto sobre *La femme et le pantin* con el título de *Ese oscuro objeto del deseo*. En enero de 1980 interrumpió la redacción de su último guión, sobre el terrorismo, para el que barajaba varios títulos: *El canto del cisne, Haz la guerra y no el amor, Agon* y *Una ceremonia suntuosa*.También ha de desechar por las mismas razones de salud un proyecto de película con Carlos Saura y José Luis Borau, los dos directores españoles que, según había declarado en una entrevista, más le interesaban. En la primavera de 1980 accedería a revisar y publicar su *Obra literaria,* que sería presentada en París en el homenaje que le rindiera el Centro Pompidou y la Casa de Cultura de México en noviembre de 1982. En este último año, sus memorias, *Mi último suspiro,* conocerían un gran éxito.

En una entrevista con su mujer, Jeanne Rucar, ésta ha contado cómo fue, realmente, su último suspiro, en Ciudad de México, el 29 de julio de 1983: «Ocho días antes de morir, había llegado nuestro segundo hijo,

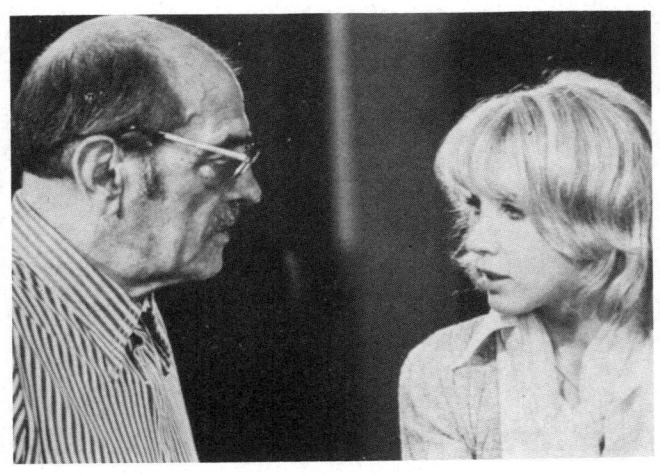

El discreto encanto de la burguesía, 1972

Rafael, y Luis le dijo: "Has venido a verme morir". "Cállate, tonto", le contestamos. Aquel día tuvo un ataque. Cinco horas después lo llevamos al Hospital Inglés. Cuando estaba allí se enfadó porque no conocía a nadie, no sabía dónde estaban las cosas. Una vez me pidió cigarrillos. Le hice ver que allí no teníamos. Él gritó: "Sí, están en el cajón". Yo le decía: "Pero Luis, no estás en casa, estás en el hospital". "¿Que estoy en el hospital? ¿Por qué?" "Ayer tuviste un ataque y el doctor mandó que te trajéramos al hospital" "¿En qué hospital estoy?" "En el Hospital Inglés". "Pobres hijos. Cuánto dinero va a costar esto". Él pensaba siempre, siempre, en el dinero para los chicos. Allí quedó internado. Un día, yo tenía su mano cogida entre las mías. Le pregunté: "Luis, ¿cómo estás?" "Me muero", contestó. En aquel momento noté que se paraba su pulso. Grité y vino el doctor. Efectivamente, estaba muerto, él notó que se moría.»

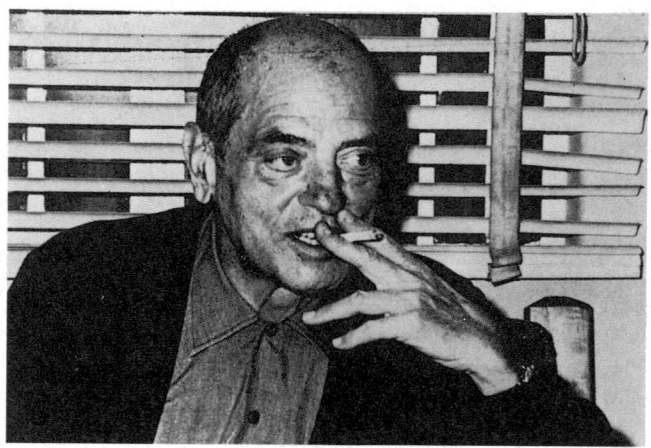

En su casa mexicana de la Cerrada Félix Cuevas

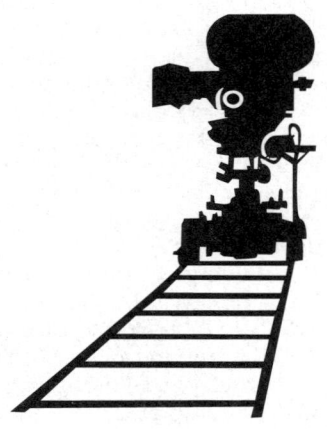

Buñuel visto por sí mismo

Además de las entrevistas que se reseñan en la Bibliografía, Luis Buñuel ha dejado testimonios fehacientes sobre su trayectoria en *Mi último suspiro,* y los libros de entrevistas con José de la Colina-Tomás Pérez Turrent *(Prohibido asomarse al interior)* y Max Aub *(Conversaciones con Buñuel).* En este último, un buen conocedor suyo, el también cineasta Carlos Velo ha pergeñado un prontuario para decodificar las declaraciones de Buñuel sobre su propia obra:

«Hay toda una pragmática de Luis Buñuel que se podría llamar *cómo llevar las relaciones públicas de un director a una altura que desconcierte completamente a la plebe de periodistas, seudointelectuales y demás.* Tiene varios artículos, de los que me he dado cuenta a través de mucho tiempo de oírle. Uno de ellos, la negación absoluta de que sus películas tengan interpretación. Aspecto que es profundamente surrealista, claro. Todo un estilo y una escuela. Y a los que no están o no conocen esa escuela ni ese movimiento les sorprende mucho: "Entonces, ¿su película no quiere decir nada?". "Mi película quiere decir lo que usted quiera". Es el principio número uno... El segundo principio es: "¿Le molesta a usted la película? ¿Le ofende profundamente? ¡Qué maravilloso! ¡Es lo que yo quería!" Que también es surrealista. Es decir, no es *épater le bourgeois,* no: es agredir. Es decir, agredir para que se despierten estos desgraciados. Esas dos cosas las ha manejado Buñuel maravillosamente: "Yo no sé lo que dice mi película"... "Bueno, pero usted ha querido decir..." "Yo no he querido decir nada. Usted es el que está diciendo"... Es una pragmática buñuelera estupenda, que se debería estudiar.

Otra es la que se refiere a los premios: "¿Tengo un premio? No me interesa. Yo no he mandado mi película a concursar, la habrá mandado el productor o habrá llegado allá".»

RAÍCES VIVENCIALES DE SU OBRA

Cuando en 1939 hubo de redactar en inglés una *Autobiografía* que le serviría como currículum para ingresar en el Museo de Arte Moderno de Nueva York, Buñuel explicó la influencia que habían tenido las vivencias de la niñez en Calanda en sus creaciones posteriores:

«Mi infancia transcurrió en una atmósfera casi medieval (como la de casi todas las provincias españolas) entre mi pueblo natal y Zaragoza. Creo necesario hacer notar aquí (dado que ello explica en parte la tendencia de la modesta obra que luego realizaría) que los dos sentimientos básicos de mi infancia, que perduraron hasta bien entrada la adolescencia, fueron los de un profundo erotismo, al principio sublimado en una gran fe religiosa, y una permanente conciencia de la muerte.»

A ello volvería en *Recuerdos medievales del Bajo Aragón,* donde el cineasta ha concretado la referencia a la muerte, materializada en un burro podrido que llegaría a ser emblemático en su imaginería personal, como puede apreciarse ya en *Un perro andaluz:*

«Cierto día me paseaba con mi padre por un olivar cuando la brisa llevó hasta mi olfato un olor dulzón y repugnante. A unos cien metros de nosotros un burro muerto, horriblemente hinchado, servía de banquete a una docena de buitres. El espectáculo me atraía y a la vez me repelía. Ahítas, las aves apenas podían remontar el vuelo. Los campesinos no enterraban las bestias muertas por creer que al descomponerse abonaban la tierra. Quedé como fascinado ante aquella visión y, aparte de su grosero materialismo, tuve una vaga intuición de su significado metafísico.»

LA RESIDENCIA DE ESTUDIANTES

La segunda experiencia decisiva en la vida de Buñuel sería su ingreso en 1917 en la Residencia de Estudiantes. En su citada *Autobiografía* ha descrito el encuentro con la vida propiamente moderna en términos muy gráficos: «Fui a estudiar a Madrid. El cambio de la provincia a la capital fue para mí tan traumático como para un cruzado que se hubiera encontrado de pronto en la Quinta Avenida de Nueva York.» En sus memorias matizaría más, lo que permite hacerse idea del choque que supondría su encuentro con el ambiente cosmopolita de la Residencia:

«Yo no había estado en Madrid más que una vez, con

mi padre, por pocos días. Cuando volví, en 1917, con mis padres, para buscar un lugar donde continuar mis estudios, al principio, me sentía paralizado por mi provincianismo. Observaba discretamente cómo vestía y se comportaba la gente, para imitarla. Aún recuerdo a mi padre, con su sombrero de paja, dándome explicaciones en voz alta en la calle Alcalá y señalando con el bastón. Yo, con las manos en los bolsillos, miraba para otro lado, como si no fuera con él... Visitamos varias pensiones madrileñas de tipo clásico, en las que todos los días se comía el cocido a la madrileña, con garbanzos, patatas, tocino, chorizo y, a veces, una tajada de carne o pollo. Mi madre no quiso ni oír hablar de dejarme allí y mucho menos porque temía que hubiera en ellas cierta libertad de costumbres... Finalmente, gracias a la recomendación de un senador, don Bartolomé Esteban, me inscribieron en la Residencia de Estudiantes, donde permanecería siete años. Mis recuerdos de aquella época son tan ricos y vívidos que puedo asegurar, sin temor a equivocarme, que, de no haber pasado por la Residencia, mi vida hubiera sido muy diferente.»

Aprendiz de cineasta en París

Una vez trasladado a París, en 1925, Buñuel se introdujo en el mundo del cine a través del realizador de origen polaco Jean Epstein, con quien intentó trabajar en *Las aventuras de Robert Macaire,* como explicaría a Carrière en 1981 en una entrevista para la RAI:

«No conseguí tomar parte en este filme, porque el *cast* estaba ya al completo. Pero me dijo: "Escuche: venga para la próxima película". Y yo contesté: "Mire: podría barrer el estudio, hacer lo que usted quiera; no necesito dinero". Porque mi madre me pagaba la estancia en París. Poco después Epstein inició el filme *Mauprat.* "¿Recuerda —le dije— que me había prometido que sería su ayudante?" Y lo fui... el aprendiz, el ayudante; ayudaba al operador, porque en aquel momento el operador no tenía ayudantes y era él quien cargaba las bobinas. Entonces, yo me ocupé también de aquello e incluso hacía de comparsa.»

Pero no tardó en emanciparse de Epstein, de quien se distanciaría definitivamente al desarrollar su latente surrealismo y negarse a servir a como ayudante a Abel Gance el director de *Napoleón,* como ha declarado a De la Colina y Pérez Turrent:

«Yo tenía ya mi idea y gustos en relación con el cine. Estábamos en los estudios de Epinay y al día siguiente saldríamos al campo a filmar los exteriores. Epstein me dijo: "Buñuel, va a venir ahora Abel Gance para hacer unas pruebas y usted puede quedarse y ayudarle". Respondí: "Si se trata de Gance no me interesa". "¿Cómo, qué dice usted?". "Detesto ese cine". Me dijo: "Qu'un petit con comme vous ose parler comme ça d'un homme aussi grand que Gance..." ("Que un tonto insignificante como usted se atreva a hablar así de un hombre tan grande como Gance..."). Añadió: "Buñuel, hemos terminado; lo devuelvo a París en mi auto, si quiere". En el camino fue dándome consejos: "Lo veo a usted muy surrealista. Tenga cuidado con los surrealistas, son muy locos".»

LA CONVERSIÓN A SADE

Y es que el cineasta aragonés nunca se consideró, ni en la forma ni en el fondo, un «vanguardista», expresión que para él resultaba tan peyorativa como «artístico». Pensaba que casi todas las innovaciones de los filmes vanguardistas eran plagios de las películas americanas o alemanas, nacionalidades que amparaban el cine que más le interesaba. La vanguardia fílmica francesa le dejaba frío, a excepción de *L'image* de Feyder, *Coeur fidèle* de Epstein y *Feu Mathias Pascal* de L'Herbier. La única tendencia en la que se sentiría a gusto sería el surrealismo, hacia el cual ya se dirigía imparable, a pesar de las advertencias de Epstein. El descubrimiento de la obra del Marqués de Sade sería medular en la vertebración de su mundo personal. Así lo ha recordado en sus memorias al evocar el impacto que le produjo la lectura de *Las 120 jornadas de Sodoma,* con cuya cita acaba *La edad de oro:*

«Hasta entonces yo no conocía nada de Sade. Al leerlo, me sentí profundamente asombrado. En la Universidad, en Madrid, no se me había ocultado en principio nada de las grandes obras maestras de la literatura universal, desde Camoens hasta Dante y desde Homero hasta Cervantes. ¿Cómo, pues, podía yo ignorar la existencia de este libro extraordinario, que examinaba la sociedad desde todos los puntos de vista, magistral, sistemáticamente, y proponía una tabla rasa cultural? Para mí, fue una impresión considerable. La Universidad me había mentido. Otras obras maestras me parecían al instante despojadas de valor, de toda importancia. Intenté releer la *Divina Comedia,* que me pareció el libro menos poético del mundo, menos poético aún que la Biblia.»

En una sus entrevistas con José de la Colina y Tomás Pérez Turrent explicaría la naturaleza de su exacta vinculación con el Divino Marqués:

«—Oiga, don Luis, ¿y no encontró usted algo reprobable en las obras de Sade?

—¿Por qué?

—Bueno, algunos lo presentan como el hombre que justificaba *a priori* los campos de concentración y los crímenes nazis, por ejemplo.

—Pero, hombre, son cosas diferentes. Sade sólo cometía sus crímenes en la imaginación; era una forma de liberarse del deseo criminal. La imaginación puede permitirse todas las libertades. Otra cosa es que usted las realice en acto. La imaginación humana es libre, el hombre no.»

Idea que reitera el juez que desestima las autoacusaciones de Archibaldo en *Ensayo de un crimen* («El pensamiento no delinque») y que desarrollaría el cineasta en sus memorias:

«En alguna parte, entre el azar y el misterio, se desliza la imaginación, libertad total del hombre. A esta libertad, como las otras, se la ha intentado reducir, borrar. A tal efecto, el cristianismo ha inventado el pecado de intención. Antaño, lo que yo me imaginaba ser mi conciencia me prohibía ciertas imágenes: asesinar a mi hermano, acostarme con mi madre. Me decía: "¡Qué horror!", y rechazaba furiosamente estos pensamientos, desde mucho tiempo atrás malditos. Sólo hacia los sesenta o sesenta y cinco años de edad comprendí y acepté plenamente la inocencia de la imaginación. Necesité todo ese tiempo para admitir que lo que sucedía en mi cabeza no concernía a nadie más que a mí, que en manera alguna se trataba de lo que se llamaba *malos pensamientos,* en manera alguna de un pecado, y que había que dejar ir a mi imaginación, aun cruenta y degenerada, a donde buenamente quisiera.»

UN PERRO ANDALUZ

Su gran admiración dentro del grupo vanguardista parisino sería el poeta Benjamin Péret, al que consideraría «el poeta surrealista por excelencia: libertad total, inspiración límpida, de manantial, sin ningún esfuerzo cultural y recreando inmediatamente otro mundo». Y cuyos logros trataría de alcanzar repetidamente en *Un perro andaluz, La edad de oro, El discreto encanto de la burguesía* y *El fantasma de la libertad,* como ha confesado. En una carta a su compañero de la Residencia Pepín Bello le explica en febrero de 1929 este descubrimiento cuando se dispone a rodar su primera película:

«Péret es algo muy gordo dentro del surrealismo... El surrealismo no hace más que animar la realidad corriente con toda clase de símbolos ocultos, de vida extraña yacente en el fondo de nuestra subconsciencia y que la inteligencia, el buen gusto, la mierda poética tradicional, habían llegado a suprimir por completo... Hay que combatir con todo nuestro desprecio e ira toda la poesía tradicional desde Homero y Goete [sic] pasando por Góngora —la bestia más inmunda que ha parido madre— hasta llegar a las ruinosas deyecciones de todos nuestros poetillas de hoy.»

De modo que Buñuel ya estaba familiarizado con las técnicas surrealistas cuando aborda *Un perro andaluz,* como lo demuestra no sólo el ejemplo de Péret, sino la descripción de su método de trabajo con Dalí, tal y como ha contado a De la Colina y Pérez Turrent:

«Teníamos que buscar el argumento. Dalí me dijo: "Yo anoche soñé con hormigas que pululaban en mis manos". Y yo: "Hombre, pues yo he soñado que le seccionaba el ojo a no sé quién". "Ahí está la película, vamos a hacerla". En seis días escribimos el guión. Estábamos tan identificados que no había discusión. Escribíamos acogiendo las primeras imágenes que nos venían al pensamiento y, en cambio, rechazando sistemáticamente todo lo que viniera de la cultura o de la educación. Tenían que ser imágenes que nos sorprendieran, que aceptáramos los dos sin discutir. Nada más. Por ejemplo: la mujer agarra una raqueta para defenderse del hombre que quiere atacarla. Entonces, éste, mira alrededor buscando algo para contraatacar y (ahora estoy hablando con Dalí) "¿Qué ve?" "Un sapo que vuela" "¡Malo!" "Una botella de coñac" "¡Malo!" "Pues ve dos cuerdas" "Bien, pero ¿qué viene detrás de las cuerdas?" "El tipo tira de ellas y cae, porque arrastra algo muy pesado" "Ah, está bien que se caiga" "En las cuerdas vienen dos grandes calabazas secas" "¿Qué más?" "Dos hermanos maristas" "¡Eso es, dos maristas!" "¿Y después?" "Un cañón" "¡Malo. Que venga un sillón de lujo" "No, un piano de cola" "Muy bueno, y encima del piano de cola, un burro... no, dos burros podridos" "¡Magnífico!"... O sea, que hacíamos surgir representaciones irracionales, sin ninguna explicación.»

LA EDAD DE ORO

La colaboración entre pintor y cineasta ya no sería tan cordial en la segunda película, *La edad de oro,* aunque el grado de participación de cada uno de ellos varía según la versión de uno u otro. Ésta sería, restrospectivamente, la de Buñuel en sus conversaciones con De la Colina-Pérez Turrent y Max Aub:

«Yo tenía unos treinta *gags:* un carro que pasa en medio de una fiesta de salón, el guardabosques que mata a su hijo por capricho, el obispo defenestrado, etcétera. Dalí aportó otros *gags,* como el hombre con la piedra en la cabeza. Pero descubríamos que a cada uno le disgustaban las ideas del otro. "Eso es muy malo", me decía. Y yo: "Y eso pésimo", refiriéndome a algo de él. Ya no había entente. Además, la primera película y ésta eran diferentes. En *Un perro andaluz* no hay una línea, y en *La edad de oro* sí. Una línea muy parecida a *El fantasma de la libertad,* que es pasar de una cosa a otra por medio de un detalle cualquiera.

Me fui a la Abbaye Saint Bernard, que era el castillo de los Noailles. Marie Laure estaba con Cocteau, Bérard y compañía. Casi todos opiómanos. Había algunos cuartos donde no se podía entrar, del olor. Una vez, no recuerdo quién, me ofreció tomar cocaína como la cosa más natural del mundo y me puso un poco de polvo entre el índice y el pulgar. Debí sorberlo mal, porque lo único que me pasó es que me dejó insensible una aleta de la nariz y su alrededor, como si hubiese ido al dentista. En un mes acabé *La edad de oro.* Auric me hacía compañía. El vizconde me dio un cheque de setecientos mil francos, y cuando acabé de filmar, a las tres semanas, le devolví lo que sobró, ciento tres mil francos y un fajo con todas las facturas y las cuentas. Con suma elegancia, mientras yo iba hacia una ventana, echó todos los papeles al fuego, a la chimenea. Sentí no haberle robado un poco. Durante todo este tiempo, Dalí me escribía desde Málaga.»

Pero no es esa la versión que el cineasta dio en su día a Pepín Bello, a quien afirma en carta de 11-5-1930 que la colaboración con Dalí se ha hecho en los mismos términos que en *Un perro andaluz:*

«Queridísimo Pepín: Recibí tu carta y creo en verdad como diría el puerco de Cristo que nuestro silencio además de vergonzoso es ofensivo. Pero por mi parte me excuso pues desde noviembre ni los domingos he podido descansar. No sé si sabrás que Noailles me ha dado un millón de francos para hacerle un film parlante con absoluta libertad espiritual y el cual espero por tanto que hará enrojecer de vergüenza a cuantos lo contemplen. Es un film a gran espectáculo y de más de una hora de duración. Lo pensaba llamar *La Bestia Andaluza* pero prefiero que sea su nombre *¡Abajo la Constitución!* Naturalmente que no salen las cortes de Cádiz ni ninguna otra constituyente. El argumento como el del *Perro Andaluz* lo hice en colaboración con Dalí. Mucho me alegraría que pudieras venir para su presentación que tendrá lugar a mediados de junio.»

TIERRA SIN PAN

En sus *Conversaciones* con Max Aub ha explicado las condiciones precarias y artesanales en que hubo de rodar este documental:

«Filmé *Las Hurdes* en 1932 porque a Ramón Acín le tocó la lotería. Me dio veinte mil pesetas y luego le cayeron encima todos los anarquistas de la localidad, pero no creo que le sacaran gran cosa. A mí me había impresionado mucho el libro de Legendre y el viaje del rey... Nos fuimos a Extremadura Eli Lotar, Pierre Unik y yo. Estuvimos marzo y abril. Monté la película sobre una mesa de cocina con una lupa, por lo que a veces se me desenfocaban las imágenes. Ni moviola ni hostias. De verdad, está montada con los pies... Conseguimos que la viera Marañón, presidente del Comité de las Hurdes.

Fui con Sánchez Ventura. Al acabar la proyección, Marañón me dijo: "Usted ha tomado lo peor. Yo he visto allí carros ubérrimos de trigo..." "Habla usted como un ministro de Lerroux", le contesté. Y me llevé la película. En cuanto a que filmé lo peor, era verdad. Si no, ¿a qué iba? Pensé que ya no podía hacer nada en cine, igual que lo había pensado al acabar *Un perro anadaluz* y *La edad de oro*. Y por hacer algo —no me hacía falta dinero—, me dediqué a hacer cine comercial desde ese momento hasta el principio de la guerra. Un poco avergonzado. Ya sabes que hice cuatro películas, y Urgoiti estaba feliz conmigo, porque decía que le ahorraba tiempo y dinero... Además, a mí me encanta el orden y la organización, así que eso de administrar y de dirigir lo hacía con mucho gusto. Además, de hecho yo ya había acabado con los surrealistas. Ya no me interesaban.»

El distanciamiento de los surrealistas

Efectivamente, Buñuel seguía interesado por el surrealismo —del que nunca renegaría—, pero no por los surrealistas. Estaba un tanto cansado de su elitismo estéril, aunque nunca llegara a una ruptura formal. En sus memorias habla muy de pasada de las razones que le hicieron abandonar, casi de puntillas, el grupo de Breton. Pero sería mucho más explícito en una entrevista con Raquel Tibol en el periódico mexicano *Novedades,* mientras rodaba *La ilusión viaja en tranvía* en noviembre de 1953:

«Yo ya no soy surrealista porque no pertenezco a ningún grupo. El cambio de vida y las necesidades han hecho que no me interese pertenecer a ningún grupo. La reacción surrealista correspondió a determinada realidad; ahora comprendo que no se puede enfrentar la realidad exclusivamente con el surrealismo. Pero, aunque ya no pertenezco a grupo alguno, la educación, la disciplina surrealista están en mí. El surrealismo fracasó como revolución —una revolución no la pueden hacer treinta y tres individuos—; pero se integró a la vida en general. El surrealismo no es algo inexistente que se agrega a la realidad, no inventa la realidad, la ve más completa; no es algo que haya que buscar, está ahí. La Academia nos acostumbró a pensar racionalmente, pero el hombre no es racional. Freud ha puesto al descubierto su condición irracional. La razón es un elemento de contacto social, una cláusula de convivencia; pero el subconsciente existe; por eso hoy podemos afirmar que el surrealismo era lo que faltaba para completar nuestra visión de la realidad, ya que ésta encierra un sentido terrible y extraordinario que hay que descubrir. No soy un surrealista porque el surrealismo como escuela ya ha cumplido su cometido, ya ha dejado su huevo. Es una contribución al conocimiento humano y seguirá existiendo hasta el final del hombre. El surrealismo nació como fuerza del humor, se fundamentó en el humor como fuerza liberadora. Siendo el último elemento poético subversivo en la sociedad actual, y por lo mismo un producto de alta civilización, el humor forma parte de él, lo integra fatalmente. Pero no hay que confundir humor con ironía. La ironía es un elemento parcial, individual, aislado. Es decorativa, puede acentuar. Yo estoy contra la ironía. El humor es tremendo, violento y liberador. Es un escape para producir sensaciones subversivas y desagradables a través de la risa [...] Lo sentimental es lo contrario del humor. Lo sentimental es conformista, agrada al hábito emocional de la gente. Todo el público entra por lo sentimental. El surrealismo, en cambio, es mezcla de ternura y crueldad, y en esa mezcla justamente reside su calidad. La ternura en contraposición o apoyando la crueldad. Es una ternura que el público agradece porque la que espera es más oficial. Yo le doy enorme alcance a la ternura. Ternura por ambivalencia, por oposición a la crueldad. La ternura como efusión humana. El sentimiento en cuanto a efusión es valioso, muy distinto por cierto a la expresión lloricona, aunque no debemos olvidar que hay lágrimas subversivas...»

La etapa estadounidense

Una carta de Buñuel a Gustavo Pittaluga, fechada en Hollywood —donde trabajaba como doblador para la Warner Bros.— el 15 de febrero de 1945 da buena idea de los proyectos que tenía Buñuel para rodar en los Estados Unidos y, a la larga, para su regreso a España, tras el paréntesis de la Guerra Civil, que no se esperaba tan largo como terminaría siendo:

«Ahora algo sobre mi trabajo. Va viento en popa. Estoy formando otra nueva compañía. Me han doblado el sueldo a pesar de mi contrato en el cual no había tal previsión. Por cierto que como ahora necesito cuatro escritores hacemos en Méjico una especie de concurso e hice avisar, para que se presente, al hermano de Ana María. A Zulueta lo hago venir como *assistant* personal mío. Me han "aumentado" también el título que es el de *dubbing executive producer.* Tengo independencia absoluta, etc. Si te interesara venir como músico dímelo y veríamos. Probabilidades, hay muchas de pasar a otra cosa. Mr. Warner como ya escribí a Demetrio me permite hacer películas directas en inglés pero no quiere que deje el departamento, por tanto hasta que no esté perfectamente organizado no podré hacerlo y entonces tendrá que ser con algo que no destruya el tipo de línea moral que siempre he seguido. ¿Por qué tú no habías de tener iguales posibilidades? Esto lo haremos cotizar en España, no en dinero claro, sino en prestigio para que el futuro cine español no caiga en el perojismo. Yo me sacrifico estando en Hollywood pensando en que es una etapa necesaria para poder luego colaborar en el mejoramiento de nuestro cine.»

LOS CONDICIONAMIENTOS INDUSTRIALES DEL CINE MEXICANO

El crítico francés Charles Chaboud hizo una serie de entrevistas durante su visita a México que publicó en *Positif,* y que se transcribieron en español en *Nuestro Cine*. En la dedicada a Buñuel («Luis Buñuel y el nuevo cine mejicano», núm. 50, 1966) éste enjuiciaba retrospectivamente los resultados de la estrategia sindical desarrollada por la facción más elitista y proteccionista del cine mexicano:

«Nuestro Sindicato de Trabajadores de la Producción Cinematográfica es el mejor del mundo en cuanto a la defensa de sus miembros. Acoge todas las secciones de la cinematografía, desde el guionista hasta el violinista que interpretará la música de fondo, pasando por el barrendero del estudio. Y si éste no ha sido pagado, se puede parar toda la producción. Es un arma poderosa para controlar a los productores, a los que pagan. Esto es magnífico, sólo que hay algo que impide el desarrollo del cine mejicano: no se acepta a nadie más en el Sindicato. No exagero. Bajo ciertos requisitos se admiten actores, a veces realizadores, pero hay secciones completamente bloqueadas. Voy a darle un ejemplo concreto: Supongamos que alguien es admitido en el Sindicato, cosa difícil, imposible casi, incluso para los hijos de los sindicalizados, pero supongamos que entra gracias a las recomendaciones o por simple suerte. Se le dirige a la sección de construcción de decorados durante dos o tres años. Si es muy inteligente y ha hecho brillantes estudios en Filosofía y Letras puede tal vez llegar a ser maquinista o electricista. Así se estanca tres o cuatro años más, y después tiene que elegir una especialidad, la imagen, el sonido o la realización. Tomemos, por ejemplo, la realización. El maquinista que aspira a ser realizador se convierte entonces en jefe de figuración, es decir, el que, si se necesitan extras, los elige y los dirige. Al cabo de dos o tres años, nunca se sabe cuánto puede durar, llega a ser *script-boy,* y así permanecerá durante un largo período. Y nuestro hombre, con mucho talento y si cuenta con cuatro o cinco ayudantes de dirección muertos durante la espera, puede entonces convertirse en ayudante, donde acabará sus días.»

Jorge Negrete era, justamente, uno de los cabecillas del sindicato hegemónico, y para él rodaría Buñuel su primera película, *Gran casino,* como ha recordado Buñuel en sus memorias:

«No había estado detrás de una cámara desde Madrid, desde hacía quince años. No obstante, si bien el argumento de la película no tiene ningún interés, creo que la técnica es bastante buena. En el relato, muy melodramático, Libertad llegaba de Argentina para buscar al asesino de su hermano. Al principio sospechaba de Negrete, antes de que los dos protagonistas se reconciliasen y llegase la inevitable escena de amor. Como todas las escenas de amor convencionales, ésta me fastidiaba e intenté destruirla. Por eso es por lo que le pedí a Negrete que cogiese un palo durante la escena y lo hundiera mecánicamente en el barro petrolífero, a sus pies. Luego rodé un primer plano de otra mano, con el palo removiendo el barro. En la pantalla, inevitablemente, se pensaba en otra cosa distinta del petróleo.»

LOS OLVIDADOS

La distancia que separa *Gran casino* de *Los olvidados* puede apreciarse por el revuelo levantado en México, Negrete incluido, como ha contado Buñuel a De la Colina y Pérez Turrent, comentando el borrascoso pase privado de la cinta:

«Asistieron unas veinte personas. Había intelectuales y artistas: el pintor mexicano Siqueiros, el poeta español León Felipe y su mujer mexicana, Bertha, y Lupe Martín, la esposa del pintor Diego Rivera. Cuando terminó la exhibición, Siqueiros estaba contento con la película, le parecía admirable. Lupe Martín me miraba cruzando los brazos y me decía: "No me hables". Bertha —que había estado en mi casa varias veces, con León, y a la cual yo conocía de cuando era empleada por el gobierno de la República— se me acercó como queriendo meterme las uñas en los ojos: "Es usted un miserable. Ofende usted a todo el mundo. Lo que muestra usted en esta película no es México". Pero Siqueiros me decía: "Muy bien, Buñuel. Deje usted a las viejas decir lo que quieran y siga usted haciendo cine". Podría contarles otras reacciones de molestia. Jorge Negrete me encontró un día en el comedor de los estudios cinematográficos. "¿Usted filmó *Los olvidados?* —me dijo, indignado—. Si llego yo a estar en México en esos días, usted no habría hecho esa película".»

ROBINSON CRUSOE

Robinson Crusoe sería el primer intento de Buñuel de escapar a los condicionantes del cine mexicano:
«*Robinson,* como las demás, me la encargaron. No me gustaba la novela, pero me gustó el personaje y acepté porque hay en él algo puro. Primero es el hombre frente a la Naturaleza, no hay romance, ni escenas de amor fáciles, ni serial, ni intriga complicada. Es simplemente un individuo que llega, se encuentra solo frente a la Naturaleza y debe alimentarse. Me gustó el tema, acepté e intenté hacer cosas que hubieran podido ser interesantes. Creo que quedan todavía algunas, porque cortaron trozos surrealistas e incomprensibles, según decían. La película empieza por el desembarco de Robinson: el mar echa a un hombre a la isla, es la primera imagen. Durante siete bobinas se queda completamente solo, con su perro únicamente. Luego conoce a Viernes, pero es un caníbal y no puede hablar con él. Pasan tres bobinas intentando entenderse... Y al final los piratas se llevan a Robinson. Hice la película como pude, queriendo mostrar sobre todo la soledad del

hombre, la angustia del hombre sin la compañía humana. Quise tratar también el tema del amor... Quiero decir, la falta de amor o de amistad: el hombre sin la compañía del hombre o de la mujer. A pesar de todo, creo que incluso con los cortes, las relaciones de Robinson y de Viernes son bastante claras: las de la raza "superior" anglosajona con la raza "inferior" negra. Es decir, que en un principio Robinson no se fía, imbuido de su superioridad, pero al final llegan a la gran fraternidad humana... ¡Vuelven a sentirse orgullosos de ser hombres! Espero que esta intención se note.»

ÉL

Como ha hecho constar en sus memorias, en *Él* dio rienda suelta a sus dotes de entomólogo, iniciadas en las lecturas de Fabre y ejercitadas en la juventud con el doctor Bolívar. También puso mucho de sí mismo, pues —como ha contado su mujer en un par de entrevistas— los comportamientos de Buñuel en cuanto a celos no distaban mucho de los de su protagonista, aunque se inspirase para componer el personaje en un cuñado y un vecino suyos:

«Rodada en 1952, —después de *Robinson Crusoe*—, *Él* es una de mis películas preferidas. A decir verdad, no tiene nada de mexicana. La acción podría desarrollarse en cualquier parte, pues se trata del retrato de un paranoico. Los paranoicos son como los poetas. Nacen así. Además, interpretan siempre la realidad en el sentido de su obsesión, a la cual se adapta todo. Supongamos, por ejemplo, que la mujer de un paranoico toca una melodía al piano. Su marido se persuade al instante de que se trata de una señal intercambiada con su amante, escondido en la calle. Y todo así...

...Me satisface sobre todo por lo que tiene de documento verídico sobre un caso patológico... Pero toda la exposición minuciosa, detallada, documentada, del progreso psicopático del personaje resultó inverosímil para el gran público, que se reía frecuentemente durante las proyecciones del filme. Ello me confirmó el hecho de que el cine tradicional común y corriente ha cultivado en el público un gran apego a lo convencional, el sentido común superficial y falso.

Suprimiría gustoso la parte melodramática, que es la que precede al matrimonio del personaje central y que no es más que una intriga amorosa entre la que habrá de ser su esposa, el novio de ésta y el propio paranoico.

La intención final del filme es, más que anticlerical, humorística. Sin embargo, el personaje es patético. A mí me conmovía ese hombre con tales celos, con tanta soledad y angustia dentro y tanta violencia exterior. Lo estudié como a un insecto.»

Ensayo de un crimen

En contra de lo que se escribió en algunas reseñas, Buñuel ha negado que el «final feliz» de *Ensayo de un crimen* fuera una imposición ajena a su voluntad:

«Es una broma, un divertimento. Mi primera intención fue la de crear una situación feliz tan absurda como las situaciones anteriores del filme. La escena final no está impuesta ni por la censura ni por el productor. En absoluto. Está en mi guión. Así lo quería yo. Ado Kyrou escribió que era el resultado de un compromiso comercial, un *happy ending*. Nada de eso. El final feliz arbitrario fue idea mía. Se trata de un *scherzo*.»

Nazarín

«Con *Nazarín,* rodada en 1958 en México y en varios bellísimos pueblos de la región de Cuautla, adapté por primera vez una novela de Galdós. Fue también durante este rodaje cuando escandalicé a Gabriel Figueroa, que me había preparado un encuadre estéticamente irreprochable, con el Popocatepelt al fondo y las inevitables nubes blancas. Lo que hice fue, simplemente, dar media vuelta a la cámara para encuadrar un paisaje trivial, pero que me parecía más verdadero, más próximo. Nunca me ha gustado la belleza cinematográfica prefabricada, que, con frecuencia, hace olvidar lo que la película quiere contar y que, personalmente, no me conmueve.

Conservé lo esencial del personaje de Nazarín tal como está desarrollado en la novela de Galdós, pero adaptando a nuestra época ideas formuladas cien años antes, o casi. Al final del libro, Nazarín sueña que celebra una misa. Yo sustituí este sueño por la escena de la limosna. Además, a todo lo largo de la historia añadí nuevos elementos, la huelga, por ejemplo, y durante la epidemia de la peste la escena con el moribundo —inspirada por el *Diálogo de un sacerdote y un moribundo*, de Sade— en la que la mujer llama a su amante y rechaza a Dios.

Entre las películas que he realizado en México, *Nazarín* es, ciertamente, una de las que prefiero. Por otra parte, fue bien recibida, no sin ciertos equívocos que se referían al verdadero contenido de la película. Así, en el Festival de Cannes, donde obtuvo un Gran Premio Internacional creado especialmente para esta ocasión, estuvo a punto de recibir también el Premio de la Oficina Católica. Tres miembros del jurado la defendieron con bastante fuerza. Pero quedaron en minoría.

En aquella ocasión, Jacques Prévert, obstinadamente anticlerical, lamentó que yo hubiera hecho de un sacerdote el personaje principal de una película. A él todos los sacerdotes le parecían condenables. "Es inútil interesarse en sus problemas", me decía.»

En cuanto a su polémico final, tras no reconocer como suya la interpretación de Octavio Paz («Eso de que al final llora porque pierde la fe, porque cree en el hombre, fue un invento de Octavio Paz», declararía a Max Aub), ha confesado a De la Colina y Pérez Turrent:

«La ambigüedad siempre flota por ahí... Pero, hablando en serio, no es que me proponga en mis películas poner cosas que lo mismo se pueden interpretar en blanco o negro. Sería hacer trampa. Lo que sé es que cualquier hombre, en una situación semejante a la de Nazarín, tiene impulsos contradictorios. Supongamos que soy Nazarín y estoy interiormente destruido, abrumado por mi fracaso como cura y como hombre. Me ofrecen una piña, por compasión, y mi primer movimiento es rechazarla. ¡Para piñas estoy yo ahora! Luego doy unos pasos y recapacito: esa pobre mujer me ha ofrecido lo que puede dar; no ve en mí a un cura ni a un delincuente, sino a un hombre en desgracia; yo, en cambio, he tenido con ella un gesto violento de rechazo, una falta de humildad. Y vuelvo atrás y acepto la piña. No hay teorías ni metafísicas en la escena. Yo habría actuado así. Nazarín me es muy cercano.»

Los ambiciosos

Los ambiciosos (o *La fièvre monte à El Pao*, como se tituló en francés) tiene menos interés en sí misma que por el sistema empleado por Buñuel para insuflar cierta vida a un material que nació muerto, como ha explicado en *Prohibido asomarse al interior*:

«En la película había demasiados diálogos, las situaciones se resolvían con palabras, y como esto no me gustaba, procuré enriquecer las escenas... mediante ciertos plagios. Son plagios muy decentes, aclaro, porque los hice sobre obras que son del dominio público. Ya les he dicho que los argumentos de las óperas me dan ideas para los míos. En *La fièvre* plagié el final de *Tosca*. María Félix se desnuda ante ante el tirano y se le ofrece para salvar la vida de Philippe. En *Tosca* es igual, y cuando el tirano firma el salvoconducto, Tosca lo apuñala. No sirve de nada, porque finalmente el héroe es fusilado. He sido un fanático de la ópera italiana. Yo tenía un libro maravilloso, que he perdido, con los argumentos de unas cuatrocientas óperas. Excelentes argumentos, melodramáticos, fuertes, de pura acción.»

La joven

«Hoy es de buen tono declararse antimaniqueo. El primer escritorcillo que escribe un primer librito nos advierte que, a sus ojos, no hay cosa peor que el maniqueísmo (sin saber muy bien, por otra parte, de qué se trata). Esta moda se ha hecho tan común, que a veces me asaltan sinceros deseos de proclamarme maniqueo y obrar en consecuencia.

En cualquier caso, en el interior del sistema moral americano, perfectamente codificado para uso del cine, había siempre buenos y malos. *The young one* pretendía reaccionar contra esta vieja actitud. El negro era bueno y malo, lo mismo que el blanco, que decía al negro, en el momento en que éste iba a ser ahorcado por una supuesta violación: "No puedo verte como un ser humano".

Este rechazo al maniqueísmo fue, probablemente, la razón principal del fracaso de la película. Estrenada en Nueva York en la Navidad de 1960, fue atacada desde todas partes. A decir verdad, la película no gustó a nadie. Un periódico de Harlem escribió, incluso, que habría que colgarme cabeza abajo de un farol de la Quinta Avenida. Reacciones violentas que me han perseguido toda la vida.

Sin embargo, yo hice esta película con amor. Pero no tuvo suerte. El sistema moral no podía aceptarla. Tampoco tuvo éxito en Europa, y hoy no se proyecta casi nunca.»

Viridiana

En sus entrevistas con De la Colina y Pérez Turrent, explicaba así el personaje de Viridiana, en su relación con Nazarín y sus raíces quijotescas y, por extensión, con otros personajes suyos:

«Casi todos mis personajes sufren un desengaño y

luego cambian, sea para bien o para mal. Es el tema del *Quijote,* a fin de cuentas. Viridiana es en cierto modo un Quijote con faldas. Don Quijote defiende a los presos que llevan a galeras y éstos lo atacan. Viridiana defiende a los mendigos y ellos también la atacan. Viridiana vuelve a la realidad, acepta el mundo como es. Un sueño de locura y finalmente el retorno a la razón. También don Quijote volvía a la realidad y aceptaba ser sólo Alonso Quijano.»

En cuanto al rodaje, buena parte de su autenticidad se deriva del conocimiento de Buñuel de la realidad española, y de la homogeneidad de los actores, habiendo contado incluso con un mendigo real, para interpretar el papel del «leproso»:

«Para mí es el que está genial. Era malagueño, mendigaba realmente en Madrid y estaba alcoholizado. Durante la filmación era imposible tener comunicación con él, pero finalmente lo conseguí. Sus reacciones en las escenas son auténticas, se indignaba o se alegraba de verdad... Cuando llegaba borracho causaba problemas. Había una escena en la que tendía el brazo para que le dieran un pan y otro mendigo le daba un golpe en la mano y decía: "¡No, que tienes lepra!" Él debía gritar, soltando el pan: "¡Mentira! ¡E'to no é lepra!". Bueno, pues era imposible hacerle soltar el pan, se agarraba a él como un náufrago a una tabla. El primer día en el estudio se orinó tras los bastidores sobre una caja de registros, provocó un cortocircuito y dejó el *set* a oscuras. Los técnicos se enfurecieron: "¡Oiga, usted, hijo de puta!". Él no comprendía: "Pue' ¿yo qué he hecho? ¿Dónde hay que meá aquí?"»

EL ÁNGEL EXTERMINADOR

Aunque Buñuel siempre se negó a ofrecer una «interpretación» global de *El ángel exterminador,* ha ido dejando caer en sus entrevistas algunas «claves»:

«Yo primero pensé que el título tenía una relación subterránea con el argumento, aunque no sabía cuál. *A posteriori* lo he interpretado así: en la sociedad humana de hoy, los hombres cada vez se ponen menos de acuerdo, y por eso se combaten entre ellos. Pero ¿por qué no se entienden? ¿Por qué no salen de esa situación? En la película es lo mismo: ¿Por qué no llegan juntos a una solución para salir de la sala?...»

En cuanto a la experiencia del personaje que entra en el armario que sirve de excusado y ve un águila, ha apuntado:

«Es una especie de *collage,* aunque no visual. Metí un recuerdo de mi infancia. En Molinos, pueblo aragonés, y también en Cuenca, hay precipicios hasta de cien metros de profundidad. En uno hay en lo alto un retrete de madera: el agujero da al abismo. Yo he visto un halcón volando debajo de mí, mientras cumplía con una necesidad fisiológica.»

La interpretación simbólica de la matanza del cordero —al que tapa los ojos Nobile con una venda, mientras él lleva otra en la frente— como alegoría del sacrificio pascual, le ha merecido esta matización:

«No es una venda, es una prenda de vestir aragonesa a la que se llama *cachirulo.* Toda su significación es folklórica... y exclusiva para aragoneses.»

También la carga final —motivo recurrente en su obra— sería un recuerdo de su tierra natal:

«Es una imagen que vuelve a mi memoria. Está también en *Tristana* y en cierto modo en el final de *El fantasma de la libertad*. Son recuerdos de Zaragoza.»

Diario de una camarera

«Con *Diario de una camarera* he querido abordar la introspección sobre la mentalidad y la moralidad de la burguesía francesa de provincias en torno a los años 30. La moral burguesa es lo inmoral para mí, contra lo que se debe luchar. La moral fundada en nuestras injustísimas instituciones sociales, como la religión, la patria, la familia, la cultura, en fin, los llamados "pilares de la sociedad". En lo que respecta al *Diario de una cama-*

rera, creo que contiene muchos de los temas que me son más naturales y que reflejan mis intereses más auténticos.»

Simón del desierto

«En 1964 Alatriste me ofreció la posibilidad de realizar en México una película sobre el sorprendente personaje de San Simeón el Estilita, anacoreta del siglo IV, que pasó más de cuarenta años en lo alto de una columna en un desierto de Siria. Yo pensaba en ello desde hacía tiempo, desde que Lorca me había hecho leer en la Residencia *La leyenda áurea.* Se reía a carcajadas al leer que las deyecciones del anacoreta a lo largo de la columna semejaban la cera de una vela. En realidad, como se alimentaba solamente de unas cuantas hojas de lechuga que le subían en un cesto, sus excrementos debían de semejar, más bien, pequeñas cagarrutas de cabra.

Escribí un guión completo para una película de largo metraje. Por desgracia, Alatriste tropezó con algunos problemas financieros durante el rodaje, y hube de cortar la mitad de la película. Había previsto una escena bajo la nieve, peregrinaciones e incluso una visita (histórica) del emperador de Bizancio. Tuve que suprimir todas estas escenas, lo que explica el carácter un poco brusco del final.

Hoy, me parece que *Simón del desierto* podría ser ya uno de los encuentros de los dos peregrinos de *La Vía Láctea* en el sinuoso camino de Santiago de Compostela.»

Belle de jour

«La novela me parecía melodramática, pero bien construida. Ofrecía además la posibilidad de introducir en imágenes algunas de las ensoñaciones diurnas de Séverine, el personaje principal, que interpretaba Catherine Deneuve, y de precisar el retrato de una joven burguesa masoquista.

La película me permitía también describir con bastante fidelidad varios casos de perversiones sexuales. Mi interés por el fetichismo era ya perceptible en la primera escena de *Él* y en la escena de los botines de *Diario de una camarera*, pero debo decir que no exprimento hacia la perversión sexual sino una atracción teórica y exterior. Me divierte.

Lamento en esta película algunos cortes estúpidos que, al parecer, exigió la censura. En particular, la escena entre Georges Marchal y Catherine Denueve, en que ella se encuentra tendida en un ataúd mientras él la llama hija, se desarrollaba en una capilla privada, después de una misa celebrada bajo una espléndida copia del Cristo de Grünewald, cuyo torturado cuerpo siempre me ha impresionado. La supresión de esta misa cambia ostensiblemente el clima de la escena.

De todas las preguntas inútiles que me han formulado acerca de mis películas, una de las más frecuentes, de las más obsesionantes, se refiere a la cajita que un cliente asiático lleva consigo a un burdel. La abre, muestra a las chicas lo que contiene (nosotros no lo vemos). Las chicas retroceden con gritos de horror, a excepción de Séverine, que se muestra más bien interesada. No sé cuántas veces me han preguntado, sobre todo mujeres: "¿Qué hay en la cajita?". Como no lo sé, la única respuesta posible es: "Lo que usted quiera".»

Otra de las cuestiones más debatidas es el final de la película. Al ser preguntado por él, Buñuel ha declarado:

«No hay dos finales, sino un final ambiguo. Yo no lo entiendo. Esto indica falta de certidumbre mía. Es el momento en que no sé qué hacer, tengo varias soluciones y no me decido por ninguna. Entonces, en el final, he puesto mi propia incertidumbre. Ya me ha pasado otras veces. Sólo puedo decir que en la vida hay situaciones que no terminan, que no tienen solución.»

La Vía Láctea

«Mi carrera es un puente tendido entre *La edad de oro* y *La Vía Láctea*. En cuanto a mi surrealismo y mi supuesto cristianismo, se establece un conflicto. Las dos experiencias que más han marcado mi vida, que más me han influido, son: mi estancia con los jesuitas —la más grande limitación— y mi ingreso en el grupo surrealista —la libertad más grande—. Mi vida se ha desarrollado a la sombra de este conflicto.

Después de haber escrito el guión de *La Vía Láctea* se lo hice leer a un dominico que conocía en México. Después de haberla leído, este dominico todavía me decía que yo era agnóstico. "No —le respondí— no puedo ser agnóstico; es agnóstico quien no cree en Dios porque su experiencia no le ha demostrado la existencia de Dios". Ser agnóstico depende de un razonamiento totalmente intelectual, y ese no es mi caso. Yo soy intuitivo por naturaleza, prefiero creer en lo increíble antes que en lo que me muestra la ciencia. Mi odio por la ciencia y la tecnología me hará volver tarde o temprano a esa absurda creencia en Dios. No me interesa Dios. Me interesa el misterio de Dios porque el misterio es propio del cine. Y si aceptamos la existencia de Dios todos nuestros misterios están resueltos.»

En cuanto a la utilización irónica de algunos elementos surrealistas en sus últimos filmes, Buñuel ha confesado que no es que reniegue de esta creencia de juventud, sino que la profana, igual que un cristiano puede profanar algún elemento de su religión. En *La Vía Láctea* aparecía Sade de una manera similar, que el realizador ha comentado así:

«Sade no fue un hereje, pero lo interpolé en el relato para que representara el ateísmo total. Sade ha torturado a una dulce niña, ella afirma creer en Dios y él, dulcemente, trata de convencerle de que es una idea absurda. La niña no se convence. Recordé a una niña, hija de un amigo mío que es ateo. La niña comete una pequeña falta en la mesa y el padre la riñe y la envía a su cuarto. Al retirarse, la niña grita: "¡Pues creo en Dios, creo en Dios y creo en Dios!" Es una bonita venganza de niña.»

El final, con el milagro de la curación de los ciegos por Cristo, tan ambiguo como de costumbre, contiene un detalle muy suyo, que ha explicado así:

«Lo que me extraña en ese milagro es que Cristo actúa como un médico. Los médicos están operando y piden a la enfermera una pinza o unas tijeras. En la película, Cristo le dice a San Juan: "Dame un puñado de tierra", y el otro le pone la tierra en la mano. Hombre, Cristo podía haber tomado la tierra él mismo.»

TRISTANA

«Aunque esta novela, novela epistolar, no sea de las mejores de Galdós, me sentía atraído desde hacía tiempo por el personaje de don Lope. Me atraía también la idea de trasladar la acción de Madrid a Toledo y rendir, así, homenaje a la ciudad tan querida.

Había pensado primeramente en rodarla con Silvia Pinal y Ernesto Alonso. Más tarde, se puso en marcha en España otra producción. Pensé en Fernando Rey, excelente en *Viridiana,* y en una joven actriz italiana que me gustaba mucho, Stefania Sandrelli. El escándalo de *Viridiana* originó la prohibición del proyecto.

La prohibición fue levantada en 1969, y di mi conformidad a los dos productores, Eduardo Ducay y Gurruchaga.

Aunque no me parecía que perteneciese en absoluto al universo de Galdós, me reuní con placer con Catherine Deneuve, que me había escrito varias veces para hablarme del papel. El rodaje se desarrolló casi exclusivamente en Toledo —ciudad llena para mí de resonancias, de recuerdos de los años veinte— y en un estudio de Madrid, donde el decorador Alarcón reconstruyó fielmente un café del Zocodover.

Aunque, como en *Nazarín,* el personaje principal (encuentro a Fernando Rey magnífico en este papel) se mantiene fiel al modelo novelesco de Galdós, introduje considerables cambios en la estructura y el clima de la obra, que situé también, como había hecho en el *Diario de una camarera,* en una época que yo había conocido, en la que se manifiesta ya una clara agitación social.

Con la ayuda de Julio Alejandro, puse en *Tristana* muchas cosas a las que toda mi vida he sido sensible, como el campanario de Toledo y la estatua mortuoria del cardenal Tavera, sobre la que se inclina Tristana. Como no he vuelto a ver la película, me resulta difícil hablar de ella hoy, pero recuerdo que me gustó la segunda parte, tras el regreso de la joven, a la que acaban de cortar una pierna. Me parece oír todavía sus pasos por el corredor, el ruido de sus muletas y la friolera conversación de los curas en torno a sus tazas de chocolate.»

El discreto encanto de la burguesía

«Ya he dicho, a propósito de *El ángel exterminador,* cuánto me atraen las acciones y las frases que se repiten. Estábamos buscando un pretexto para una acción repetitiva, cuando Silberman nos contó lo que acababa de ocurrirle. Invitó a varias personas a cenar en su casa, un martes por ejemplo, olvidó hablar de ello a su mujer y olvidó que ese mismo martes tenía una cena fuera de casa. Los invitados llegaron hacia las nueve, cargados de flores. Silberman no estaba. Encontraron a su mujer en bata, ignorante de todo, cenada ya y disponiéndose a meterse en la cama.

Esta escena se convirtió en la primera de *El discreto encanto de la burguesía.* No había más que proseguirla, imaginar diversas situaciones en las que, sin forzar demasiado la verosimilitud, un grupo de amigos intentan cenar juntos, sin conseguirlo. El trabajo fue muy largo. Escribimos cinco versiones diferentes del guión. Había que encontrar su justo equilibrio entre la realidad de la situación, que debía ser lógica y cotidiana, y la acumulación de inesperados obstáculos, que, no obstante, no debían parecer nunca fantásticos o extravagantes. El sueño vino en nuestra ayuda, e, incluso, el sueño dentro del sueño. Por último, me sentí particularmente satisfecho de poder dar en esa película mi receta del *dry-martini*...

Existe una costumbre surrealista del título que consiste en encontrar una palabra o un grupo de palabras inesperadas que dan una visión nueva de un cuadro o de un libro. Yo he intentado varias veces aplicarla al cine, en *Un chien andalou* y *La edad de oro*, por supuesto, pero también en *El ángel exterminador*.

Mientras trabajábamos sobre el guión, nunca habíamos pensado en la burguesía. La última noche —era en el Parador de Toledo, el mismo día en que murió De Gaulle— decidimos encontrar un título. Uno de los que a mí se me habían ocurrido, por referencia a la Carmagnole, decía *Abajo Lenin* o la *Virgen en la cuadra*. Otro, simplemente: *El encanto de la burguesía*. Carrière me hizo notar que faltaba un adjetivo, y entre mil de ellos fue elegido *discreto*. Nos parecía que, con ese título, *El discreto encanto de la burguesía*, la película adquiría otra forma y casi otro fondo. Se la miraba de forma distinta.»

El fantasma de la libertad

«Este nuevo título, ya presente en una frase de *La Vía Láctea* ("vuestra libertad no es más que un fantasma"), quería representar un discreto homenaje a Karl Marx, a ese "espectro que recorre Europa y que se llama comunismo", al principio del *Manifiesto*. La libertad, que en la primera escena de la película es una libertad política y social (esta escena se halla inspirada en sucesos verdaderos, el pueblo español gritaba realmente "vivan las cadenas" al regreso de los Borbones por odio a las ideas liberales introducidas por Napoleón), esta libertad adquiría muy pronto otro sentido muy distinto, la libertad del artista y del creador, tan ilusoria como la otra.

La película, muy ambiciosa, difícil de escribir y de realizar, me pareció un poco frustrante. Inevitablemente, ciertos episodios predominaban sobre otros. Pero, de todos modos, sigue siendo una de las películas mías que prefiero. Encuentro interesante el argumento, me gusta la escena de amor entre la tía y el sobrino en la habitación de la posada, me gusta también la búsqueda de la niña perdida y, sin embargo, presente (idea en la que soñaba desde hacía tiempo), los dos prefectos de Policía con la visita al cementerio, lejano recuerdo de la Sacramental de San Martín, y el final en el parque zoológico, esa insistente mirada del avestruz, que parece tener pestañas postizas".

Pensando ahora en ello, me parece que *La Vía Láctea, El discreto encanto de la burguesía* y *El fantasma de la libertad,* que nacieron de tres guiones originales, forman una especie de trilogía, o, mejor dicho, de tríptico, como en la Edad Media. Los mismos temas, a veces incluso las mismas frases, se encuentran presentes en las tres películas. Hablan de la búsqueda de la verdad, que es preciso rehuir en cuanto cree uno haberla encontrado, del implacable ritual social. Hablan de la búsqueda indispensable, de la moral personal, del misterio que es necesario respetar.»

Ese oscuro objeto del deseo

«Después de *El fantasma de la libertad,* rodada en 1974 (tenía yo, por lo tanto, setenta y cuatro años), pensé en retirarme definitivamente. Fue necesaria toda la obstinación de mis amigos, y principalmente de Silberman, para ponerme a trabajar de nuevo. Retorné a un antiguo proyecto, la adaptación de *La mujer y el pelele,* de Pierre Louÿs, y la rodé finalmente en 1977 con Fernando Rey y dos actrices para el mismo papel, Ángela Molina y Carole Bouquet. Muchos espectadores no se han dado cuenta de que son dos.

A partir de una expresión de Pierre Louÿs, "pálido objeto del deseo", la película se llamó *Ese oscuro objeto del deseo*. Me parece que el guión estaba bastante bien construido, teniendo cada escena un comienzo, un desarrollo y un final. Bastante fiel al libro, la película presenta, sin embargo, cierto número de interpolaciones que cambian por completo su tono. La última escena —en que una mano de mujer zurce cuidadosamente un desgarrón en un encaje ensangrentado (es el último plano que yo he rodado)— me conmueve sin que pueda decir por qué, pues permanece para siempre misteriosa, antes de la explosión final.

A todo lo largo de esta película, historia de la posesión imposible de un cuerpo de mujer, mucho después de *La edad de oro,* yo había deseado introducir un clima de atentados e inseguridad, clima que todos conocíamos y en el que vivíamos en el mundo.»

El canto del cisne

Ese «clima de atentados e inseguridad» iba a ser el tema de su último proyecto, que quedó muy avanzado en su fase de guión, sin que nunca llegara a rodarse. En diciembre de 1978, en su apartamento en el piso 28 de la Torre de Madrid, Buñuel lo explicaba a José de la Colina, en una entrevista que se publicaría en el número de abril de la revista *Contracampo*. Para él barajaba los títulos de *Agon* o *El canto del cisne,* centrado en las tres grandes plagas que percibía en la humanidad: la tecnología, el terrorismo y la información. Pero, de paso, no podía evitar la tentación de recuperar antiguas lecturas, como *La casa de Bernarda Alba,* y saboreaba con fruición cómo destripar mejor la obra de Lorca:

«[El título de *El canto del cisne*] tendría un sentido

ambivalente: el final de la civilización occidental y el último film de Luis Buñuel... El tema de *Agon* o *El canto del cisne* será el terrorismo, en fin, no sé si será el tema latente o el tema manifiesto, como diría André Breton. Pero el terrorismo atravesará toda la película, por arriba o por abajo. Me apasiona el terrorismo, que es ya una cosa universal y que se practica como un deporte...es un dandismo de nuestro tiempo... Es una tentación muy estimulada por los medios de información, un modo de hacerse famoso...

Yo ya no puedo hacer un cine actual, lo digo en serio, porque me doy muy bien cuenta de ello. Es que cada vez me siento menos cómodo en este tiempo. Demasiado *smog,* demasiada música estridente, demasiados automóviles y la monstruosidad de que estén desapareciendo los tigres de Bengala y las ballenas azules. El hombre es la blasfemia de la Naturaleza...

Siguen ofreciéndome hacer *La casa de Bernarda Alba*. Es un viejo proyecto mío y cada determinado tiempo alguien insiste en que lo haga, pero, mire usted, a mí el teatro de Lorca ya no me entusiasma nada. Tantos claveles de sangre y tantas espuelas de la luz de luna... Pero, en fin, si yo hiciera ahora *La casa de Bernarda Alba* la modificaría mucho sin tocar una línea del texto. Bernarda sería la capitana de un barco ballenero, sus hijas serían marineros y arponeros, y en vez del toro negro que significa la muerte saldría una ballena negra... Todo, todo igual, sólo que con mar, ballenas y arpones... Sería un poco más divertido, ¿no?»

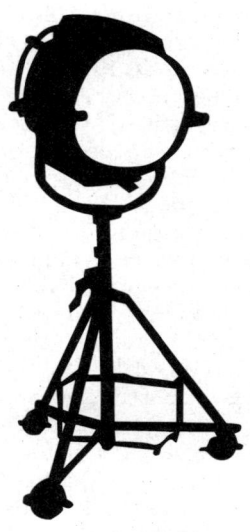

Análisis y testimonios

Del surrealismo a «Tierra sin pan»

En sus *Retratos completos,* Ramón Gómez de la Serna ha reflejado la indomable personalidad de quien se consideró su seguidor:

«Se ve que son los nuevos jóvenes, y el animador séptico... sólo es Luis Buñuel, el autor del *Perro Andaluz.* Este aragonés con cara de estatua de excavación y anchos hombros —el doctor Sacristán se dio cuenta de que se abrochaba la chaqueta cruzada en sentido inverso a como suele abrocharse, o sea, que ya tenía la premeditación al revés— en todas sus palabras y sobre todo en su acción es osado y de rara inteligencia.»

El primer acercamiento de Dalí y Buñuel al grupo surrealista mientras preparaban el rodaje de *Un perro andaluz* en la primavera de 1929 ha sido recordado por Louis Aragon en una entrevista:

«Yo, por pura casualidad, estaba en un café muy conocido de Montparnasse y estaba sentado tan tranquilamente escribiendo. Había muy poca gente, serían las cinco de la tarde, cuando vi cómo dos tipos remoloneaban en torno mío y comprendí perfectamente que querían hablarme, yo me hice el distraído, etc., pero Buñuel hablaba bien francés, el otro callaba, no pude saber si era porque tenía miedo de hablar mal o porque era muy tímido. Dalí era un niño tímido, cosa nada rara, pues nunca había cruzado una calle solo. Tenía una hermana mayor que le cogía de la mano y le daba de todo, bueno, le daba unas cantidades de dinero ínfimas, nunca tenía más que algunos céntimos; venía de allí y la conversación trancurrió entre Buñuel y yo —Dalí escuchaba. Entonces les propuse llevarles al Cyrano, en la Place Blanche, donde todos los días a las seis se reunían los surrealistas. Me acompañaron muy entusiasmados (en aquel momento estaban preparando una de sus primeras películas) y fueron muy bien recibidos. Por supuesto, no hay que comparar a Buñuel con Dalí, pero como Dalí hacía lo que Buñuel quería...»

En su libro de memorias, *La arboleda perdida,* Rafael Alberti ha dejado testimonio de lo que supuso para el vanguardismo español la *opera prima* de Buñuel:

«En medio de estos días y de este campo de batalla, no literaria ya, sino verdadera, apareció, como un cometa, Luis Buñuel. Venía de París, la cabeza rapada, el rostro aún más fuerte, más redondos y salidos los ojos. Llegaba para mostrar su primera película, hecha en colaboración con Salvador Dalí... El filme impresionó, desconcertando a muchos y estremeciendo a todos aquella imagen de la Luna, partida en dos por una nube, que conduce inmediatamente a la otra, tremenda, del ojo cortado por una navaja de afeitar. Cuando el público, sobrecogido, pidió luego a Buñuel unas palabras explicativas, recuerdo que éste, incorporándose un momento, dijo, más o menos, desde su palco: "Se trata solamente de un desesperado, un apasionado llamamiento al crimen".»

En *El ojo tachado,* Jenaro Talens ha procedido a un análisis pormenorizado de *Un perro andaluz,* para, a manera de conclusión, caracterizar a su través los procedimientos de Buñuel:

«Sobre la relación que se establece en *Un chien andalou* entre la denegación de la mirada y la realización erótica ya hemos hablado páginas atrás. Más importante me parece ahora el hecho de la fragmentación. Buñuel había definido el *découpage* en el texto citado arriba [*"Découpage* o segmentación cinegráfica"], como la operación de escindir una cosa para que pudiese convertirse en otra. Este principio no afecta sólo al dispositivo estructural del film, sino que justifica alguno de sus planos, más allá de su aparente gratuidad: la mujer recompone la imagen del hombre a través de los pedazos que metafóricamente le definen —los manteletes, el cuello duro, la corbata, la caja—; su deseo de reconvertir la práctica onanista en relación dual secciona simbólicamente la mano del hombre y la arroja sobre el asfalto de la calle. Del mismo modo, toda su historia se genera mediante la articulación de fragmentos dispersos que libremente asocia la lógica de su deseo. Desde esa perspectiva, la historia que se nos cuenta puede ser entendida como un viaje iniciático, desde el orden familiar —simbolizado en la habitación— hacia el espacio de la relación libre, no codificada ni represora —la playa, el hombre nuevo, etc.

La mutilación, típico mecanismo en toda la obra posterior de Buñuel —y cuya culminación metafórica llegaría con la pierna cortada de *Tristana*—, no sería, así, sino una de las formas de la fragmentación, entendida como único camino para la realización amorosa.»

Un perro andaluz pronto se convertiría en un emblema, casi en referencia inevitable para cualquier cinéfilo. En *Charlie Chaplin intime* May Reeves recoge una anécdota muy significativa a este respecto:

«En un té en casa de Nemeth Eloui Bey, alguien empezó a hablar del surrealismo. Chaplin pareció interesado y describió la escena de una película que había visto. Un joven se encuentra ante su ventana, al claro de luna. Junto a él, una hermosa muchacha. Él le declara su amor y, después, lentamente, le secciona una pupila con su navaja de afeitar y la masa gelatinosa cae fuera. De vuelta a casa pedí a Chaplin precisiones sobre aquella película.

—Ah -me contestó-, es algo simplemente idiota.

—Entonces, ¿por qué ha dicho que le había interesado mucho?

—Bueno, por entretener a la gente y dar la impresión de estar al día.»

Sus repercusiones en el cine y en la estética posteriores serían muy considerables. En su biografía sobre Orson Welles, Barbara Leaming deja constancia de la parodia que de ella hizo en 1934 el realizador de *Ciudadadno Kane*. Y en su libro *Alfred Hitchcock, La cara oculta del genio,* Donald Spoto ha escrito que, a pesar de su reticencia a hablar sobre los trabajos de otros directores, Hitchcock «al final de su vida admitiría ocasionalmente su admiración por algunos de los films de Luis Buñuel». Le atraía, en particular, *Un perro andaluz,* como lo demostró en la secuencia onírica de *Spellbound,* sobre decorados de Dalí. Pero es David Bowie quien nos proporciona la mejor prueba de la vigencia de este cortometraje. Como ha escrito Amanda Lear en *My life with Dali,* el pintor catalán solía pasarle una vieja copia de la película, que ella comentó, muy impresionada, a Bowie, quien decidió incluirla en una de sus giras como telón de fondo, como ha contado el cantante inglés en una entrevista:

«Buñuel y Dalí son dos grandes influencias en mi obra. De hecho me llevé *Un perro andaluz* de gira en 1976. En vez de contratar a un grupo de rock cualquiera como teloneros, proyectábamos la película, que encajaba con una escenografía muy brechtiana, todo blanco y negro. Me complació comprobar que, cincuenta años después de ser rodada, el público todavía se quedaba boquiabierto con la escena del corte del ojo. ¡Algo extraordinario! Un público que creía haberlo visto todo se asustaba. Hubo quien creyó que era una obra de algún nuevo realizador *punk*. No sabían nada, no tenían ni idea de dónde salían esas imágenes, pero se sentían tocados por algo revolucionario. ¿Ha leído *Mi último suspiro*, la autobiografía de Buñuel? Un libro muy franco, muy honesto.»

En una hoja ciclostilada repartida en el festival de Cannes en apoyo de *Los olvidados* y fechada en abril de 1951, Octavio Paz ha desarrollado desde un punto de vista que continúa el de los surrealistas las potencialidades liberadoras de las primeras películas de Buñuel:

«La aparición de *La edad de oro* y *Un perro andaluz* señalan la primera irrupción deliberada de la poesía en el arte cinematográfico... El carácter subversivo de los primeros filmes de Buñuel reside en que, tocados apenas por la mano de la poesía, se desmoronan los fantasmas convencionales (sociales, morales o artísticos) de que está hecha nuestra realidad. Y de esas ruinas surge una nueva verdad, la del hombre y su deseo. Buñuel nos muestra que ese hombre maniatado puede, con sólo cerrar los ojos, hacer saltar el mundo... El hombre de *La edad de oro* duerme en cada uno de nosotros y sólo espera un signo para despertar: el del amor. Esta película es una de las pocas tentativas del arte moderno para revelar el rostro terrible del amor en libertad.»

En su *Vida secreta*, Salvador Dalí se distanciaría de la versión de sus ideas materializada por Buñuel en *La edad de oro:*

«Buñuel había recién terminado *L'âge d'or*. Quedé terriblemente decepcionado, pues era una caricatura de mis ideas. El lado "católico" habíase convertido en groseramente anticlerical y sin la poesía biológica que yo había deseado. Sin embargo, la película produjo considerable impresión...

En un pasaje del film había una escena que mostraba un lujoso coche deteniéndose, un criado de librea abriendo la puerta y sacando una custodia que se veía, en un primer término, depositada en la acera. Luego aparecían, saliendo del coche, dos hermosas piernas de mujer. En ese momento, obedeciendo a una señal acordada, un grupo organizado de *camelots du roi* empezaron a lanzar botellas de tinta negra, que se quebraban en la pantalla...

Por algún tiempo temí que me desterraran de Francia...El escándalo de *L'âge d'or* quedó, pues, suspendido sobre mi cabeza como una espada de Damocles y también, como esta espada, me impidió más tarde balbucear: "¡Nunca más voy a colaborar con nadie!" Acepté la responsabilidad del sacrílego escándalo, aunque no hubiera tenido tal ambición. De buen grado habría causado un escándalo cien veces mayor, pero por "razones importantes" —subversivas más bien por exceso de fanatismo católico que por ingenuo anticlericalismo—. Sin embargo, advertía que, a pesar de todo, el film tenía una innegable fuerza evocativa y que mi repudio del film no habría sido bien comprendido por nadie. Me determiné, pues, a aceptar todas las consecuencias de este incidente, mientras proyectaba desviar su aspecto subversivo en la dirección de mis nacientes teorías reaccionarias.»

En *El ojo cosmológico,* Henry Miller ha expresado su ilimitado entusiasmo por *La edad de oro,* al escribir:

[Buñuel] «Ha estudiado como un entomólogo lo que nosotros llamamos el amor, a fin de desvelar, bajo la ideología, la mitología, las vulgaridades y las fraseologías, la total y cruel maquinaria del sexo. Pone en evidencia para nosotros los metabolismos ciegos, los venenos secretos, los reflejos mecánicos, las destilaciones glandulares, las estrechas imbricaciones de fuerzas que, en la vida, unen el amor y la muerte. Una metempsicosis bioquímica en la que el individuo perece y sobrevive la especie...

Anatole France dice: "Yo habría hecho a los hombres y mujeres no a imagen y semejanza de los grandes monos, como en efecto son, sino a imagen de los insectos que, tras haber vivido como orugas, se transforman en mariposas y, al final de su vida, no tienen otro deseo que amar y ser bellos. Habría puesto la juventud al final de la existencia humana. Algunos insectos tienen, en su última metamorfosis, alas y no estómago. No renacen bajo esa forma más que para amar una hora y morir"...

Atila, César, Napoleón, ¿preguntaron la edad, el sexo, la nacionalidad de aquéllos a quienes asesinaron? Así, Buñuel, manejando los materiales brutos, no se inquieta demasiado, no duda, en su ardiente apetito de creación, en traspasar, romper, desgarrar, diezmar. Es el primer hombre que se ha apoderado del medio de la pantalla y lo ha utilizado más totalmente. Muestra aquello que hasta ahora nos había sido rehusado, no para chocar, sino para convencer...

Ellos cogerían a Buñuel y lo crucificarían, o, al menos, lo quemarían en la hoguera. Merece el mayor reconocimiento que el hombre pueda ofrecer al hombre.»

El regreso de Buñuel a España en la década de los treinta se hacía en un momento crucial para el cine español, al que aportaría no sólo *Tierra sin pan,* sino las bases industriales de la productora comercial Filmófono. En abril de 1931 Luis Gómez Mesa explicaba esa coyuntura de nuestro cine en *La Gaceta Literaria:*

«Cuando las películas en español hechas por los yanquis en Hollywood y Joinville constituyen muy merecidos fracasos...

Y nuestros artistas regresarán a casa desencantados...

Y quizá coincida su vuelta con la celebración del Congreso Hispanoamericano de Cinematografía, que será en mayo o junio, y en Madrid, en el salón de actos del Palacio de Comunicaciones.

Cuando parece que los yanquis, persuadidos de su

fracaso en ese aspecto, se retiran. Y queda el campo de nuestra producción hablada limpia de competidores ajenos a nosotros. Nuevecito. Como sin estrenar. En espera de que España, Argentina, Chile, Méjico, Uruguay, Cuba, o cualquiera otra república de nuestra raza, lance su producción peliculera nacional y señale la fecha importantísima del surgimiento de un cinema auténticamente hispano.»

El aparente quiebro «realista» y «comprometido» de Buñuel con *Tierra sin pan* ha merecido matizaciones por parte de estudiosos del surrealismo como Ado Kyrou, quien ha sorprendido en ella algunos de los mecanismos estructuradores más íntimos de Buñuel, como la antífrasis:

«La arquitectura dramática del filme está basada en la frase *Sí, pero...* Es decir, que Buñuel presenta para empezar una escena que es insostenible, a continuación lanza una esperanza, y termina destruyendo esa esperanza. Por ejemplo: el pan es desconocido, pero el maestro da de vez en cuando un mendrugo a los niños, pero los padres, que tienen miedo de lo que no conocen, tiran esos mendrugos. O también: los campesinos son mordidos a menudo por las víboras, y la mordedura no es mortal en sí misma, pero los campesinos la convierten en mortal al intentar curarse con hierbas que infectan la herida. Cada secuencia está basada en esas tres proposiciones y de esa forma la progresión hacia lo horrible alcanza límites que no pueden conducir más que a la revuelta.»

Pero no han faltado críticas a *Las Hurdes,* como esta de Pío Caro Baroja, que ha cuestionado su validez como testimonio etnográfico:

«El documental social debe narrar las formas de vida sin desvirtuarlas, ni fílmica ni narrativamente, porque entonces todo lo que pueda tener de positivo y cierto se convierte en una forma más de espectáculo, y el hombre no debe ver al hombre como un espectáculo más, sino comprendiéndolo, aunque no se identifique con él. Por eso el documentalismo social no debe ser espectacular, porque entre el espectáculo y el espectador siempre existe una barrera que los separa, barrera que hay que eliminar en un tipo de cine como éste. Por eso el documentalismo crudo e impresionante, al estilo de Buñuel, es una fórmula negativa, falsa, espectacular, que hace sentirnos espectadores impresionados pero que nos suprime la sensibilidad necesaria para comprender las vidas ajenas. Ésta ha sido una falta muy generalizada entre los documentalistas, que han ido con sus cámaras siempre buscando el suceso, el hecho anormal e impresionante, falta que a todas luces se ve en Buñuel, quien, hoy por hoy, conserva aún el título de documentalista.»

En febrero de 1935, cuando Buñuel ya se había establecido en Madrid y se barruntaba la aventura comercial de Filmófono, César M. Arconada escribía retrospectivamente sobre *Las Hurdes* en la revista *Nuestro cine*, calibrando lo que su presencia podía suponer para el cine español, si no se interponían «destinos y oscuras sombras de porvenir»:

«Pero, en fin: si hay cámaras que nos enseñan aquello que quisiéramos ver —y así nos hacen soñar—, convengamos, admitamos, que también puede haber otras cámaras, menos vulgares, que nos muestran aquello que jamás iríamos a ver por mil causas: porque es feo, porque es triste, porque es vulgar, porque es amargamente pobre... Las Hurdes no se pueden recomendar como turismo, porque no lo es; pero sí se puede recomendar como curiosidad, y punto previo a la meditación. A la larga, a una muy templada meditación... Porque, en efecto, Buñuel es la cabeza de un movimiento cinematográfico español, inexistente aún como obra, pero latente ya como intención, que se está preparando para cuando llegue su hora. ¡Vaya usted a saber, destinos y oscuras sombras de porvenir, cuándo sonará esa campana!»

La fundación de Filmófono en 1929, como compañía que debía explotar la patente de sincronización de películas inventada por el ingeniero Ricardo María Urgoiti, daría paso en mayo de 1935 a una sociedad comercial de la que Buñuel sería, nominalmente, productor ejecutivo. En realidad, controlaba en todos sus aspectos los filmes que allí se hicieron. José Luis Sáenz de Heredia así se lo aseguraba ya en 1974 a Antonio Castro en su libro *El cine español en el banquillo* y se lo confirmaba a Vizcaíno Casas y Angel Jordán en 1988 en *De la checa a la meca*. Por su parte, la actriz Pilar Muñoz —protagonista junto a Angelillo de *La hija de Juan Simón*—, declararía a Roger Mortimer en *Sight and Sound* que el director efectivo era «Luis Buñuel, un señor autoritario, muy guapo y con ojos verdes, que llevaba a todo el mundo, incluidos los actores, más derechos que una vela».

Similar es el testimonio de Eduardo García Maroto en sus memorias, *Aventuras y desventuras del cine español,* donde ha evocado su colaboración como montador de *Don Quintín el amargao:*

«El guión, en colaboración con Eduardo Ugarte, era de Buñuel. Como yo me encargué del montaje de la película, lo leí repetidas veces y me pareció que estaba muy bien construido y perfectamente planificado. Así, se inició el rodaje; Luis Marquina dirigía, Buñuel supervisaba y corregía, y yo montaba. Buñuel era exigente, cosa que me agradaba porque yo también lo era con mi trabajo, de modo que no sucedió ningún incidente. La película se estrenó más tarde y su éxito fue aumentando paulatinamente en los reestrenos. Aunque Buñuel no quedó del todo convencido —lo cual era natural, dadas sus preferencias—, a mí me pareció que era de lo mejor que se había producido referente a películas costumbristas españolas. Ésta nada tenía que ver con sus dos películas anteriores, realizadas años atrás, pero no tenía nada que envidiar a las que nos llegaban del extranjero.»

Manuel Rotellar, que preparaba un libro sobre esta etapa, escribía en el número especial que dedicó a Buñuel la revista *Cinema 2002* en marzo de 1978:

«Filmófono pudo reunir el grupo apetecido, un grupo idóneo para embarcarse en una empresa maravillosa. Entre otros, lo componían José María Beltrán, gran cámara zaragozano; músicos como Fernando Remacha y Julián Bautista; Luis Marquina, ingeniero de sonido, una carrera recién estrenada pensando en el cine, y otros, como el guionista Eduardo Ugarte, que hizo cine en Hollywood, y estaba vinculado a la experiencia teatral de La Barraca... Con presupuestos reducidos, lograba films que hoy causan asombro a pesar de los años transcurridos..., sencillo, popular y enormemente cordial. Solamente la guerra pudo derrotar a Urgoiti y a Buñuel. Por lo menos, en lo que a Filmófono se refiere.»

Tal y como Arconada se temía y confirmaba Rotellar, la Guerra Civil dio al traste con la presencia física de Luis Buñuel al frente del cine español, pero no borró su ejemplo. Y en una revista también titulada *Nuestro cine,* Javier Sagastizábal reivindicaba en noviembre de 1961 la vigencia de *Las Hurdes* frente al documentalismo oficialista y decorativo. El mediometraje *Cuenca,* con que se estrenaba Carlos Saura en el cine profesional, así venía a demostrarlo:

«La lección de *Tierra sin pan* ha permanecido estéril durante un cuarto de siglo, ignorándose las innumerables posibilidades a que estaba sujeta... A partir de *Tierra sin pan* se han filmado muchos adornos de balcón, ignorando olímpicamente todo cuanto ocurriese en la calle. Se han filmado manifestaciones folklóricas, salones palaciegos, cuadros empolvados, estatuas mutiladas y ruinas decrépitas. Pero todo el enorme caudal humano desprendido de las tierras y pueblos de España ha permanecido inédito... Y así hasta 1958, año en que aparece *Cuenca,* el ambicioso metraje medio de Carlos Saura... Es evidente que había que ir más allá de lo que llegó Nieves Conde con *Surcos* y no contentarse con describir las consecuencias derivadas del problema, sino el problema mismo. Al mismo tiempo, era igualmente necesario prescindir de esos pueblos tan insoportablemente risueños y rosáceos que nos describe Berlanga en su cine... Nuestras posibilidades radican, pues, en construir a partir de *Cuenca,* en desarrollar una escuela que pueda ser dividida históricamente en "antes y después de 1958". Sería lamentable dejar pasar esta última oportunidad. Hemos desperdiciado absurdamente las posibilidades que presentó *Tierra sin pan*. No hagamos otro tanto con *Cuenca*. Aún podemos evitar que este film se convierta en otro nacido antes de tiempo.»

En abril de 1940 Iris Barry —quien poco tiempo después proporcionaría trabajo a Luis Buñuel en el Museo de Arte Moderno de Nueva York— proyectó *Las Hurdes* al gran documentalista Robert Flaherty, y se lo contó a continuación a Luis Buñuel en esta carta:

«Antes de recibir su carta ya había mostrado *Tierra sin pan* a Robert Flaherty y su mujer, a ellos solos. Sin duda Vd. sabe quién es Flaherty. Se ha quedado absolutamente maravillado, conmovido por la película. Se marchaba a Washington (va a hacer una película sobre los problemas agrarios), donde es seguro que hablará de usted con un entusiasmo extremo que le será beneficioso y al menos le dará publicidad en un ambiente serio donde se trabaja en cine.

La señora Flaherty ha quedado tan impresionada que me telefoneó ayer para pedirme que la avisara si volvíamos a proyectar la película.

Flaherty ha dicho que es el filme más fuerte que ha visto jamás, ha apreciado mucho la manera en que se ha servido del primer plano y ve que usted es un hombre serio, inteligente, con tanto corazón como talento. Lo que coincide con mi opinión. Dice que, sin duda usted hará aquí en América películas de las que ninguna otra persona sería capaz.»

El aprendizaje industrial en el cine mexicano

La inactividad de Buñuel entre *Tierra sin pan* y *Gran casino* debería ser matizada por su citada intervención en Filmófono, sus trabajos de montador en el Museo de Arte Moderno de Nueva York y su dedicación al doblaje en Hollywood. A ello hay que añadir su polémica aportación a filmes ajenos, como *La bestia de cinco dedos* de Robert Florey, que éste ha rechazado no sin algún menosprecio para Buñuel. En una carta a Jack Spears, Robert Florey escribía a la altura de 1964:

«Lo que me sorprende es que entre 1930 *(La edad de oro)* y 1946 —lo que supone 16 largos años— Buñuel sólo dirigiera *Las Hurdes,* una especie de documental español. Y sus dos películas siguientes, *Gran Casino* (1946) y *El gran calavera* tres años después, eran mediocres. Su primera gran obra, *Los olvidados,* llegó en 1950, veinte años después de *La edad de oro.* No deja de resultar curioso que un hombre de tan vigorosa personalidad no hiciera nada durante esos años. Creo que malgastó varios años dedicados a la investigación en la Filmoteca del Museo de Arte Moderno de Nueva York. ¡Qué desperdicio de tiempo!»

Pero hay que tener en cuenta las duras condiciones en las que hubo de moverse en los estudios mexicanos, que en un principio fueron bastante humillantes. De ello nos ha dejado un crudo testimonio Miguel Ángel Mendoza en el reportaje que sobre la filmación de *Gran casino* (cuyo título era por aquel entonces *En el viejo Tampico)* publicó en enero de 1947 en la revista *Cartel,* bajo el título «Buñuel fracasa en México»:

«Ver a un artista abstraído en su trabajo creador, palpar la fértil fatiga, presenciar el drama elocuente que hay en vencer la materia, siempre es un espectáculo heróico.

Pero asistir al suicidio impotente del que debiera crear, organizar la vida y darle un sentido, es llenarse de resentimiento, es tener un dolor que no se quería. Y eso mismo hemos sentido al ver fracasar a Buñuel en el cine de México.

El hincapié es obligado: decimos cine de México y no cine mexicano por causa obvia. Mencionamos la palabra fracaso, y hemos de justificar tal uso. Pero previo será hablar de Buñuel y su obra anterior.

Luis Buñuel dirigió el film surrealista más famoso hasta ahora: *El perro andaluz*. Fue el fruto, en imágenes fotovisuales, de la inspiración de un poema del mismo título, escrito por él. Eran los días de la boga subreal en París. Y Buñuel dejó bien sentado su prestigio de poeta del cine, o más bien, de poeta en el cine.

Vino a México Buñuel, impelido por la angustia autómata del que ha sido actor de dos posguerras, a penetrarse de "la violencia, la vida y el drama sumergido y terrible de México". De esa violencia, de ese drama seguramente más estático —pero no menos fructífero— que tiene nuestra tierra en su ánima y su estilo.

Y el fantástico artista, elogiado por Gómez de la Serna y Henry Miller, y aprobado con una sonrisa aquiescente por el terrible Cocteau, al que Manuel Álvarez Bravo —como asegura el joven talento ensayista del cine y las preguntas eternas del arte: Díaz Ruanova— le asignaba la tarea de remover los valores y estimular las conciencias entre nosotros, y de entregar su visión de América y de México, ha fracasado precisamente aquí. En tierra de bárbaros o de semibárbaros, que es peor.

Lo hemos visto: con sus grandes ojos abesugados; con su chamarra de gabardina y pantalón de tela de pana; perdido, titubeante, sin personalidad, naufragar estéticamente en el cacho de aturdimiento que es un *set* cinematográfico.

Y el hombre se veía sufrir. Receloso de sí mismo, inseguro, su aire, cansón de suyo, parecía más agobiado. Era la arena movediza del *set* la que lo tenía así.

Lo veíamos dirigiendo la escena ambientada en el bar de un teatro con más aspecto de café cantante europeizado, que de espectáculo criollo del primer cuarto de este siglo. Era una secuencia —aunque no la viéramos completa— de *En el viejo Tampico*. Era, para decirlo con un solo epíteto: una película con Negrete.

Y el Buñuel esteta, el que venía a capturar las almas contradictorias del paisaje y el hombre mexicanos, se vio de pronto, de bruces, con una cinta híbrida. En la que el argumento, metido en corsé de ballenas en una cinta de *vaudeville* del oeste yanqui del ochocientos y pico, no encaja dentro de la definición de mexicano que él traía aprendida y que aquí se había encargado de comprobar.

¿Qué sucedía entonces?

El apresuramiento, la improvisación sobre la marcha. Todo lo que es la negación para un espíritu formado en las diciplinas clásicas.

Con miradas impertinentes hemos echado un vistazo sobre el *shooting script* de Buñuel. Nos hemos percatado de su sistema de trabajo. Y las anotaciones hechas al vuelo no nos han dejado duda: el rodaje, la hechura definitiva de *En el viejo Tampico,* se hace sobre las rodillas, de una hora para otra, dejando apenas el tiempo escaso para las rectificaciones de último momento.

¿Cómo puede resultar así un film de calidades apreciables?

El plan para explotar los ángulos favorables al relato, o sea la sucesión de emplazamientos de la cámara, se advierte que fue hecho precipitadamente. El diálogo lo modifican los actores a cada instante; y las "tomas" que ordena imprimir el director llevan —cada una— una versión en términos diferentes.

Y el propio Buñuel, que se percibe avezado en la lid, no tiene tiempo ni oportunidad para evitar errores en la composición plástica de sus escenas. Y de este modo, le vemos acumular masas de gente, sin funcionalismo, sin una motivación estricta.

En medio de tantas cosas a que tiene que atender, Buñuel ya no se percata de lo que dice el operador de cámara Carlos Martel: "No tiene caso esa última pareja, además de que se sale de cuadro".

Y la película así se va, pues Buñuel tampoco alcanza a oír las palabras de Moisés M. Delgado, asistente de director, que contesta:

—"Pues avísale, para ver si así la quiere".

Fracaso. Naufragio desde el punto de vista estético. E insatisfacción y arrepentimiento más tarde. Buñuel no halla a México. Por lo menos en esta película.

No obstante todo, Buñuel es más víctima que culpable. Porque, ¿qué puede hacer Buñuel —"un estilo de alma"— que es capaz de llevar a sus personajes a paroxismos de dolor, y de encontrar sendas sin trillar dentro del cine, con un argumento impuesto como el de *En el viejo Tampico?*

¿Que si este último es el superviviente de otros dos rechazos de argumentos? No por ello es mejor. Tampoco influye para nada el que haya colaborado en los diálogos un Mauricio Magdaleno de auténtico valer. Todo lo que importa es dar motivo a que se reúnan Jorge Negrete y Libertad Lamarque en una película y, eso sí, ¡que los dos canten!

Entonces se explican el Tampico mixtificado; la ambientación equívoca; la época revolucionaria falseada.

Luis Buñuel, en un arranque de libertad, se quejó de que entre los extras no se caracterizaran ni holandeses ni gringos; de que los "caballeros decentes" no lo parecieran; de que, en fin, se vieran tan pobres los conjuntos. Todo ello señala un error en el *casting,* o selección de tipos de un reparto. Y es falla del departamento de producción.

La exculpante fundamental es que Buñuel fue contratado por Producciones Jorge (Anáhuac) Negrete, para dirigir una cinta de Jorge Negrete. El jefe de producción, José Luis Busto, no tiene nada que hacer allí. En los proyectos, en las decisiones últimas se hace lo que dice el patrón. Y ni hablar.

En lo que sí lleva su parte de complicidad el director, es en la aceptación de circunstancias ya hechas. El superior artista del cinema, uno de los pocos individuos que pueden dar el jalón por el cine mexicano, el creador de *El perro andaluz* y *La edad de oro,* el audaz transgresor de la *élite parisienne* no debió tolerar asuntos de segunda categoría. Nunca debió hacer concesiones al mal gusto ni hipotecar su prestigio real, a la mediocridad.

De alegarse imperativos económicos, fuerza es que salte la cuestión: ¿Se es genuino artista o no se es?

¿De qué manera va a encontrar a México y su drama Luis Buñuel, aragonés de cepa, incrustado en la tradición cultural francesa —parisina— perseguidor en el nuevo medio expresivo que es el cine, del "estilo eterno" *malgré lui,* sin duda?

La primera oportunidad que ha tenido, hay que decirlo, ya la desaprovechó. *En el viejo Tampico,* lo anticipamos, será un film ayuno de calidades estéticas sobresalientes. Y pese a ello, o tal vez por esta condición, desbordará las salas de los cines, en un alarde de popularidad. ¿No lleva, en suma, a Jorge Negrete y a Libertad? Hay garantía.»

Buñuel terminaría, finalmente, alcanzando en el seno del cine mexicano el respeto profesional, y también a su mundo personal, poco influido por la realidad de aquel país, como escribía el por entonces crítico José Luis Borau en su artículo «México en el cine», publicado en *Heraldo de Aragón* el 11-7-1954:

«México como tema tiene una perspectiva distinta en las películas de Luis Buñuel. En ellas lo que se quiere no es México, sino una determinada realidad, que por buscarse en aquel país tiene como consecuencia ser mexicana. Quiero decir con esto que la condición mejicana de Luis Buñuel no es sustativa. *Los olvidados,* por ejemplo, es un gran documento social sobre el México actual, pero lo buscado allí no era esto, sino el problema concreto de los muchachos abandonados en la ciudad. Podía haberse hecho, en realidad, en cualquier otra parte del mundo. Lo mismo podemos decir de *Él.* Hecha esta aclaración, no tenemos ningún inconveniente en reconocer la calidad excepcional de *Los olvidados,* que la hacen una auténtica obra maestra, y también el prestigio que, de rechazo, consigue para México, que vuelve a estar así presente en todas las salas de proyección del mundo.»

Con *Los olvidados,* Buñuel no sólo recuperó su prestigio vanguardista, sino su audiencia como «clásico», es decir, como autor estudiado en clase. Al hablar en sus memorias de las tres películas que más le impresionaron durante el aprendizaje en la escuela polaca de cine de Lodz, Roman Polanski ha citado *Ciudadano Kane, Rashomon* y *Los olvidados:*

«Otro hito cinematográfico fue para mí *Los olvidados,* de Buñuel. Su violencia, su realismo y su inequívoca llamada a los sentidos me atraían enormemente. Muchos de mis compañeros la consideraban sensacionalista, pero yo opinaba que se podía comparar con las mejores muestras de la literatura naturalista y me parecía que *era* en cierto modo literatura.»

Ese carácter literario de la película ha sido subrayado por otros testimonios. Para algunos, por su inspiración barojiana, como es el caso de José Antonio Nieves Conde: «Me gustó mucho *Los olvidados,* pero lamento que Buñuel no dijera la verdad, que era un fusilamiento de *La busca* de Pío Baroja. Y se lo calló». Para otros, por su capacidad de inspirar, a su vez, otras obras literarias, como deja constancia Mario Vargas Llosa en *La tía Julia y el escribidor:* «Yo había visto en esos días una película mexicana (sólo años después sabría que era de Buñuel y quién era Buñuel) que me entusiasmó: *Los olvidados.* Decidí hacer un cuento con el mismo espíritu: un relato de niños-hombres, jóvenes lobeznos endurecidos por las ásperas condiciones de la vida en los suburbios».

Pero no sólo las grandes obras mexicanas han merecido reivindicación. Muchos críticos han intentado hacer valer aquellos aspectos del mejor Buñuel sepultados en películas en apariencia menores. Es el caso de José Luis Guarner al comentar el ciclo que televisión española le dedicó tras su muerte:

«El óbito de Buñuel provocó en España una desusada experiencia cultural. RTVE, la televisión estatal, quiso rendirle homenaje emitiendo, en el día y a la hora de mayor audiencia, *El ángel exterminador,* seguramente su obra maestra. De pronto, esta película de 1962, muy respetada pero sólo conocida de los *happy few,* fue puesta al alcance de millones de espectadores. Una conmoción menor sacudió al país, barrido por la insolencia, la fantasía y la libertad de las imágenes casi goyescas. Pero, ¡ay!, la difusión de las películas siguientes causó no ya perplejidad, sino una tremenda duda, ética y estética. Cabría formularla así: "¿Puede realmente el director de mexicanadas tan montaraces ser un cineasta importante?". En realidad, esta duda casi hamletiana obedecía a una cuestión de simple desconocimiento. Prácticamente nadie ha visto en España *Don Quintín el amargao,* versión cinematográfica de un sainete de Arniches —autor teatral cuyas obras inspiraron luego películas estimables de Perojo, Neville, Berlanga, Bardem— rodado para la compañía Filmófono en el Madrid republicano de 1935, del que Buñuel fue oficialmente productor —y extraoficialmente, amén de muchas cosas más, director de esa película— privadamente una de sus favoritas y de la que hizo un *remake* en México *(La hija del engaño)* quince años después. De ahí salen sus sainetes posteriores, entre ellos *La ilusión viaja en tranvía* y *Subida al cielo,* uno de los aspectos menos apreciados pero más vivos de su actividad.»

Por ello, buenos conocedores del cine de Buñuel, como José Francisco Aranda en su libro pionero *Luis Buñuel. Biografía crítica,* no han dudado en ocuparse de esas películas «menores», dedicándoles la atención debida:

«Si alguien que no se acomoda a ese orden [establecido] consigue huir de la cárcel que para ellos hicieron los señores y entra en ese mundo, todo el aparente equilibrio sufre un colapso. Es lo que sucede en *Susana.* El capataz amenaza con despedir a los peones cuando éstos le molestan como testigos de sus deseos. El hijo del señor amenaza al capataz. El señor amenaza al hijo... Y, por fin, el señor despide a su mismísima esposa... todos son despedidos. Veamos ahora la experiencia inversa, como si pasáramos una película al revés: al final se llevan a Susana otra vez a la cárcel y todo queda restituido en su lugar, prodigiosamente, todos vuelven a ser felices. Como si nada hubiera pasado. ¡Como si la presencia desinfectante de Susana no hubiera quitado ya la máscara a todos! La esposa había visto que su vida conyugal no estaba basada en el amor... El marido, por su parte, ha visto a las claras la hipocresía de la esposa. Todos ellos, cinco minutos antes de ese final, estaban tranquilamente dispuestos al asesinato.»

Y ello porque, como ha escrito Emilio García Riera en su inestimable *Historia documental del cine mexicano,* Buñuel encontraría muy pronto la forma de moverse con tal comodidad en el melodrama que, sin recurrir a parodias facilonas, podría darle la vuelta al género como se invierte un calcetín:

«La originalidad de *Susana* reside en que la protagonista no sólo representa el *amour fou,* sino la realidad misma. Al comienzo de la película vemos cómo unas carceleras meten entre gritos y forcejeos a Rosita Quintana en una celda... Desde ahí, Susana invoca a ese Dios que la regaña con sus truenos, y el Altísimo, atento como siempre lo está a los melodramas, le manda un relámpago para que la reja de la celda proyecte en el suelo una cruz...

Guiada ya más por Buñuel que por Dios, se dirige a una hacienda que es la réplica exacta del Paraíso y en la que, por consiguiente, todo el mundo tiene miedo de ser despedido, incluso los patrones. Reciben a Rosita Quintana como a un ángel, naturalmente, pero ella lleva el germen del deseo y se dedica a contagiarlo. Para eso, sólo tiene que bajar el escote y demostrar con ello que sí es un ángel, pero exterminador. Lo que sucede después resulta muy divertido, porque parece un torneo de torpezas entre seres inventados para existir en la convención y que se ven de pronto forzados a enfrentar lo más imprevisto que pueda haber para un personaje de melodrama: la realidad...

Susana es por todo ello exactamente lo contrario de una parodia, ya que ésta parte *a priori* de un desquiciamiento o de un condicionamiento a la inversa del universo parodiado. Para atacar a fondo al melodrama, que en última instancia no expresa sino la voluntad propietaria de imponer un orden conveniente a la realidad, sólo hay que dejar que ésta se manifieste con la fuerza del deseo... Buñuel se convierte en el primer espectador crítico del melodrama que le toca dirigir y, en calidad de tal, nos propone a todos el derrumbe gozoso de su propia película. Ese derrumbe liberador es en el fondo el verdadero tema de *Susana*.»

Ese dominio de los materiales dramáticos alcanza cumbres tan borrascosas como *Él,* de un auténtico virtuosismo narrativo, que merecería los elogios de François Truffaut: «Lo que yo más admiraba de Buñuel era el manejo del *flash-back,* género difícil, pues siempre decepciona cuando la imagen vuelve al presente. En películas tales como *Él* o *Archibaldo de la Cruz* Buñuel ha sabido, de forma genial, relanzar de nuevo el relato en el momento en que el *flash-back* finaliza y comienza el tiempo real de la narración.» Caligrafía tras la que que Freddy Buache ha percibido en su libro sobre Buñuel una vuelta a la sustancia de *La edad de oro,* donde los «mallorquines» representaban el orden establecido:

«Si *L'âge d'or* nos ofrece un corte vertical de una determinada sociedad cuyas diversas manifestaciones e hipocresías envenenan el amor, *Él* puede considerarse como el corte horizontal de dicha sociedad, del cual resulta un dibujo que nos muestra una figura diferente de la misma geología en la edad del lodo. Aquí, la revuelta, el escándalo, la injuria, dan lugar a una crítica en negativo: el propio lirismo es el que se invierte, y si bien el ataque a los valores establecidos parece de este modo más insidioso, ello no impide que sin embargo sea menos ferozmente percutiente que en *L'âge d'or.* El héroe encarnado por Modot se convierte con Arturo de Córdova en un anti-héroe, en la víctima aquiescente y cómplice del orden político, económico y religioso, en un hurdano de *smoking,* en un mallorquín.»

Madurez y primeros intentos en el cine francés

Consciente de las limitaciones del cine mexicano, a partir de determinado momento Buñuel menudeó las escapadas al cine de otros países, bien de habla inglesa *(Robinson Crusoe* y *The Young One)* o, sobre todo, francesa (iniciado con *Cela s'appelle l'aurore* y continuado en una primera etapa con *La mort en ce jardin* y *La fièvre monte à El Pao)*. Si sus películas americanas no llegaron a traducirse nunca en una continuidad profesional, las francesas empezaron por no cuajar, para terminar granjeándole una innegable estabilidad en su etapa final. Es una cuestión muy debatida —particularmente entre la crítica hispana— la pérdida de la fuerza del realizador aragonés en este segundo proceso. Ángel Fernández Santos lo planteaba a propósito de *La fièvre monte à El Pao*, coproducción franco-mexicana cuya versión en español se titulaba *Los ambiciosos:*

«*Los ambiciosos*, película rodada por Luis Buñuel en 1959, es un filme híbrido desde varios puntos de vista. Es, en primer lugar, híbrido en cuanto a su sello de producción, ya que la mitad francesa parece más un añadido que un complemento de la otra mitad mexicana, y esto neutralizó la necesaria unidad de la producción.

Es híbrida, en segundo lugar, la interpretación considerada en su conjunto, ya que los actores franceses encabezados por Gérard Philippe, se despegan del bloque mexicano, encabezado por María Félix, y actúan en otro registro, lo que rompe también la necesaria unidad del conjunto de la interpretación.

Es híbrido igualmente el guión, en el que el peculiar mundo de Buñuel, que Luis Alcoriza asumió desde dentro, les viene ancho y ajeno a los otros guionistas, que fueron los franceses Dorat, Sapin y Castillou, este último autor de la novela *La fièvre monte à El Pao*, en la que la película se inspira.

Finalmente, es híbrido el propio estilo del filme, en

el que Buñuel puso de sí mismo bastante menos que en sus grandes películas mexicanas. El director español, más o menos conscientemente, cedió terreno propio en *Los ambiciosos* en favor de la viabilidad comercial del filme. Probablemente buscó con ello prepararse el camino para obtener un lugar en el cine europeo, intuyendo que su etapa mexicana se encontraba ya en trance de agotamiento, y el director buscaba nuevas plataformas de producción.»

José de la Colina retomaba la cuestión a la altura de *La mort en ce jardin:* «Uno se pregunta por qué Buñuel no sometió esta historia a un tratamiento similar, tomando en cuenta que la novela no es mejor ni peor que las que sirvieron para realizar dos de sus mejores películas: *Él* y *Ensayo de un crimen*. Es más, en los personajes y la trama de *La muerte en este jardín* es fácil hallar espléndidas incitaciones para el realizador de *La edad de oro*. En primer lugar, unos hombres y mujeres, todos de muy diferentes mentalidades, colocados en una situación límite, una huida a través de la selva; en segundo, algunos personajes propicios para la revelación o la furia buñuelianas (el cura, la prostituta, el proscrito, la muda, el militar); en tercero, algunas situaciones insólitas, casi surrealistas (la vuelta constante al punto de partida, los atuendos lujosos y el champaña en plena jungla), que hacían esperar la garra del realizador. Nada de ello se cumple. Y tales frustraciones resultan más misteriosas cuando uno sabe que en Francia Buñuel goza de carta blanca por parte de los productores. Se diría que si Buñuel ha realizado sus mejores películas postsurrealistas en México, ello se debe a que las trabas impuestas por los productores de aquí lo conminan a buscar la libertad creadora con más afán que cuando le dejan las manos libres. En fin, nada se sabe.»

E Iván Tubau lo diría con toda claridad más tarde refiriéndose a *El discreto encanto de la burguesía,* cuando la libertad de movimientos de Buñuel y su disponibilidad de medios ya no dejaba lugar a dudas:

«No puedo librarme de la idea de que Buñuel, mexicano, encorsetado por guiones de encargo, actores mediocres y presupuestos bajos, resultaba más incisivo y contundente que este Buñuel de ahora, francés, que goza de una casi total libertad económica y formal. Es como si el poder hacer lo que le da la gana —prescindiendo de la «historia» tradicional, por ejemplo—, en lugar de dar nuevas dimensiones a su obra, le hubiera hecho caer en una autocomplacencia limitadora.»

Junto a la salida hacia los mercados anglosajón y francés, un tercer frente de alternativas —la vuelta a España— se añadiría a partir de *Nazarín,* rodada y ambientada en México, pero a partir de una novela, un guionista y un protagonista españoles. Este último, Francisco Rabal, nos ha dejado en sus conversaciones con Manuel Hidalgo una sabrosa instantánea del rodaje:

«Buñuel era un hombre muy bromista, con un gran sentido del humor. Yo, a veces, lloraba con él de risa a lágrima viva. Le encantaba meterse con la gente, hacer bromas fastidiosas. Al terminar de rodar un plano solía dar puntuaciones a los actores: "A ver, os voy a clasificar. Primero, el enano; segunda, Rita; tercero, el que hace de chulo; cuarto, Paco... A ver, Paco, que siempre quedas el último". Me lo decía para picarme, porque sabía que yo soy de los que se pican mucho. A los cubanos que había por allí, que estaban todos con Fidel, les decía cosas terribles para cabrearles. Les decía que su padre había vivido en Cuba —eso era verdad—, que era un riquísimo hacendado y que se había cargado a un líder revolucionario. "Sí, mi padre mandaba el pelotón de fusilamiento. 'Apunten', dijo mi padre. Y entonces llegó un jinete al galope con el indulto. Mi padre leyó el indulto y dijo: 'Fuego'. Y se lo cargó". Los cubanos le miraban indignados, y era todo mentira."»

Con *Nazarín,* en cierto modo, se abría su tríptico galdosiano que prolongaría —ya en España— con *Viridiana* y *Tristana.* El director de producción de la primera, Carlos Velo, ha insistido en esa continuidad en una entrevista con Max Aub:

«*Carlos Velo:* —Llegó el momento de los créditos de

la película. Se hace la lista de créditos y no aparecía el nombre de Galdós. Dije: "Bueno, eso no es posible". "Bueno — me contestó—, es que esto es muy personal, esto no tiene nada que ver con Galdós". Le dije: "Pero, ¿cómo que no tiene nada que ver con Galdós?" Y puso un crédito muy chiquitito, así, en la película. Grandes celos de Galdós. Esto a mí me impresionó extraordinariamente.

Max Aub: —Bueno, en *Viridiana* pasa lo mismo.

Carlos Velo: —Pero muy pocas personas lo saben. Es la continuación de *Nazarín:* la marquesa de Halma, y el castillo, y todos los mendigos; pero Buñuel no lo reconoce ni aparece el nombre de Galdós.»

La talla de *Nazarín* sería reconocida por el jurado que la premió en el Festival de Cannes. El presidente del mismo, John Huston, declararía:

«Desde el fin de la guerra, las dos grandes películas que yo he visto son *Ladrón de bicicletas* y *Nazarín.* La película de Buñuel es una obra maestra que perdurará en la historia del cine. Dentro de un ambiente mexicano plenamente logrado, con una raíz local profunda e inconfundible, se logra en *Nazarín* tratar un tema de validez universal. La película ha realizado plenamente este tema humano dentro de una forma artística de gran pureza. *Nazarín* es una obra de conjunto realizada con profundo ánimo artístico, sin concesiones de ninguna clase. Es un filme excepcional dentro de la producción actual del mundo. Me hubiera enorgullecido dirigir *Nazarín.*»

Pero no sólo el jurado del Festival apreció su calidad. También entusiasmó a la Iglesia, como se deduce de esta reseña de Jean Rocherau en el periódico católico *La Croix,* de París:

«*Nazarín* es profunda y auténticamente cristiana, si no por el espíritu de su realizador, sí por la impresión profunda que marcará en las almas de buena voluntad. Hay una identificación total, aunque indigna, entre el padre Nazarín y su divino modelo. Ninguna de las imágenes del filme, ninguna palabra de su diálogo nos ha escandalizado. Sólo sacarán de él conclusiones anticlericales los nuevos fariseos; esto es, los exégetas mal informados o poco competentes. Cuanto más meditemos sobre *Nazarín,* menos nos escandalizamos. Muchos escritores, muchos cineastas, creyendo haber logrado obras piadosas, sólo consiguieron pálidos reflejos del espíritu cristiano. Buñuel, quizá impío en su designio, termina por darnos una película muy aproximada al mensaje evangélico. Los caminos de Dios son impenetrables y el espíritu sopla dondequiera.»

Tales opiniones parecieron manipuladoras a Robert Benayoun, que replicó así a Rocherau en la revista *Positif,* de inspiración neorrealista:

«Un lugar común del pensamiento edificante quiere que todo blasfemo sea un místico que se ignora. Es la técnica de la mejilla ofrecida que procura al abofeteado tanto placer masoquista como al abofeteador placer sádico y por la que la propia bofetada puede a tal título ser considerada como un acto de comunión. Así, el hombre piadoso puede a buen título, frente al iconoclasta, creerse amado cuando es simplemente vomitado. Como quiera que sea, se puede distinguir casi sin falta, en toda sala donde se proyecta una película de Luis Buñuel, uno o dos eclesiásticos crispados, generalmente formando pareja. Ese fenómeno puede explicarse por la curiosidad clínica, la tentación de lo prohibido o el desafío de un alma rebelde de buena calidad, cuyo fenómeno puede ser estudiado a título de ejercicio práctico. No es, pues, mi deseo dar una conclusión, pero hago notar que el *Nazarín* de Buñuel, para el que una crítica en plan de chiste reclamaba el Premio de la Oficina Católica, no lo ha obtenido. Parece, pues, que los especialistas, o sea, los profesionales de la fe, diría yo, los *respetuosos,* han comprendido perfectamente el sentimiento profundo de esta película diáfana.»

Padrino del Nuevo Cine Español

El regreso de Buñuel a España para rodar *Viridiana* coincidió —y no por casualidad— con el arranque del denominado Nuevo Cine Español. Sin duda, unos directores estaban más preparados que otros para beneficiarse de su magisterio. En un artículo publicado en *Film Ideal* en el verano de 1958 Carlos Saura percibe su obra como una actualización de la mejor tradición ibérica de heterodoxos, iluminados, místicos y mártires. En consecuencia, lo considera el trampolín idóneo para dar el salto que permitirá al cine español salir de la etapa de aplicación de las enseñanzas neorrelistas protagonizada por la generación de Bardem y Berlanga:

«Buñuel es aragonés, como Goya, como Miguel Servet, y sigue la herencia del anarquismo de esta región, pródiga en hombres de independiente criterio, luchadores, nunca acordes con el momento en que viven. Pero Luis Buñuel es, además de eso, el mejor director de cine que tenemos en España. ¿Por qué? Porque en él están las constantes que han movido durante siglos a nuestra literatura y teatro, desde La Celestina hasta Cela:

—Realismo (Nuestro pueblo es posiblemente el menos idealista de Europa)

—Un cierto humor negro salido de las raíces de nuestro pueblo que toma a rechifla cuestiones que parecen inabordables.

—El deseo de mostrar las pasiones con minuciosidad, sin ahorrar lo desagradable, pero al mismo tiempo sin llegar a lo morboso.

—La muerte, unas veces como problema vital y otras sólo como hecho.

—El amor hacia el individuo con todos los defectos que puede llevar consigo.

—La rebelión contra la sociedad, la crítica irónica, casi cruel, hacia lo preestablecido.

En la España de 1958, ni Berlanga ni Bardem (de los demás no nos acordamos) han llegado donde llegó Luis Buñuel. Ni Luis Berlanga con su humor leve, conciliador y caritativo. Ni J. Antonio Bardem, más barroco, menos puro, más artificial. De ambos esperamos en lo sucesivo mejores cosas, en consonancia con la primera película de Luis G. Berlanga —en la que colaboró, también, J. A. Bardem—, *Bienvenido Mr. Marshall* que sigue siendo, a mi entender, la mejor película que desde el 39 se ha hecho en nuestro país.»

El rodaje de *Viridiana* fue, de este modo, un cursillo acelerado de cómo hacer cine nada provinciano con recursos y procedimientos autóctonos. El mismo Carlos Saura dejaría este testimonio en la entrega de noviembre de 1961 de la revista *Positif,* que resulta de gran interés para apreciar cómo se movía Buñuel en un plató:

«Durante la filmación de *Viridiana* he podido apreciar la habilidad de Luis Buñuel y su increíble seguridad en el oficio. En general, rueda un plano por escena, después realiza dos o tres *raccords* a insertar, todas esas tomas con la cámara montada en una pequeña grúa o en una *dolly*. La técnica no le interesa a Luis, pero él no la desdeña. Hábilmente, toma él mismo fotos de las marcas, con un gran cuidado, casi meticulosamente. Antes de que las locaciones sean "vistas y aprobadas", reflexiona, medita, interroga a unos y otros. Duda todavía, da una impresión de incertidumbre y de falta de seguridad. En esos días y en los días de rodaje camina preocupado, con la cabeza ligeramente inclinada sobre el pecho, absorto, cabizbajo. Pero en cuanto la acción está lista, se le ve lleno de vitalidad y juventud, pese a sus sesenta y un años, siempre atento al menor movimiento del actor, siempre amable, concienzudo, aun afectuoso. Luis filma en una atmósfera de amistad y de camaradería incomparable. Apenas, a veces, un grito del asistente o del jefe de producción. Cuando llega la hora de comer, Luis come con todo el mundo, en la cantina o en el campo. A veces, sobre todo al fin del rodaje, cuando estaba más fatigado, Luis hacía la siesta al terminar de comer.»

Roland Barthes hacía notar en una entrevista con Jacques Rivette que *«El ángel exterminador* no es en absoluto un filme absurdo; está lleno de sentido, lleno de lo que Lacan llama *significado;* está lleno de significado, pero no tiene un sentido, sino una serie de pequeños sentidos. Precisamente por esto es un filme profundamente perturbador». Debido a ello, resulta difícil no incurrir en la exégesis basada en una abusiva persecución de simbolismos. Carlos Fuentes lo lograría en esta reflexión indirecta sobre la temática de la película:

«La pregunta de Buñuel —la pregunta del humanista— es evidente y totalizante. ¿Por qué no cruzamos el umbral? La extensión de semejante pregunta en el mundo moderno es obvia. ¿Por qué, si al fin el hombre es dueño de la posibilidad de superar para siempre la miseria, la enfermedad, la ignorancia, no cruza el umbral? ¿Por qué, si tiene a la vista las puertas del paraíso terrestre, no las traspasa y prefiere permanecer en el infierno del pasado? ¿Por qué, si le basta un paso para ingresar en el mundo humano, en el mundo del futuro ofrecido por la ciencia y la tecnología, sigue siendo prisionero de la vida vieja, inhumana, enajenada? ¿Por qué no cruza el hombre el umbral?... No hay historia estática, no hay presente conservable: se va hacia adelante o se va hacia atrás, como los náufragos de la calle de la Providencia, hacia el primer día de la creación, hacia los orígenes bestiales del terror, la protección mística, la invocación satánica, la impotencia ante la Naturaleza. El umbral divide: si no lo pasamos, volveremos a caer en el terror, en el odio y la sinrazón. No hay que ir muy lejos para encontrar, en la historia contemporánea del hombre, en los desfiles de Nüremberg, en el *ghetto* de Varsovia, en las cámaras de gas de Auschwitz, la realidad de los símbolos extremos de Buñuel.»

Le journal d'une femme de chambre se diferencia claramente de sus anteriores películas francesas e inaugura un retorno a la cinematografía gala de muy distintas consecuencias que los tres intentos precedentes.

Además de su colaboración con el productor Silberman y el guionista Carrière, mucho tuvo que ver en ello su asunción de la temática del país vecino desde dentro, como ha hecho notar Marcel Oms:

«Con el *Diario de una camarera*... Buñuel ha retratado esa burguesía francesa arraigada todavía en la propiedad rural a la que la historia empieza a desplazar fuera de la escena. Bastión último y vestigio final de una Francia feudal y católica, esta burguesía aún encarna bastante bien al comienzo de los años treinta las estructuras de explotación y de dependencia que el régimen de Vichy reactivará y que ha proporcionado a la derecha tradicional su base electoral y buena parte de sus milicias populares, prestándole su personal doméstico.»

La etapa final

El abandono del cine mexicano a partir de *Simón del desierto* y su instalación en la industria francesa a partir de *Belle de jour* (con el paréntesis español de *Tristana*), marcan la etapa de reconocimiento casi masivo de Buñuel, que se ve proyectado más allá de los circuitos de Arte y Ensayo. *Belle de jour* fue un claro ejemplo de esta popularidad, y no han faltado críticas por sus concesiones, como esta de Antonio Castro en su reseña de *Simón* en mayo de 1978 en las páginas de la revista *Dirigido por,* donde la consideraba su último gran filme:

«Si exceptuamos algunos trozos de *La Vía Láctea,* y ciertas cosas de *Tristana,* el cine de Buñuel a partir de *Simón* es totalmente decepcionante. Curiosamente, en una entrevista realizada poco después de *Simón,* Buñuel —con su habitual lucidez—, decía que el cine había dejado de interesarle, *porque creo que ya no tengo nada que decir.* Pese al extraordinario éxito económico de sus últimos films, ese es el gran problema de Buñuel: que hace tiempo que no tiene nada que decir, dedicándose a repetirse y autoplagiarse en un inútil juego de acrobacias, que acabará por convertirle en multimillonario en sus años de vejez.»

Julio C. Acerete, en las mismas páginas de *Dirigido por*, colocaba en septiembre de 1975 *Belle de jour* como remate de un proceso de integración de Buñuel, bien jaleado por la revista *Positif*. Esa trayectoria ya se habría manifestado bien a las claras con *Tristana*, calificada como "una *Viridiana* de derechas". De esa forma, la consagración del realizador se habría producido a través de cuatro grandes hitos: la prohibición de *La edad de oro*, el premio en Cannes a *Los olvidados*, el escándalo de *Viridiana* y el León de Oro en Venecia concedido a *Belle de jour*:

«El círculo se cerraba sobre sí mismo, pero no sin haber hecho antes su consiguiente recorrido: el balance era de dos escándalos y dos reconocimientos, dispuestos alternativamente. Si se tiene en cuenta la calidad de los agentes *provocadores* de dichos éxitos, veremos que se constituyen así: 1) un grupo de activistas de la Action Française; 2) un probo jurado paternalista, amante del cine para más señas, que quiere ayudar a Buñuel en la continuación de su carrera; 3) un jurado seudoliberal que, aprovechando la aureola inconformista de Buñuel, monta un *número* antiespañol que por carambola resulta también antirreligioso; 4) un jurado muy buñuelista e izquierdoso, intelectual y civilizado, que desea canonizar y clasiquizar a una figura que podía prestigiar su ideología y de paso *salvar* un festival en vías de extinción. Obsérvese que el espectro motivacional de estos triunfos va degradándose progresivamente, con relación a Buñuel, en la misma medida en que sus artífices van haciéndose progresistas.»

Analistas como Emilio García Riera no han escatimado, sin embargo, los elogios a *Belle de jour*:

«El joven amante de Séverine (la *Belle de jour*, de Buñuel) muere en la calle acribillado a tiros, como muriera Belmondo en *A bout de souffle* y como han merecido morir todos los héroes negros que en el cine han sido, con Humphrey Bogart a la cabeza. Curiosamente, ese personaje extraño, cruel y tierno es en una medida muy exacta el único normal de la película, y su presencia tiene en el contexto de la misma un gran valor de referencia.

El héroe negro es el único que no representa. Mejor dicho: para él, la vida y el amor son sus propias representaciones, sin discontinuidades ni rupturas. Séverine necesita representar para disfrutar del amor, y en su imaginación hace también de su marido un actor. El burdel de Mme. Anaïs, que pasa por casa de modas (representación a la inversa) se convierte muy fácilmente en un hogar burgués donde las pupilas y la dueña se preocupan maternalmente por el bienestar y la educación de la hija de la sirvienta. El burdel se convierte también muy fácilmente en un teatro, en un escenario propicio a las hazañas histriónico-eróticas de los clientes. Incluso, un ginecólogo subordina su placer sexual a la calidad de la representación: necesita, por encima de todo, que su *partenaire* actúe bien. Cabe señalar, finalmente, que el equívoco Husson (el personaje que interpreta Michel Piccoli) tiene todas las cualidades de buen *metteur-en-scène* que adornaron al propio marqués de Sade, si Charenton no miente. Cuando le dice a Macha Meril que la ama porque "cicatriza muy bien" (espléndida broma buñueliana), adopta un tono que bien podría ser el de un Roger Vadim en conversación íntima con Annette Stroyberg. Además, Husson es un buen buscador de estrellas, y su ojo clínico le hace descubrir desde el primer momento a una gran actriz en Séverine...

De no ser por la súbita irrupción del multicitado héroe negro, Séverine viviría feliz indefinidamente en su doble vida, sólo molestada por la existencia del que sabe, del *metteur-en-scène* Husson que la ha descubierto y la ha hecho actuar obteniendo con ello un placer mucho mayor que el que le proporcionaría la simple posesión física...

Y esa galería tan necesaria para Séverine, tan parte de su mundo, ¿no es también necesaria al cine, obligado a acogerse a los beneficios de la representación para dar felicidad a los millones de *Séverinespectadores* que van a los *cineburdeles* todos los fines de semana?

Es curioso y paradójico que la única víctima de todo ello sea el héroe negro, personaje cinematográfico si los hay.»

Aunque rodada en Francia, *La Vía Láctea* transcurre a medio camino entre ese país y España, entre el surrealismo y la picaresca, indicando las polaridades que reclamaban a Buñuel. Varios de sus colaboradores en esta película han dejado constancia de los estímulos que le movieron en su génesis y realización:

«Buñuel, desde hace años, tenía ganas de mostrar a Cristo con su aspecto tradicional, convencional, con cabellos largos, hermosa túnica, etcétera, pero moviéndose como un hombre: riendo, cantando, corriendo (lo cual nunca se ve en el cine). Pero pensaba que no merecía la pena hacer todo un filme sobre ello. Entonces ha metido en este filme sobre las herejías varias secuencias en las que se ve a un Cristo nuevo, como en las bodas de Canaam, por ejemplo"» (Su coguionista, Jean Claude Carrière).

«Cristo, desde el punto de vista de Buñuel, no es ni crítico, ni escandaloso, ni se opone burlonamente a la tradición. Creo que Buñuel se sirve de la imagen sansulpiciana precisamente para demostrar hasta qué punto la habitual se alejaba de los datos evangélicos tras el desgaste sufrido por el dogma a causa de los convencionalismos.» (Bernard Verley , intérprete de Cristo en *La Vía Láctea*)

«En *La Vía Láctea* los problemas relativos al color se han resuelto de la mejor manera posible. Buñuel tiene un gusto muy preciso por una cierta paleta en la que predominan los pardos y grises, y había hablado de ello con todos sus colaboradores. No le gustan los colores chillones, que se imponen al resto de la imagen y distraen sobre el sentido de una escena.» (Pierre Guffroy, escenógrafo)

Tristana fue el paréntesis español de la etapa final

de Buñuel, en la que volvió a Galdós y a la colaboración en el guión con su paisano Julio Alejandro de Castro. Este último ha explicado así el espíritu con que abordaron la adaptación de la novela original:

«Galdós es enormemente fílmico: el problema está en que hay que envolverle en un ambiente que necesita, que le urge. El ejemplo claro es *Tristana:* el guión se hizo en México y tanto Buñuel como yo, después de muchos años de estar ausentes, recordábamos Toledo piedra por piedra. Al hacer el guión casi se determinaba tal esquina, o que el personaje subía por tal calle... Hay algo en la novela que había que saltarse a la torera, las cartas: y esto condiciona todo el resultado. Si, además, quieres dar el valor absoluto de *Tristana,* tienes que sacrificar ciertas cosas. El valor de don Lope sube, pero en relación a Tristana. En la novela, tampoco el personaje de Tristana termina como en la película y su carácter es muy distinto.»

Gran parte de la fuerza de la película deriva de la sinceridad con que Buñuel ha vertido en ella sus fantasmas de la vejez. La actriz que interpretaría a Tristana, Catherine Deneuve, se ha referido a ello en términos muy reveladores:

«Leí el guión de *Tristana* un día de septiembre de 1969 y, me gustó tanto, que desde aquel momento y hasta el primer día de rodaje he vivido atemorizada. Primero, por el temor de que el Gobierno español negara la autorización para rodar en Toledo. Después, por el temor de que Buñuel abandonara este proyecto en el que llevaba pensando varios años.

Luis Buñuel es el único realizador de setenta años a quien los productores ruegan que siga trabajando. Y es, también, el único capaz de abandonar un proyecto una semana antes de iniciarse el rodaje si un detalle viene a destruir la idea que se había formado de él.

Para Buñuel era imprescindible rodar *Tristana* en Toledo, ya que es una ciudad en donde vivió cuando contaba veinte años, y donde se había divertido mucho con sus amigos...

Gracias a él nos lo hemos pasado muy bien en el estudio, y resulta evidente que, a través del personaje de don Lope, magníficamente interpretado por Fernando Rey, ha construido una síntesis de todos los hombres de los que ya ha hecho su retrato en sus filmes, de *Archibaldo de la Cruz* a *Viridiana,* por la acumulación de una serie de detalles crueles, divertidos, curiosos, y frecuentemente muy íntimos...

En sus filmes nos habla de cosas muy íntimas; al mismo tiempo experimenta una especie de vergüenza de filmarlas, pero comprende que *debe* hacerlo.»

Todo ello confiere a la película una capacidad de impacto poco habitual, y tanto más imparable cuanto que se ofrece con un muy sutil ropaje de realismo y naturalidad. Así lo ha subrayado Ángel Fernández Santos:

«Sé de quienes, después de haber visto una tarde o una noche *Tristana* sin apercibirse de su violencia encubierta, se ha despertado de madrugada asaltados por algunas de sus imágenes perturbadoras, que habían atravesado las retinas sin dejar huella aparente, pero que, horas después, se desamarraron de los mecanismos del autocontrol y desataron la respuesta de las vísceras. No hay otro filme que, como éste, reúna naturalmente, bajo las zonas transparentes de la conciencia, mayor sencillez y complejidad, mayor delicadeza y horror...

Una secuencia de *Tristana* puede aislarse como modelo de acabamiento técnico en el uso de la transparencia para representar la opacidad y de la mesura para exponer el exceso. Es aquélla en que vemos, sentada ante un piano, a Tristana —Catherine Deneuve— después de su vuelta a la casa de don Lope —Fernando Rey— con la pierna derecha amputada, y allí recibe a Horacio —Franco Nero—, su amante. En la fluencia de esta atroz escena, en la sutileza de la disposición de sus planos, en el cotejo de su forma literaria en el guión y de su forma final en el filme rodado, en el hecho de que en ella no pase absolutamente nada y, pese a ello o tal vez a causa de ello, Buñuel nos sacuda con una brutalidad inusitada, está la quintaesencia de la habilidad técnica del cineasta y de su incomparable capacidad para convertir a la transgresión y la subversión en componentes naturales, jamás añadidos, de su lenguaje...

En Francia y en México, Buñuel hizo filmes de aparatoso simbolismo superrealista y de compleja puesta en escena —*Un perro andaluz, La edad de oro, El ángel exterminador, El fantasma de la libertad*—, pero en España siempre hizo filmes realistas, porque su penetración en el otro lado de las cosas españolas descubría en ellas naturalmente la superrealidad.»

El discreto encanto de la burguesía mereció, además del Oscar, elogios inequívocos de Fellini: «Sólo he visto una película suya [de Buñuel], que me entusiasmó. Después ardí en deseos de ver todas las demás. Era *El discreto encanto de la burguesía*. ¡Qué película tan grandiosa y encantadora!»

Más críticos fueron algunos buenos conocedores de su trayectoria, como José Francisco Aranda, quien no ha ocultado su decepción ante la pérdida de mordiente del realizador:

«Nos encontramos ante una película que se parece a hora y media de charla con Buñuel en la intimidad: llena de hallazgos, chistes, observaciones agudas —y graves—, apartes pertinentes. Es el triunfo de un autor que ya no precisa de la máscara de una obra de arte y que se limita a enseñarse como es para un público que, como ambicionaba, ha dejado de serlo para pasar a ser amigo. Esta destrucción de la base material (pero no del espectáculo), ya evidente en *Le charme...*, no deja de tener sus riesgos y confirma lo que entreveíamos en la obra anterior: que estos filmes, aclamados por la crítica más sospechosa como de los más surrealistas del autor, son los menos... Que nuestro autor, libre de sus compromisos estructurales y de sus contradicciones ideológicas, queda empobrecido. La agresividad de sus temas, aunque sea la misma, molesta menos y se hace amigable.»

Bien distintas resultaron las críticas de quienes —por

el contrario— encontraron la cinta demasiado audaz y estrambótica, como el crítico John Simon en *The New York Times:*

«*El discreto encanto de la burguesía* de Luis Buñuel me merece una postura negativa. He aquí un filme que ha recibido de los reseñistas juicios entusiastas, alcanzado la cima y que funciona bien con los espectadores locales. Sin embargo, a mí me parece sin el más mínimo valor... ¿Por qué, entonces, esa adulación, colocando la película en todas las listas, de la más baja a la más encopetada? Buñuel es un Gran Hombre —antifascista, anticlerical, antiburgués— con sus setenta años bien cumplidos y todavía en plenas facultades. En segundo lugar, es europeo, y ha formado parte de esos arcanos y prestigiosos cultos como el surrealismo, dadaísmo, fetichismo, sadomasoquismo, y lo que nos suministra no puede caer en la superficialidad, antes bien, de algún modo está cargado de profundidad. En tercer lugar, sus películas están en una lengua extranjera y han de contener sutilezas entreveradas en los subtítulos. Los reseñistas, como buenos perros de Pavlov, segregan saliva con sólo oír el nombre de Buñuel.»

Más elocuente aún resulta el informe del censor español Manuel Andrés Zabalza, como resultado de la cual sería aprobada su exhibición, pero cortando el tiroteo del moribundo a manos del obispo:

«Luis Buñuel y sus piruetas satírico-críticas sobre la burguesía y sus estamentos e instituciones. La verdad es que como tal crítica es epidérmica, quedándose en la superficie de lo que sin duda podría ser más virulento y corrosivo. Pero sospecho que Luis Buñuel, que es, a mi juicio, en el fondo, un burgués vergonzante, no tiene temperatura de apóstol o de doctrinario eficaz como demoledor. Así que no creo que la película pueda ser considerada como gravemente peligrosa para unas instituciones o un determinado orden social. A mi juicio, se queda en un mero divertimento intelectualizado e ingenioso al nivel de la mentalidad burguesa, que, sin duda, gozará viéndose caricaturizada y un poco como "en paños menores". Y, sobre todo, teniendo en cuenta que la difusión de la película se limitará a salas especiales. Desestimar esta película me parecería desmesurado y gravemente incómodo para la Administración española, que sería blanco, una vez más, de las agresiones de los "forofos anticensura". Téngase en cuenta que la película ha alcanzado gran predicamento en los medios cinematográficos e intelectuales (más o menos) del mundo.»

En su libro *Figures of desire,* Linda Williams ha relacionado las dos últimas películas de Luis Buñuel, *El fantasma de la libertad* y *Ese oscuro objeto del deseo,* intentando, además, un análisis global capaz de revelar la continuidad de esta etapa de surrealismo tardío respecto a la inicial de *Un perro andaluz* y *La edad de oro.* Para ello, tiende un puente entre la secuencia de la encajera, que cierra su filmografía y la que ya aparecía en su cortometraje inicial:

«Esta encajera... urde la trama de un material que, por su propia naturaleza, nunca puede ser completamente aprehendido. Pues el encaje sólo puede velar parcialmente la carne que subyace... De forma parecida, la mujer que cose en el escaparate, zurciendo el agujero del vestido, se ve imposibilitada para suturar los bordes de la herida, condenados a la eterna carencia del sujeto sometido al deseo... Como el fantasma de la libertad, el objeto del deseo es también una ilusión. Pero si este objeto es una oscura ilusión, la presentación por parte de Buñuel de las oposiciones que lo estructuran es meridianamente clara. No hay verdaderos objetos del deseo; sólo hay perpetuas sustituciones de figuras cuya implantación responde a las carencias del sujeto.»

Filmografía

UN CHIEN ANDALOU (Un perro andaluz), 1929

FICHA TÉCNICA. Productor: Luis Buñuel. Guión: Luis Buñuel y Salvador Dalí. Fotografía: Albert Duverger. Decorados: Pierre Schilzneck. Música: Fragmentos de Richard Wagner *(Tristán e Isolda)*, Beethoven y canciones populares (tangos), seleccionados por Luis Buñuel. Montaje: Luis Buñuel. Duración: 17 minutos.
FICHA ARTÍSTICA. Pierre Batcheff, Simone Mareuil, Jaume Miravitlles, Salvador Dalí, Luis Buñuel.

La película comienza con un prólogo introducido por el proverbial *Érase una vez...* Un hombre (Buñuel) afila su navaja de afeitar junto a un balcón y, tras observar cómo una delgada nube se dispone a atravesar el globo lunar, secciona el ojo de una mujer (Simone Mareuil) con la navaja barbera.

Nuevo rótulo: *Ocho años después*. Un ciclista (Pierre Batcheff) pedalea a lo largo de una calle desierta, con la cabeza, las caderas y las espaldas envueltas en manteletes blancos. Sobre el pecho lleva una caja con listas diagonales. Mediante montaje alterno vemos a la joven del prólogo leyendo un libro en una habitación; como si hubiera «sentido» la presencia del ciclista, se levanta y tira el libro en un diván próximo, dejando ver *La encajera* de Vermeer. El ciclista cae contra la acera y ella se precipita escaleras abajo hasta la calle, besándolo frenéticamente.

De vuelta al cuarto, dispone sobre la cama los manteletes, la caja, el cuello almidonado que llevaba el caído y una corbata, como si recompusiera la imagen de un cuerpo tendido. Al darse la vuelta ve al mismo personaje mirando unas hormigas que salen de un agujero negro en su mano derecha y que, mediante fundido encadenado, se convierten en los pelos axilares de una joven tendida al sol, posteriormente en un erizo de mar,

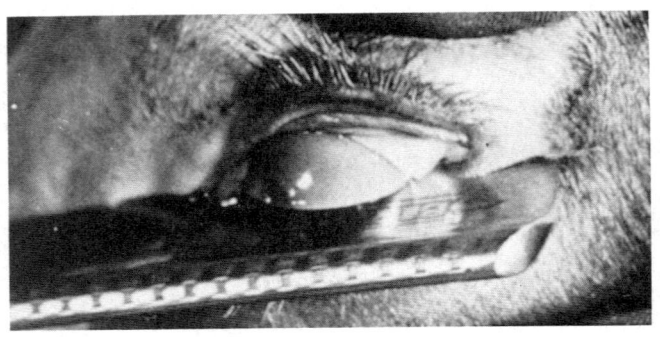

para rematar —por apertura del iris— en un grupo de personas que rodean en la calle a una mujer de aspecto andrógino que tantea con su bastón una mano cortada que yace en el suelo. Un policía la recoge y se la entrega, tras meterla en la caja que llevaba el ciclista.

Los dos personajes interpretados por Simone Mareuil y Pierre Batcheff han visto toda la escena desde la habitación y también cómo, poco después, la mujer de aspecto andrógino es arrollada por un automóvil. El atropello hace entrar al protagonista en un estado de gran excitación, que le lleva a acometer a la joven a los acordes de un tango y a palpar sus pechos (que, por montaje encadenado se confunden con sus nalgas desnudas). Una baba sanguinolenta cae de su boca, en una asociación que Buñuel ha explicado así: «Por razones que no se me alcanzan, he encontrado siempre en el acto sexual una cierta similitud con la muerte, una relación secreta pero constante. Incluso he intentado traducir ese sentimiento inexplicable a imágenes en *Un perro andaluz,* cuando el hombre acaricia los senos desnudos de la mujer y, de pronto, se le pone cara de muerto. ¿Será porque durante mi infancia y mi juventud fui víctima de la opresión sexual más feroz que haya conocido la Historia?»

Para defenderse de su acoso, ella le amenaza con una raqueta; Batcheff, como si fuera la cosa más natural del mundo, busca algo por el suelo con que responderle, y encuentra una cuerda, tirando de la cual aparecen dos planchas de corcho, un melón, dos maristas (uno de ellos interpretado por Salvador Dalí) y dos pianos de cola con sendos burros podridos encima. La joven emprende la huida, atrapando con una puerta la mano de él, de cuya palma parecen brotar hormigas. El cuarto al que pasa la joven es idéntico al que deja atrás, y sobre la cama se halla tendido el personaje atrapado al otro lado de la puerta, con todos sus adminículos (manteletes, caja, etc.)

Nuevo rótulo: *Hacia las tres de la madrugada*. Un personaje llama a la puerta de entrada del piso y ordena a Batcheff que se levante de la cama y arroje sus adminículos por la ventana. Al darse la vuelta se ve moverse al recién llegado en *flou* y al *ralentí* y se comprueba que es Batcheff varios años más joven. Como en un castigo escolar, el recién llegado pone al ciclista de cara a la pared, cargados los brazos con libros que no tardan en convertirse en revólveres con los que tirotea a su doble, que cae en la siguiente toma contra el torso desnudo de una mujer en un parque, donde es recogido por los transeúntes que por allí pasean.

Simone Mareuil entra en la habitación que ya conocemos, viendo en la pared una mariposa que tiene en su tórax una mancha blanca que recuerda una calavera y al ciclista, cuya boca desaparece para ser sustituida por los pelos del sobaco de la joven. Ésta abre la puerta y sale directamente a una playa donde le espera un tercer personaje, con el que pasea por la arena, donde sus pies tropiezan con las correas, la caja rayada, los manteletes y la bicicleta. En sobreimpresión sobre el cielo aparece la leyenda *En primavera*. Y se ve, en un desierto sin horizonte, enterrados hasta el pecho, al protagonista y a la joven, «ciegos, con los vestidos desgarrados, devorados por los rayos del sol y un enjambre de insectos» (concluía el guión original).

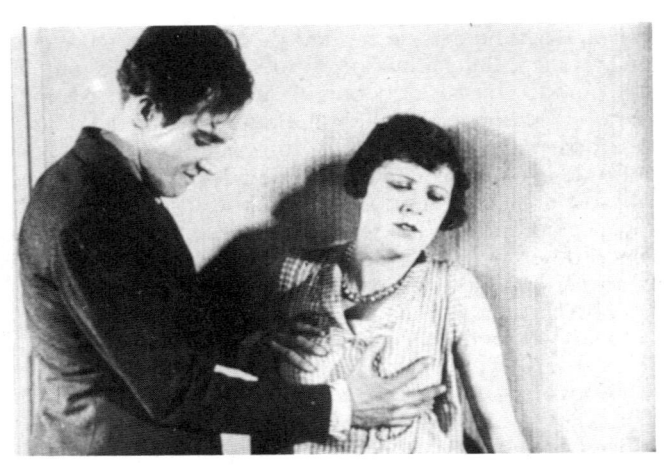

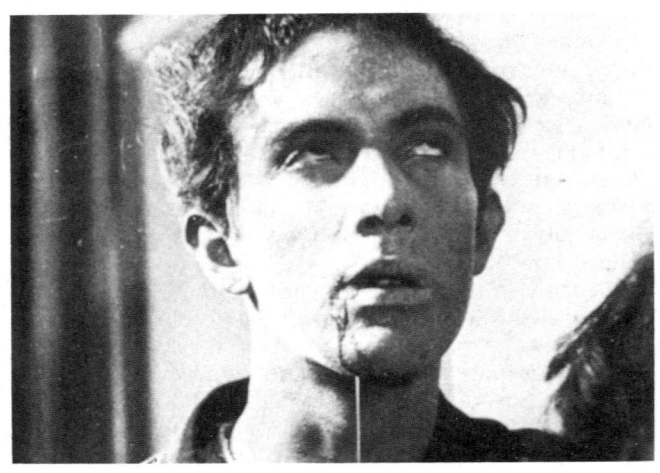

Esta descripción un tanto fatigosa es poco menos que inevitable si se quiere dar una idea aproximada del contenido de *Un perro andaluz,* una película cuya fuerza radica en sus imágenes, y no en su «historia», en el sentido convencional del término. Y es que se trata de un poema visual, muchos de cuyos hallazgos proceden de un libro homónimo de poemas que Buñuel tenía listo para la imprenta hacia 1927.

En un principio la película se iba a titular *Es peligroso asomarse al interior,* invirtiendo la advertencia de las ventanillas de los trenes: «Es peligroso asomarse al exterior». También se había manejado el de *El marista en la ballesta,* que procedía de un breve caligrama de un amigo de la Residencia de Estudiantes, Pepín Bello. En cuanto a su denominación definitiva, *Un perro andaluz,* merece la pena tener en cuenta las relaciones entre Luis Buñuel, Salvador Dalí y Federico García Lorca para hacerse cargo de sus implicaciones. Lorca consideró que en él se hacía alusión a su persona y, por extensión, al grupo gongorino andaluz y su estética.

Buñuel ha negado tal hipótesis: «No es así. La gente cree encontrar alusiones donde quiera, si se empeña en sentirse aludida. Federico García Lorca y yo estuvimos enfadados por algunos años. Cuando en los años 30 estuve en Nueva York, Angel del Río me contó que Federico, que había estado también por allí, le había dicho: "Buñuel ha hecho una mierdesita así de pequeñita que se llama *Un perro andaluz* y el perro andaluz soy yo". No había nada de eso. *Un perro andaluz* era el título de un libro de poemas que escribí».

Al poco tiempo, Lorca escribiría un guión de cine, *Viaje a la Luna,* durante su estancia neoyorquina, que seguramente no es ajeno al cortometraje de sus dos mejores amigos en la Residencia. En cualquier caso, *Un perro andaluz* se nutre de pleno derecho del ambiente de esta especie de colegio mayor universitario que tanto marcó a quienes por allí pasaron, y su rotunda agresividad resulta de muy difícil explicación sin los antecedentes hispánicos de Buñuel y Dalí. Los burros podridos eran obsesiones infantiles que compartían Pepín Bello, Dalí y Buñuel, aunque conviene no olvidar que Juan Ramón Jiménez fue objeto de una campaña de intensos ataques por parte de Buñuel y Dalí que tenía como objetivo final acelerar el proceso vanguardista español.

En marzo de 1928 escribe Dalí a Federico: «Pronto recibirás casi un libro de poemas míos; poéticamente soy el anti-Juan Ramón, que me parece, evidentemente, el jefe de la putrefacción poética... He releído *Platero y yo*, del que tenía buena idea; es un asco absoluto». Y mientras están escribiendo juntos en Cadaqués el guión de *Un perro andaluz* en enero de 1929, Buñuel y Dalí envían a Juan Ramón esta elocuente carta:

«Nuestro distinguido amigo: nos creemos en el deber de decirle —sí, desinteresadamente— que su obra nos repugna profundamente por inmoral, por histérica, por arbitraria.

Especialmente: ¡¡MERDE!! para su *Platero y yo*, para su fácil y malintencionado *Platero y yo*, el burro menos burro, el burro más odioso con que nos hemos tropezado.

¡MIERDA!
Sinceramente,   Luis Buñuel
                             Salvador Dalí.»

Ambos amigos trabajaron con una gran compenetración, con derecho a veto sobre lo que no gustaba a cualquiera de los dos, y no dejando intervenir en sus sueños, visiones o delirios ningún elemento de control o asociación racional y, menos todavía, simbolismos y claves susceptibles de interpretación cultural. Ello dificulta cualquier exégesis de la película, aunque no han faltado para todos los gustos, en especial de orden psicoanalítico. Ya en su día sus dos responsables eludieron cualquier aclaración, que habría atentado contra la razón de ser misma de la cinta.

La compenetración del pintor y el cineasta complica también la separación de las aportaciones de cada uno de ellos, y varía sensiblemente según procedan de buñuelistas o dalinianos, que a menudo interfieren también con los hagiógrafos lorquistas. Hay que insistir en que la utilización de muchos elementos (los burros podridos, los pianos, las hormigas, *La encajera* de Vermeer...) pertenecen al universo de los dos creadores, y lo mismo cabe decir de la escena que cierra la película mostrando a los dos amantes enterrados en la arena del desierto y cubiertos de insectos que, consciente o inconscientemente, es una alusión al *Angelus* de Millet, cuadro que fascinaba a Dalí y glosó en muchos de sus lienzos y en su libro *El mito trágico del Angelus de Millet,* pero al que también Buñuel aludió en *Viridiana* y *Belle de jour.*

La escena más famosa, la del ojo seccionado, parece proceder de Buñuel, como bien se deduce de su presencia como actor (la única vez que ha aparecido en una película suya como protagonista de una secuencia). Es una auténtica declaración de principios, un cegar la mirada externa para que surja la interna, una petición de un ojo distinto al habitual, un romper la barrera defensiva entre el sujeto y los objetos, entre percepción y representación. Así lo pedían el surrealismo y estos versos del muy admirado Benjamin Péret: «Si existe un placer/ es el de hacer el amor/ el cuerpo rodeado de cuerdas/ y los ojos cerrados por navajas de afeitar». Ese comienzo tenía, además, una gran eficacia, de la que era muy consciente Buñuel: «Para sumergir al espectador en un estado que permitiese la libre asociación de ideas era necesario producirle un choque casi traumático en el mismo comienzo del filme; por eso lo empezamos con el plano del ojo seccionado, muy eficaz.»

La importancia y novedad capital de *Un perro andaluz* en la historia del cine radica en que la película, de forma concienzuda y premeditada, destroza la narrativa cinematográfica habitual, en busca de una liberación de los convencionalismos de la pantalla similares a los logrados por los surrealista en la literatura o la pintura. La falta de *raccord* o concordancia entre las escenas es ostentosa, tanto en lo espacial como en lo temporal, con sus rótulos totalmente heterogéneos: «Érase una vez», «Ocho años antes», «Hacia las tres de la mañana», «Dieciséis años antes», «En primavera».

Por todas estas aportaciones, *Un perro andaluz* difícilmente podía pasar desapercibida, dada su diferencia tan notoria respecto al vanguardismo francés. Y así fue. André Breton, que había anatematizado otras cintas que pretendían ser surrealistas, acogió en el seno del movimiento al filme y a su director. Buñuel, que había llenado sus bolsillos con piedras por si necesitaba emplearlas contra un público levantisco, hubo de quitárselas de encima apresuradamente antes de salir tras la pantalla desde donde sonorizaba la película para recibir los aplausos. Todo París le aclamó: allí estaban Picasso, Le Corbusier, Cocteau, Max Ernst, André Breton, Paul Eluard, Tristan Tzara, René Char, Pierre Unik, Tanguy, Jean Arp, Magritte, Aragon y Man Ray, cuyo filme *Le mystère du château de Dé* completaba la sesión.

L'ÂGE D'OR (La edad de oro), 1930

FICHA TÉCNICA. Productor: Vizconde de Noailles. Guión: Luis Buñuel y Salvador Dalí. Fotografía: Albert Duverger. Decorados: Pierre Schilzneck. Música: Georges Van Parys y fragmentos de Mendelssohn, Mozart, Beethoven, Debussy y Wagner. Montaje: Luis Buñuel. Ayudante de Dirección: Jacques Bernard Brunius y Claude Heymann. Sonido: Peter-Paul Brauer. Duración: 63 minutos.
FICHA ARTÍSTICA. Gaston Modot (El amante), Lya Lys (La hija de la marquesa), Caridad de Lamberdesque (La dama), Pierre Prévert (El bandido Pemán), Pancho Cossío, Pedro Flores, Juan Castañé y Joaquín Roa (Bandidos), Max Ernst (El jefe de los bandidos), Lionel Salem (el conde de Blangis), Germaine Noizet (La marquesa), Ibáñez (El marqués), Duchange (El director de orquesta), José Llorens Artigas (El gobernador), Juan Esplandiú, Manuel Ángel Ortiz (El guardabosques), Paul Eluard.

La edad de oro comienza con un documental sobre los escorpiones, cuyos rótulos están tomados directamente del entomólogo Fabre, una de las lecturas favoritas de Buñuel, gran aficionado él mismo a los insectos. Este inicio nos da la tónica de impasible objetividad que se va a aplicar a la sociedad, diseccionando los mecanismos sociales no según la costumbre nos hace verlos, sino con la debida distancia. Así, se empieza por su sustrato más primario y espontáneo para continuar con el de los bandidos que sobreviven como testimonio de una época de revuelta (su jefe está interpretado por el pintor Max Ernst, entre otros surrealistas y amigos de Buñuel). Pero ambos serán desplazados por la fundación de la cultura occidental, simbolizada en la Roma Imperial.

De las rocas bajo las que se ocultan los escorpiones se pasa a una famélica y debilitada comunidad de bandidos y a los peñascos de Cabo Creus, en los que un grupo de arzobispos canta el *Dies Irae,* como si se encontrasen en el coro de una catedral. Poco después quedan reducidos a sus esqueletos, en referencia al cuadro de Valdés Leal *Finis Gloriae Mundi,* que en la Residencia de Estudiantes solían llamar en broma *El obispo podrido*. Sobre sus restos, una vez desaparecidos los bandidos, van a fundar la Roma Imperial los integrantes de un largo séquito de curas, monjas, militares y jerarquías civiles que desembarcan en aquel agreste paraje.

Pero cuando el gobernador está colocando la primera piedra se escuchan los gritos lascivos de una mujer (Lya Lys) que se revuelca en el lodo con su amante (Gaston Modot). Son los protagonistas del filme, que se pasarán el resto de la película tratando de reencontrarse venciendo los obstáculos que la sociedad pone de inmediato entre ellos, ya que dos policías se llevan al hombre y unas monjas a la mujer. Sólo la represión del deseo parece asegurar unas bases firmes para la civilización judeocristiana; a la inversa, el triunfo del *amour fou* significaría la vuelta a la edad de oro, la de la armonía del hombre con la Naturaleza y sus instintos. Éstos se han visualizado con un documental sobre erupciones y barros volcánicos, que el protagonista interpolaba con su visión de la chica en un retrete donde aparecía como sentada en un trono, llena de pureza y ataviada de todas sus joyas, mientras a su lado ardía el papel higiénico. Pasaje que hace pensar en otro de la *Nouvelle Justine* del Marqués de Sade, obra en la que uno de los personajes, Almani, es un desaforado acto de amor a la Naturaleza, mezcla su esperma con la lava del Etna.

La inserción de un nuevo documental sobre la moderna Roma, como cogollo de esa civilización, nos introduce en la vida de la gran ciudad, en cuyas calles vemos a Modot conducido por los dos policías. Varios encuentros le recuerdan a su amada: un anuncio de medias o su fotografía en el escaparate de una librería, de la que se pasa a Lya Lys y su madre mientras esperan en su lujosa mansión a los invitados a una fiesta. En su habitación la protagonista se encuentra apaciblemente tumbada en la cama a una vaca lechera, como si de un perrito faldero se tratase. Cuando la expulsa del dormitorio, la banda sonora retiene el sonido de su cencerro, que no dejará de oírse en toda la escena siguiente.

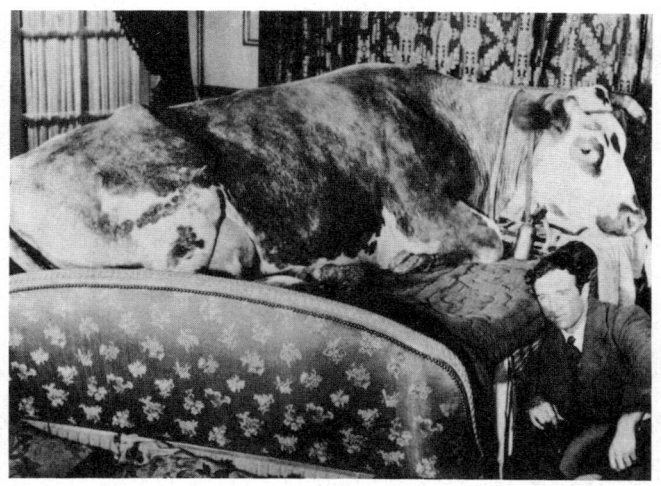

Al dirigirse la chica al tocador, el espejo se ha convertido en un cielo nublado, mientras un viento huracanado le alborota el cabello. Como un acto inconsciente, la muchacha comienza a pulir sus uñas en un movimiento entre hipnótico y onanista, mientras la cámara pasa a seguir la suerte de Modot, al que importuna un perro que también sobresalta a Lya Lys en su evocación. De esta forma, el triple sonido de la esquila, el perro y el cierzo, une a los dos amantes a pesar de la distancia. *(La edad de oro* era una de las primeras películas habladas rodadas en Francia, y este uso de la banda sonora resultaba muy innovador, como lo sería el recurso a la voz en *off* en la secuencia del jardín a la que nos referiremos más abajo).

No pudiendo contener ya su impulso de reunirse con la mujer que ama, Modot muestra a los policías un documento que lo acredita como alto representante para una causa de beneficencia. Liberado, corre al encuentro de su amada, no sin antes derribar de una patada a un ciego que en el guión original llevaba el cartel de «Ciego de guerra». Ella se encuentra en la fiesta que ofrecen sus padres en una lujosa mansión. Mientras la buena sociedad se entrega a sus liturgias mundanas, el salón es atravesado por una carreta con unos campesinos que beben vino a morro, una criada ha pedido auxilio al verse alcanzada por las llamas de la cocina y el guardabosques ha tiroteado a su hijito por estropearle el cigarrillo que estaba liando. Nada de eso ha perturbado aquella reunión; sin embargo, cuando el protagonista abofetea a la madre de la chica todo el mundo queda horrorizado y Modot es expulsado de inmediato.

Pero al rato regresa a escondidas y hace señas a Lya Lys para que se reúna con él en el jardín. Mientras tanto, la orquesta (entre cuyos integrantes se cuenta un marista) se dispone a interpretar a Wagner. En el jardín, los amantes se entregan a la lascivia más desenfrenada, que será interrumpida por la música, la visión de varios maristas atravesando una pasarela, y una llamada telefónica del Ministro del Interior, quien, desesperado por la muerte de miles de inocentes se suicida de un tiro y «cae» contra el techo de la habitación.

De nuevo juntos los amantes en el jardín, oímos su voz —sin que muevan los labios— en un diálogo que parece tener lugar en el interior de un dormitorio, en lo que constituye una de las primeras utilizaciones de la voz en *off* en el cine, junto a *Murder* de Hitchcock (donde también va acompañada, por cierto, de los acordes de *Tristán e Isolda,* uno de las melodías favoritas de Buñuel, a la que aquí acude por vez primera). El director de orquesta se dirige hacia el jardín y se enlaza en un apasionado beso con Lya Lys ante el estupor de Modot, que en su indignación se golpea en la cabeza con un tiesto mientras comienzan a oírse en la banda sonora los tambores de Calanda, que Buñuel suele emplear en momentos de fuerte conmoción interna y de crisis de un personaje. En efecto, en un violentísimo arranque de furia, el protagonista irrumpe en el dormitorio de la mujer que ama.

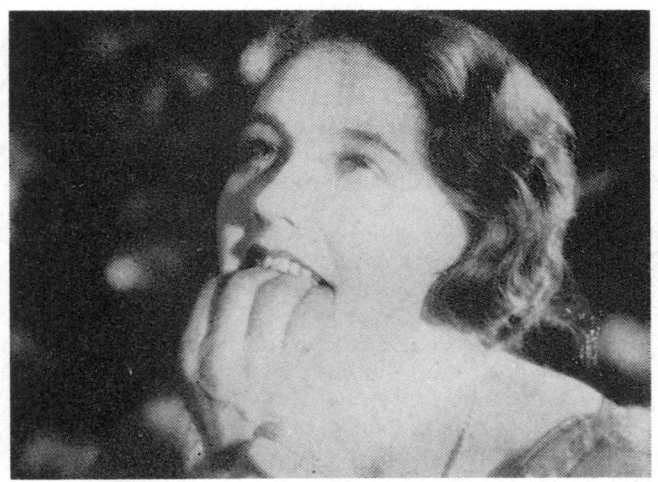

Y entonces tiene lugar un efecto sorprendente: el objetivo se coloca a la altura de su bragueta, que lleva un botón desabrochado, y ésta avanza hasta «entrar» en la cámara. Un fundido en negro sirve para indicar el «paso» del hombre «a través de» ella, de modo que en el siguiente plano le vemos de espaldas, alejándose hacia la cama de la mujer, tras haber adoptado la película el punto de vista de su sexo. Punto de vista que preside su feroz rebelión: el hombre destroza la almohada, esparce sus plumas por la habitación y comienza a arrojar por la ventana un pino en llamas, una jirafa, un arado romano y un obispo, con báculo y todo.

La culminación se produce de la mano del Marqués de Sade, tomando como punto de partida *Las 120 jornadas de Sodoma,* que se citan en el rótulo correspondiente: «Para celebrar la más bestial de las orgías se habían encerrado en este castillo inexpugnable, ciento veinte días antes, cuatro criminales profundos y reconocidos, sin otra ley que la de su depravación, degenerados sin Dios, sin principios, sin religión, el menor de los cuales está manchado de más infamia de la que podrías enumerar, a cuyos ojos la vida de una mujer, qué digo de una mujer, de todas las que habitan la superficie del mundo, les resulta tan indiferente como la destrucción de una mosca. Habían introducido con ellos en el castillo, sólo para servir a sus inmundos designios, a ocho maravillosas jóvenes, ocho espléndidas adolescentes, y, para que su imaginación ya excesivamente corrompida fuera continuamente excitada, también habían llevado cuatro mujeres depravadas que alimentaban incesantemente con sus relatos la voluptuosidad criminal de los cuatro monstruos. He aquí la salida del castillo de Selliny de los cuatro sobrevivientes de las criminales orgías. El primero y el principal de los cuatro organizadores, el duque de Blangis.»

Inmediatamente después de esta didascalia, la imagen muestra a Jesucristo (el actor que lo interpretaba, Lionel Salem, estaba especializado en ese papel y era familiar a los espectadores franceses porque encarnaba a Jesús en las películas piadosas de la Semana Santa). Por si acaso, el programa de mano, en frase que fue prohibida por la censura francesa, remachaba: «El duque de Blangis es, evidentemente, Jesucristo.» Para más inri, junto a él salen de su guarida otros personajes vestidos a la usanza del siglo XVIII, pero entre los cuales —en simetría con el grupo de bandidos del principio— hay un cojo. La película acaba con una cruz barrida por el viento que agita varias cabelleras que penden de ella, mientras suena un pasodoble.

El rodaje de *La edad de oro* fue posible gracias a una generosa oferta de los Vizcondes Charles y Marie-Laure de Noailles, mecenas del grupo surrealista a quienes había gustado mucho *Un perro andaluz*. Marie-Laure era descendiente del Marqués de Sade por vía materna, y Charles solía regalar a su esposa una película por su cumpleaños, por lo que propusieron a Buñuel y Dalí financiarles un filme hablado, ya que en su mansión parisina de la Place des États-Unis habían instalado una

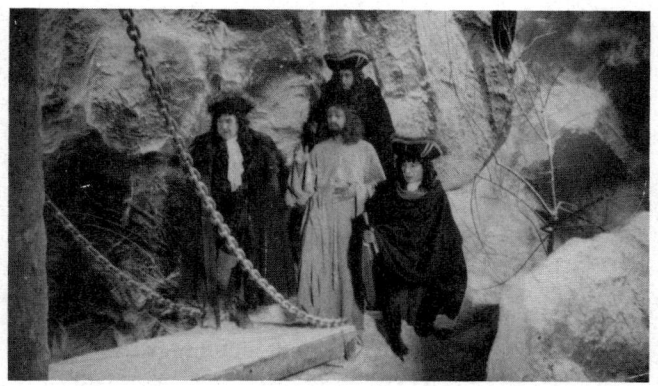

de las primeras salas sonoras francesas. El presupuesto que ponían a su disposición era elevadísimo, y se acercaba al millón de francos, por lo que los dos amigos se las prometían muy felices y se retiraron a Cadaqués a planear el guión, como habían hecho en su anterior colaboración. Pero esta vez todo sería muy diferente.

El pintor catalán había cambiado mucho tras sus relaciones con Gala, la mujer de Paul Eluard, cuyo carácter era absolutamente incompatible con el de Buñuel. Por otro lado, la familia de Dalí había expulsado a éste de su seno por la leyenda puesta en uno de sus cuadros: «Escupo por gusto en el retrato de mi madre», frase que los surrealistas propondrían como ejemplo de nueva moral edificante en su manifiesto en apoyo a *La edad de oro*. En esas circunstancias, con su marchante arruinado, Gala enferma y sin el apoyo familiar, el pintor esperaba mucho de la oportunidad que les brindaban los Noailles con la película. Por eso, cuando Buñuel la rodó sin contar con él, lo interpretó como una traición, que abriría un foso que había comenzado con las discusiones a propósito de la autoría de *Un perro andaluz,* y que se iría ahondando con el tiempo. Aun así, la participación de Dalí en *La edad de oro* es mucho mayor de lo que ha admitido Buñuel, ya que le remitió bastantes ideas por carta.

El estreno de la película en el Studio 28 supuso un gran escándalo, seguido del asalto de los grupos de ultraderecha, que irrumpieron en el cine, destriparon butacas, destrozaron los cuadros que se exponían en el vestíbulo y mancharon la pantalla. La prensa conservadora exhortó al prefecto de policía Chiappe a que prohibiera la película y este personaje —recién condecorado con la Legión de Honor y notorio por haber hecho la vida imposible a Eisenstein durante su estancia en París— no se hizo de rogar. *La edad de oro* estuvo prohibida durante los cincuenta años siguientes. Sólo podía exhibirse en proyección privada o en cine-clubs. En 1980 se pudo distribuir en Nueva York y en 1981 en la capital francesa. Buñuel se tomaría la revancha de Chiappe en la secuencia final del *Diario de una camarera*.

En su manifiesto de apoyo a la película, los surrealistas la considerarían «uno de los máximos programas de reivindicaciones que se hayan propuesto a la conciencia humana hasta hoy», mientras André Breton vería en ella «la única empresa de exaltación del amor total como yo lo considero», una muestra de que «en tal amor existe en potencia una verdadera edad de oro en ruptura completa con la edad de fango que atraviesa Europa».

LAS HURDES/ TIERRA SIN PAN, 1932

FICHA TÉCNICA. Productor: Ramón Acín. Guión: Luis Buñuel, Pierre Unik y Julio Acín. Fotografía: Eli Lotar. Música: Fragmentos de la Sinfonía número 4 de Brahms. Montaje: Luis Buñuel. Ayudantes de Dirección: Pierre Unik y Rafael Sánchez Ventura. Sonido: Charles Goldblatt y Pierre Braunberger. Duración: 27 minutos.
FICHA ARTÍSTICA. Abel Jacquin (Narrador).

No ha faltado quien ha percibido en Buñuel un considerable viraje entre *La edad de oro* y *Las Hurdes,* debido al contraste entre el surrealismo de aquélla y el feroz realismo de este documental. Es cierto que Buñuel se había ido alejando del grupo de Breton y acercando a propuestas más «sociales» y al comunismo, pero el paso de una a otra película es menos contradictorio de lo que pudiera parecer a primera vista. Por un lado, porque *Un perro andaluz* y *La edad de oro* formulaban las visiones más irracionales y delirantes bajo un ropaje visual de gran concreción y realismo; por otro, porque la Santa Objetividad siempre fue lema artístico muy caro a Buñuel (y a Dalí); y porque, en última instancia, el *super-realismo* aspiraba a reflejar la realidad integrando sus diversas versiones y estratos, no volviéndole la espalda. De modo que en la belleza terrible y convulsa de las imágenes de *Las Hurdes* se encierra tanto surrealismo como en los fragmentos documentales utilizados en *La edad de oro.*

Más polémica es la cuestión de la legitimidad de este filme como documento antropológico. Se conservan fotos del rodaje que muestran bien a las claras que Buñuel no rodaba sólo lo que espontáneamente se presentaba ante él, sino que —al menos en ocasiones— construía las imágenes para la cámara a la medida de sus necesidades. Así, puede observarse que la cabra despeñada y tomada con todo lujo de angulaciones es abatida por el disparo de una escopeta cuyo humo todavía alcanza a verse; el burro comido de abejas tiene las patas atadas y coincide, casualmente, con una de las obsesiones buñuelescas, así como los buitres que se disputan unas carroñas.

Documentalistas como Pío Caro Baroja le han reprochado esta manipulación de los datos en busca del espectáculo, de lo anormal e impresionante, y del daño irreparable ocasionado a los hurdanos, convertidos en pasto de un exotismo morboso y traumatizados por la exhibición que de ellos se ha hecho. Pero —en el otro platillo de la balanza— cabe preguntarse si ése no es achaque con el que se enfrenta todo documental que no se limite a retransmitir una realidad en bruto, y si el problema de Las Hurdes hubiera preocupado a los gobernantes en la misma medida sin este estremecedor testimonio.

En cualquier caso, pocos han discutido su calidad cinematográfica, elogiada por Joris Ivens, Joseph Losey o Robert Flaherty y muy tenida en cuenta por Carlos Saura en su documental *Cuenca,* a raíz del cual declararía en 1958: «En el año 1932, cuando Luis Buñuel realizó *Tierra sin pan,* pudo nacer una genuina escuela del documental, entroncada en las raíces más profundas del temperamento hispánico. Sólo se debía seguir el camino que Luis Buñuel nos dejó, pero nadie lo hizo.»

Buñuel se había interesado por esta región extremeña tras leer la monumental tesis doctoral del francés Maurice Legendre, quien había estudiado Las Hurdes durante casi veinte años. En la primavera de 1932 el realizador se embarcó en el rodaje gracias a la financiación de un amigo anarquista de Huesca, Ramón Acín, a quien había tocado la lotería. Al estreno del filme acudió el doctor Gregorio Marañón, presidente del Patronato Benéfico para Las Hurdes, que protestó indignado por lo desagradable y parcial del reportaje, opinión compartida por el Gobierno, que decidió prohibirla por la mala imagen que de ella podría derivarse para España.

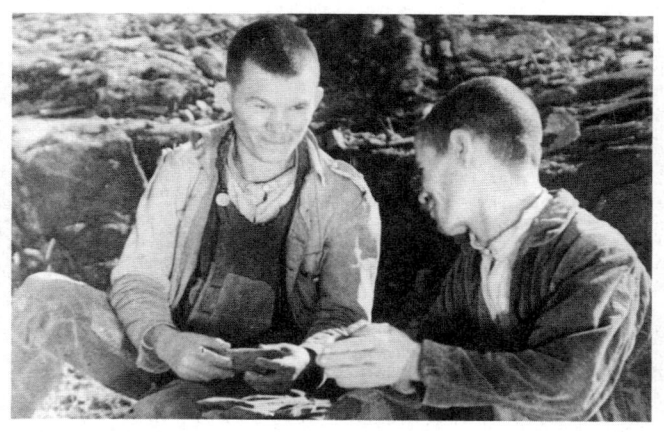

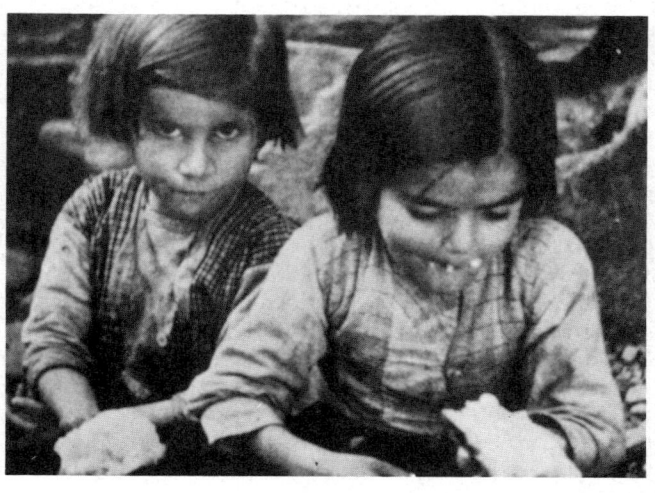

GRAN CASINO, 1947

FICHA TÉCNICA. Producción: Películas Anahuac. Productor: Oscar Dancigers. Productor Ejecutivo: Federico Amérigo. Guión: Mauricio Magdaleno, basado en la novela «El rugido del Paraíso», de Michel Weber. Fotografía: Jack Draper. Operador: Carlos Martel. Decorados: Javier Torres Torija. Música: Manuel Esperón (canciones de Francisco Canario, Mariano Mores, A.G. Villoldo, Francisco Alonso y F. Vigil). Montaje: Gloria Schoemann. Ayudante de Dirección: Moisés M. Delgado. Jefe de Producción: José Luis Busto. Sonido: Javier Mateos y José de Pérez. Maquillaje: Armando Meyer. Duración: 85 minutos.

FICHA ARTÍSTICA. Libertad Lamarque (Mercedes Irigoyen), Jorge Negrete (Gerardo Ramírez), Mercedes Barba (Camelia), Agustín Isunza (Heriberto), Julio Villarreal (Demetrio García), José Baviera (Fabio), Francisco Jambrina (José Enrique), Alfonso Bedoya (El "Rayado"), Fernanda Albany (Nenette), Charles Rooner (Van Eckerman), Bertha Lehar (Raquel), Ignacio Peón (El cochero), Julio Ahuet (El pistolero), Juan García y el Trío "Calaveras".

Gran casino es la primera película rodada en México por Buñuel, quien no había firmado como director ningún título desde *Las Hurdes*. Aunque en ese intermedio de quince años había tenido oportunidad de familiarizarse con la práctica comercial en su etapa de Filmófono y nunca se había apartado del cine en uno u otro cometido, se encontraba un tanto desentrenado. Por eso es difícil coincidir con Max Aub, que la encontraba perfecta, juicio que habría que restringir —en el mejor de los casos— a la realización material que, aun así, carece de la seguridad habitual en Buñuel. En conjunto, se trata de uno de sus filmes menos interesantes.

A priori la historia, situada en las explotaciones petrolíferas de Tampico, no carecía de atractivos, al centrarse en la funesta y violentísima época del General Peláez. Pero el lastre que suponían los dos protagonistas, Jorge Negrete y Libertad Lamarque, era muy difícil de superar. El primero tenía que remontar un bache en su declinante carrera, y la segunda estaba empeñada en revalidar en México su estrellato argen-

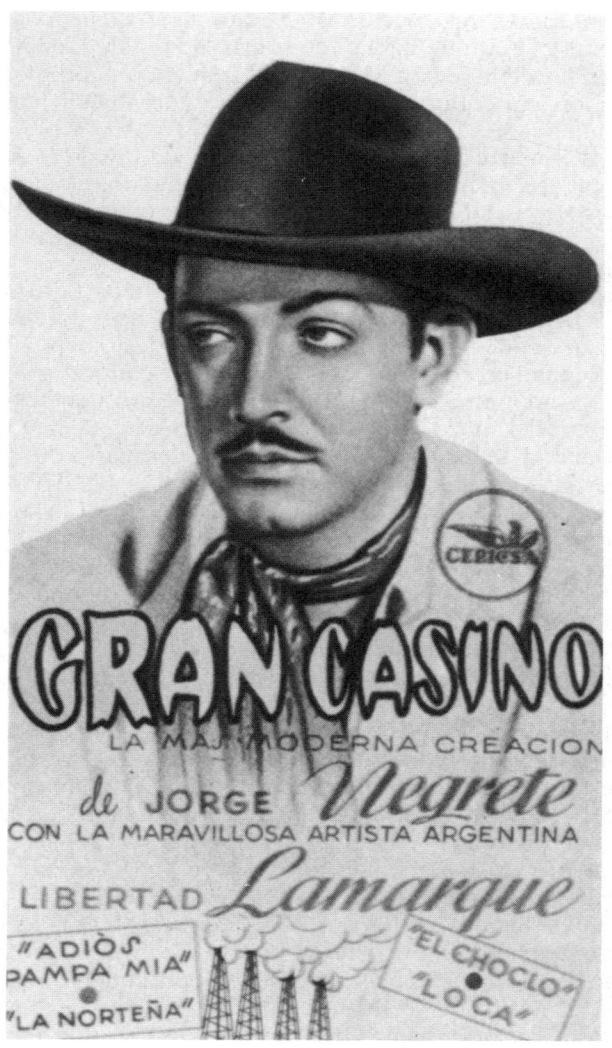

tino. La desorganización en el plató debió de ser considerable, a lo que había que sumar la falta de familiaridad con el nuevo ambiente y el tremendo agobio que suponía para Buñuel rodar algo que tanto le violentaba íntimamente.

La película comienza en la cárcel, de donde logran escapar Gerardo (Jorge Negrete) y Demetrio, empleándose con don José Enrique Irigoyen en un pozo de petróleo del que los obreros han desertado bajo las amenazas de Fabio. Este último es un facineroso que regenta el casino de Tampico y hace los trabajos sucios en beneficio del *trust* Van Eckerman, que pretende alzarse con el monopolio petrolífero sin dejar lugar a los independientes. Don José Enrique desaparece en un reservado en el casino y Demetrio y Gerardo quedan a cargo del pozo. Cuando llega al pueblo Mercedes (Libertad Lamarque), hermana del desaparecido Irigoyen, sospecha de Gerardo como responsable del asesinato de de su hermano. Pero pronto se deshace el equívoco y entre los dos nace el amor. Atrapado Gerardo en el reservado del casino tras una violenta pelea, Mercedes salva su vida vendiendo el pozo a Van Eckerman. Su marcha de Tampico en el tren está acompañada de violentas explosiones: son los pozos que Gerardo había ordenado volar si algo le sucedía.

Como sucederá a menudo con estas películas de encargo, se ha jugado a descubrir detalles que puedan ser celebrados como «buñuelescos». Uno de ellos es la resolución de una escena amorosa intercalando entre el beso de Negrete y Lamarque la aparición de una rama que remueve el lodo. Otro podría ser la inverosímil presencia de un gaitero escocés con cuerpo de baile incluido en el escenario del casino o los insospechados lugares en los que se coloca al Trío Calaveras, acompañando a Negrete en cuanto éste rompe a cantar. Pero quizá lo más suyo sea la contundente pelea en el reservado, resuelta con una técnica subliminal, intercalando durante unas décimas de segundo en el lugar de la cabeza del bandido varios fotogramas de un objeto que estalla como una calabaza cuando Negrete golpea con una estatuilla de bronce al esbirro que se esconde tras la cortinilla del ropero. Sin embargo, ninguno de ellos resulta suficiente como para redimir esta cinta.

EL GRAN CALAVERA, 1949

FICHA TÉCNICA. Producción: Ultramar Films. Productores: Fernando Soler y Oscar Dancigers. Productor Ejecutivo: Federico Amérigo. Productor Asociado: Antonio de Salazar. Guión: Luis Alcoriza y Raquel Rojas, basado en la comedia de Adolfo Torrado. Fotografía: Ezequiel Carrasco. Operador: Manuel Santaella. Decorados: Luis Moya y Darío Cabañas. Música: Manuel Esperón. Montaje: Carlos Savage. Ayudante de Dirección: Moisés M. Delgado. Jefe de Producción: Alberto A. Ferrer. Sonido: Rafael Ruiz Esparza y Jesús González Gancy. Maquillaje: Ana Guerrero. Duración: 90 minutos.

FICHA ARTÍSTICA. Fernando Soler (Ramiro), Rosario Granados (Virginia), Andrés Soler (Ladislao), Rubén Rojo (Pablo), Gustavo Rojo (Eduardo), Maruja Grifell (Milagros), Luis Alcoriza (Alfredo), Francisco Jambrina (Gregorio), Antonio Bravo (Alfonso), Antonio Monsell (El mayordomo Juan), Nicolás Rodríguez (Carmelito), María Luisa Serrano, Juan Pulido, Gerardo Pérez Martínez, Pepe Martínez, José Chávez.

La película se inicia con una secuencia que no disgustaba a Buñuel: un revoltijo de calzados —que denotan la muy distinta posición económica y clase social de sus propietarios— sorprende al espectador, hasta que la cámara retrocede lentamente y va desvelando el conjunto. Se trata de un calabozo donde se hacinan los borrachos. Entre ellos, Don Ramiro (Fernando Soler), que mantiene a una familia de parásitos que se aprovecha de su desinterés por los negocios y consiguientes expansiones alcohólicas desde la muerte de su mujer. Su hija, Virginia, está prometida a Alfredo (Luis Alcoriza), que únicamente persigue el dinero de la chica y que es expulsado de la casa junto con su madre por Don Ramiro en el transcurso de una de sus borracheras, en una muy lograda arremetida contra las buenas maneras convencionales.

Alarmado por el deterioro de la economía y hogar de Ramiro, su hermano médico, Gregorio, trama un plan aprovechando el colapso producido por una de sus melopeas. De acuerdo con él, toda la familia finge haberse arruinado y se trasladan a vivir a un barrio pobre, haciendo creer a Ramiro que ha transcurido un año, durante el cual se ha visto sumido en una profunda amnesia. Abatido por la noticia, intenta suicidarse, siendo salvado en el último momento por el joven electricista Pablo, a través del cual descubre el engaño al que quieren someterle sus familiares. Pero también llega a conocer la situación el lechuguino Alfredo, que requiere de nuevo a su prometida Virginia, rompiendo el naciente amor entre ella y Pablo.

El joven electricista no se resigna a perderla, e interrumpe la ceremonia de la boda a golpe de altavoz, pasando ante la iglesia con el coche que utiliza para ganarse la vida haciendo anuncios callejeros. De esta forma, se entabla una auténtica escalada verbal o *collage* sonoro entre el mensaje de San Pablo (cuya epístola lee el sacerdote en el interior del templo) y el de Pablo (en sus llamadas por el altavoz desde la calle). Mientras el cura lee las palabras litúrgicas, él truena desde el exterior: «La mujer es mala y traicionera, como pueden ustedes comprobarlo en la Biblia. Acuérdense de la manzana. No se fíen ni de sus promesas ni de sus ruegos. Únicamente las que usan medias *Suspiros de Venus* merecen ser amadas, y aun así con toda clase de reservas. Medias *Suspiros de Venus* para las mujeres decentes y económicas, las mujeres cuyo amor no depende de que suban o bajen las acciones de la Bolsa». El celebrante sube su tono de voz para hacerse oír, y grita exasperado: «¡La mujer obedezca a su marido!». Lo que es contestado por el altavoz con el anuncio: «¡Jamón del Diablo! ¡Cómprelo en La Perfecta!». Finalmente, Don Ramiro interrumpe la ceremonia y la novia sale tras Pablo, haciendo caso a su padre: «¡Alcánzalo, al muchacho del jamón del Diablo!».

Buñuel ha explicado el carácter meramente accidental y de encargo de *El gran calavera*, película concebida a la mayor gloria del veterano actor Fernando Soler, quien quería controlar personalmente el producto. El director aragonés necesitaba pasar una especie de reválida profesional que demostrara su capacidad como realizador comercial. Así, se estableció un pacto tácito entre él y su productor, Oscar Dancigers, para despachar este encargo en un par de semanas a cambio de una mayor libertad de movimientos en el proyecto que realmente le interesaba, y que era *Los olvidados*. Ambos objetivos se alcanzaron cumplidamente: Buñuel pudo volver a expresarse como autor y Fernando Soler consiguió el Premio Ariel a la interpretación masculina (el más importante de México) por su trabajo en *No desearás la mujer de tu hijo,* de Ismael Rodríguez, rodada ese mismo año. Posteriormente intervendría en otras películas mexicanas de Buñuel con eficaces resultados.

El gran calavera prefigura ya el esquema más habitual en las películas «alimenticias» de su etapa mexicana, que no es otro que el del melodrama latino, estructura mucho más funcional de lo que a menudo se postula, y en cuyo seno Buñuel llegó a moverse con el tiempo con cierta comodidad y no poca ironía. Posiblemente sean tales rasgos de humor los que salven los mejores momentos de la cinta, centrados en esa especie de versión atemperada de *amour fou* que encarnan los jóvenes protagonistas que se aman por encima de las barreras sociales y otras circunstancias adversas y que se llaman, significativamente, Pablo y Virginia, en alusión a la novela de Bernardin de Saint Pierre.

LOS OLVIDADOS, 1950

FICHA TÉCNICA. Producción: Ultramar Films. Productores: Oscar Dancigers y Jaime Menasce. Productor Ejecutivo: Federico Amérigo. Guión: Luis Buñuel y Luis Alcoriza, con la colaboración de Max Aub y Pedro de Urdimalas. Fotografía: Gabriel Figueroa. Operador: Ignacio Romero. Decorados: Edward Fitzgerald. Música: Rodolfo Halffter, sobre temas de Gustavo Pittaluga. Montaje: Carlos Savage. Ayudante de Dirección: Ignacio Villarreal. Jefe de Producción: Fidel Pizarro. Sonido: José B. Carlos y Jesús González Gancy. Director de Diálogos: José de Jesús Aceves. Maquillaje: Armando Meyer. Duración: 88 minutos.

FICHA ARTÍSTICA. Alfonso Mejía (Pedro), Roberto Cobo (Jaibo), Stella Inda (La madre de Pedro), Miguel Inclán (Don Carmelo), Alma Delia Fuentes (Meche), Francisco Jambrina (Director de la escuela), Javier Amezcúa (Julián), Jorge Pérez (Pelón), Efraín Arauz (Cacarizo), Jesús García Navarro (Padre de Julián), Mario Ramírez (Ojitos), Juan Villegas (Abuelo de Cacarizo), Héctor López Portillo (Juez), Ángel Merino (Carlos), Ramón Martínez (Nacho), Diana Ochoa (Madre de Cacarizo), Francisco Muller (Mendoza), Salvador Quiroz (El herrero), José Moreno Fuentes (Policía), Charles Rooner (El pederasta), Daniel Corona/Roberto Navarrete (Muchachos de la calle), Antonio Martínez (Niño), Antulio Jiménez Pons (Vendedor), Humberto Mosti (Empleado), Pepe Loza/Rubén Campos/José López (Hospicianos), Ignacio Solórzano (Luis), Victorio Blanco (Anciano del mercado), Inés Murillo, Rosa Pérez, Miguel Funes.

La película comienza con unas imágenes de Nueva York, París y Londres mientras la voz en *off* advierte de la universalidad del drama que se va a centrar en Ciudad de México. Y, más concretamente, en un grupo de muchachos capitaneados por El Jaibo, quien acaba de fugarse de un correccional al que fue a parar por un chivatazo que él atribuye a Julián, que trabaja y trata de regenerarse. Junto con Pedro va a vengarse de su supuesto delator, al que destroza la cabeza a palos. También intentan atracar a un ciego, don Carmelo, que se gana la vida como hombre orquesta y suspira por los tiempos de orden de su General, el dictador Porfirio Díaz. Pero el ciego se revuelve con su bastón hiriendo con el clavo que lleva en la punta al muchacho que intenta robarle. La pandilla le sigue hasta un descampado, donde lo asaltan y destrozan sus trebejos.

Pedro es rechazado por su madre, que no le da de comer, lo que origina una extraordinaria secuencia onírica: mientras una gallina desciende al ralentí del techo, su madre se levanta de la cama y le ofrece unas vísceras que Jaibo le arrebata, saliendo bajo el lecho donde yace el cadáver ensangrentado de Julián.

Se nos ha presentado entretanto a un niño abandonado por su padre, el Ojitos, que terminará sirviendo de lazarillo al ciego, quien ejerce de curandero en casa de Meche a cambio de un botellín de leche de burra, con la que ésta —una de tantas turbadoras adolescentes buñuelescas— frota sus muslos para suavizar la piel. Don Carmelo es el característico ciego de nuestro cineasta (avaro, lujurioso y soplón), interpretado magníficamente por Miguel Inclán, uno de los más eficaces *malos* del cine mexicano.

Pedro intenta ganarse la estima de su madre poniéndose a trabajar, pero Jaibo no sólo se acuesta con ella, sino que comete además un robo que su patrón atribuye a Pedro, por lo que se le interna en una granja correccional. Allí reacciona muy violentamente apaleando unas gallinas, pero el director le otorga su confianza y le da un billete de cincuenta pesos para que le compre tabaco fuera del reformatorio. El muchacho está dispuesto a estar a la altura de las circunstancias, pero se encuentra al Jaibo, quien le arrebata el dinero. En la pelea que sigue, Pedro le denuncia como asesino de Julián y su oponente se vengará matándolo en el gallinero de Meche, de donde ésta y su abuelo sacan el cadáver para arrojarlo a un muladar.

Entretanto, Jaibo, delatado por el ciego, cae bajo las balas de la policía y en su agonía un perro avanza en sobreimpresión hacia la cámara mientras una voz interior repite: «Atención, Jaibo, el perro sarnoso. No... no... Caigo en un agujero negro. Estoy solo. Solo». Una voz de mujer replica: «Como siempre, hijo mío, como siempre. Buenas noches». Y ese «buenas noches» se enca-

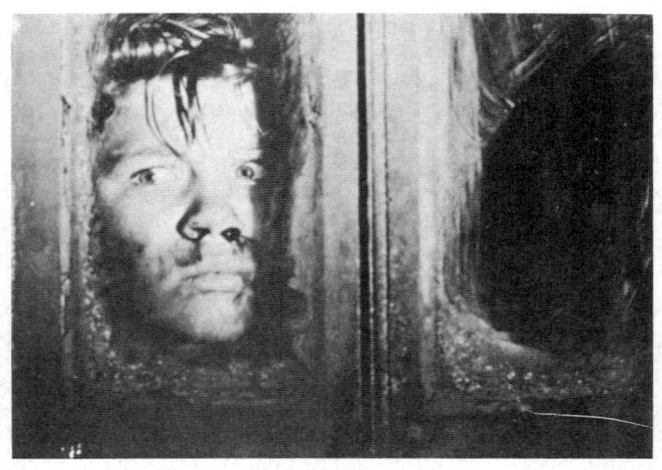

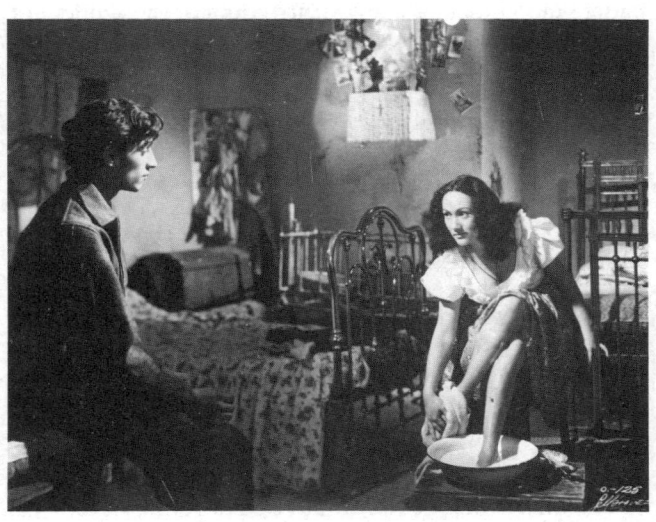

dena con el que la madre de Pedro saluda a Meche y su abuelo, quienes llevan el cadáver de su hijo en un saco sobre la burra que daba la leche.

Muy consciente de lo que se jugaba en *Los olvidados,* Buñuel dotó esta película de una construcción cuidadísima, vigilando los detalles al máximo. Pero, sobre todo, la planeó de manera que toda ella funcionase en dos planos: el «realista» y el subliminal. Cualquiera de los dos por separado resulta de una contundencia imparable; juntos, la convierten en algo memorable. El caparazón «documental» —algunos, en epidérmica apreciación, hablarían de *neorrealismo*— se basa en el conocimiento que Buñuel llegó a tener de Ciudad de México, ya que durante los tres años que estuvo sin trabajar debido al fracaso de *Gran casino* llegó a conocerla al dedillo, y se documentó pacientemente sobre los niños abandonados consultando los archivos de un reformatorio.

En cuanto a su «alcantarillado» subliminal, descansa en el flujo subconsciente que irradia la ausencia del padre, el permanente conflicto edípico, la inquietante presencia de las gallinas, la brutal repetición de los brazos que suben y bajan golpeando con palos y piedras, la música a menudo tortuosa... Todo ello crea un clima de malestar que, como sordo y opaco ruido de fondo, cala hasta lo más profundo, permitiendo a Buñuel llevar al terreno de su poética una trama que, simultáneamente, podía seguirse en su desarrollo narrativo.

Por esa razón, su importancia en la trayectoria del realizador radica en haberle asegurado la posibilidad de moverse en el cine comercial siendo fiel a su peculiar universo. Por primera vez, el cineasta logra contar una historia que se sostiene en términos convencionales para, cuando le conviene, hacer aflorar secuencias «experimentales», que resultan todavía más eficaces por la cotidianidad del contexto del que emergen. Como ha recordado Octavio Paz, Buñuel mostraba, si no el camino de la superación del surrealismo, sí al menos el de su posible desenlace, insertando en la forma tradicional del relato, «las imágenes irracionales que brotan de la mitad oscura del hombre».

De haber disfrutado de mayor libertad de movimientos, Buñuel habría incrustado en la película muchos más elementos irracionales: «Al escribir el guión yo quería introducir algunas imágenes inexplicables, muy rápidas, que habrían hecho decir a los espectadores: ¿he visto bien?. Por ejemplo, cuando los chicos siguen al ciego en el descampado pasaban ante un gran edificio en construcción, y yo quería instalar una orquesta de cien músicos tocando en los andamios sin que se les oyera. Oscar Dancigers, que temía el fracaso de la película, me lo prohibió.»

El estreno de la cinta en México suscitó reacciones violentísimas, y se pidió la expulsión de Buñuel desde diversas instancias: prensa, sindicatos, asociaciones. No duró más que cuatro días en cartel, sin que faltaran intentos de agresión física contra el cineasta. Afortunadamente, numerosos intelectuales le defendieron y la película fue invitada al Festival de Cannes a título personal en 1951. Octavio Paz, comisionado por el Gobierno mexicano para el Festival, desplegó una amplia actividad en su defensa. En exhibición privada asistieron buena parte de los supervivientes del grupo surrealista, siendo la primera vez que Aragon y Breton se volvían a encontrar tras su ruptura, después de veinte años. La sesión fue un éxito, y los apoyos suscitados empezaron a pesar, creando un ambiente receptivo y favorable.

La crítica reaccionó muy favorablemente. Pero frente a los elogios de *Le Monde,* fue atacado por el comunista *L'Humanité,* que la encontraba «negativa». Georges Sadoul, gran amigo de Buñuel, le confesó que el Partido Comunista le había pedido que no hablara de la película, por considerarla burguesa, ya que aparecía un policía que ahuyentaba a un pederasta y un director de reformatorio humano, y no era admisible atribuir a la policía un papel útil. «Estos argumentos me parecían pueriles, ridículos —ha recordado Buñuel—, y le dije a Sadoul que no podía hacer nada. Por suerte, unos meses después el director soviético Pudovkin vio la película y escribió un artículo entusiasta en *Pravda*. La actitud del Partido Comunista Francés cambió de la noche a la mañana. Y Sadoul se mostró muy contento de ello.»

Al concedérsele el premio a la mejor dirección, Buñuel fue «redescubierto». En diciembre de 1951 la prestigiosa *Cahiers de Cinéma* publicó un número dedicado a su filmografía y este éxito europeo le aseguró el respeto y audiencia en México. Tras *Los olvidados* Buñuel empieza tenaz y firmemente a hacer películas cada vez más personales y libres, aunque todavía le quedase un largo trecho por recorrer antes de poder imponer sus puntos de vista a la industria. Pero, por de pronto, la película fue reestrenada con todos los honores en una buena sala de la capital mexicana, donde permanecería dos meses, frente a los cuatro días que se le habían concedido antes del éxito en Cannes.

Y ello a pesar de su dureza extrema. Como señaló André Bazin, esta tremenda muestra del cine de la crueldad se arriesga a mostrar lisiados sin mover un dedo para tratar de ganar la simpatía del espectador hacia ellos. Antes al contrario, Buñuel no tiene inconveniente en acumular rasgos negativos en el ciego, sobre cuya puerta coloca en lugar bien visible una cruz, precisamente en la escena en que intenta abusar de Meche y ésta se dispone a clavarle unas tijeras.

Otros críticos han subrayado su carácter de tragedia, aunque se presente desprovista de coturno y de atributos sobrenaturales: «En el cine mexicano —ha escrito Edgar Morin— hay una crudeza en el plano de la muerte y en el de la sexualidad que nos hace sentir que en el hombre hay carne... Los que desprecian las estructuras melodramáticas de la novela popular tradicional, ignoran que son las mismas de la tragedia griega y del drama elisabethiano.»

Desde ese registro trágico, los «olvidados» son, en realidad, todos los personajes: el *Ojitos* olvidado por su padre, que se ha marchado de la ciudad sin él para librarse de una boca que alimentar; Pedro, desamparado

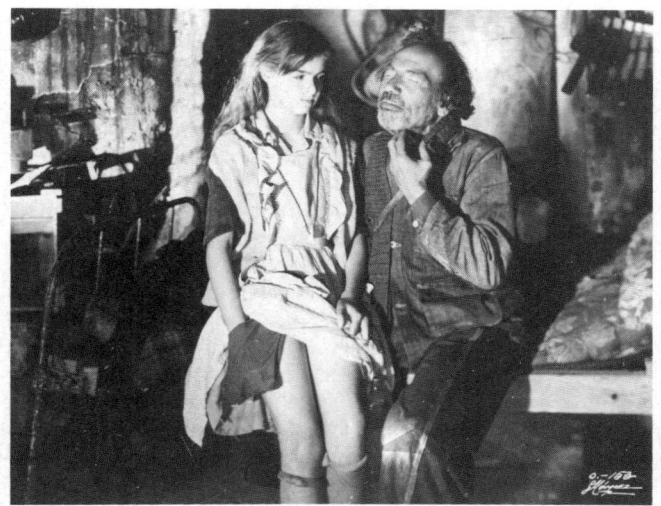

por su madre; pero también ésta, a su vez, repudiada por un marido que prácticamente la violó en su día; Jaibo, huérfano total; incluso el ciego, don Carmelo, abandonado a su suerte como el inválido del carrito que manotea lejos de su dornajo. Y todo se desarrolla a un ritmo vertiginoso, en un *crescendo* imparable, en el que casi cada diez minutos los brazos se alzan para golpear.

La puesta en escena deja poco lugar a equívocos, presentando la impotencia humana ante determinados condicionantes en toda su seca elocuencia. Desde ese punto de vista, pocas secuencias más reveladoras que la pesadilla de Pedro, con toda la obsesiva y terrible imposibilidad de llevar a buen término su tendencia hacia el bien, siempre malograda por la intervención de Jaibo, quien seduce a su madre, le impide ganarse la vida con el herrero y rompe su intento de responder a la confianza del director de la granja correccional. Es una pesadilla que Buñuel maneja habilísimamente jugando con todo el potencial irracional, afectivo —y trágico— de Edipo.

Jaibo, con su contrapuntística tendencia al mal, es uno de esos fascinantes personajes de la filmografía buñuelesca que debe su fuerza al aliento sadiano que lo alimenta. Como ha señalado Rebolledo, Jaibo no tiene la más mínima contradicción: se halla desprovisto de implicaciones culturales, morales o sociales y, en consecuencia, su actuación está en absoluta rebelión contra la sociedad, a la que responde con una lógica que desvela sus auténticos mecanismos, devolviendo cada cosa a su verdadero lugar: «Así, Jaibo, en su ataque a los mutilados, pone en evidencia la impotencia real del ciego o el hombre del carrito. De la misma manera, en sus relaciones con Pedro, hace de él un hijo abandonado por su madre... La sola existencia de Jaibo aniquila el valor moral del trabajo de Pedro... Su sola presencia degrada el bien... Su facultad de desear ha permanecido intacta y por ello la sociedad le rechaza sistemáticamente y llegará incluso a suprimirlo.»

La tremenda visión del mundo a la que se accede a través de *Los olvidados* remata en la doble muerte entrelazada de Pedro y Jaibo: tanto el bien como el mal conducen a la muerte, parece constatarse impotente y trágicamente (al menos en unas determinadas circunstancias, cabría añadir retomando el prólogo con que se abre la película). Y su valor cinematográfico deriva de que nada de todo este cúmulo de sugerencias se deduce de sermones abstractos, sino del lenguaje más vivaz y del choque más tangible con lo material.

SUSANA, 1950

FICHA TÉCNICA. Producción: Internacional Cinematográfica, para Columbia. Guión: Luis Buñuel, Jaime Salvador y Rodolfo Usigli. Argumento: Manuel Reachi. Fotografía: José Ortiz Ramos. Operador: Manuel González. Decorados: Gunter Gerszo. Música: Raúl Lavista. Montaje: Jorge Bustos. Ayudante de Dirección: Ignacio Villarroel. Jefe de Producción: Fidel Pizarro. Sonido: Nicolás de la Rosa. Maquillaje: Ana Guerrero. Duración: 80 minutos.

FICHA ARTÍSTICA. Fernando Soler (Don Guadalupe), Rosita Quintana (Susana), Víctor Manuel Mendoza (Jesús), Matilde Palou (Doña Carmen), María Gentil Arcos (Felisa), Luis López Somoza (Alberto).

La joven y tentadora Susana se debate en plena tormenta en la celda de un correccional, pidiendo a Dios un milagro que la libere de su encierro. Cuando se aferra a la reja de una ventana, el hierro cede, permitiéndole escapar y llegar a la hacienda de don Guadalupe, donde éste vive en patriarcal armonía con su señora doña Carmen, su hijo Alberto, la criada Felisa y el leal capataz Jesús. Pronto todo empieza a alborotarse y salir de su orden habitual ante la presencia provocadora de Susana. A título de ejemplo, mientras la muchacha limpia la armería, luciendo un generoso escote, don Guadalupe le llama la atención sobre lo inadecuado de ese vestido tan atrevido, expresando así la moral oficial. Pero sus gestos lo delatan, por la forma tan manifiestamente masturbatoria con que limpia el cañón de su escopeta, metiendo y sacando luego la baqueta de su interior al limpiar el arma.

El capataz no le va a la zaga, e intenta conquistarla en el granero, en un juego muy de gallo-gallina que tiene su clímax cuando estruja los huevos que Susana acaba de recoger contra su falda y el contenido gotea por sus piernas. En otra noche de tormenta vemos a los habitantes de la hacienda rezando el rosario en familia mientras los hombres acechan a Susana en la oscuridad. El patio central es testigo de idas y venidas que impri-

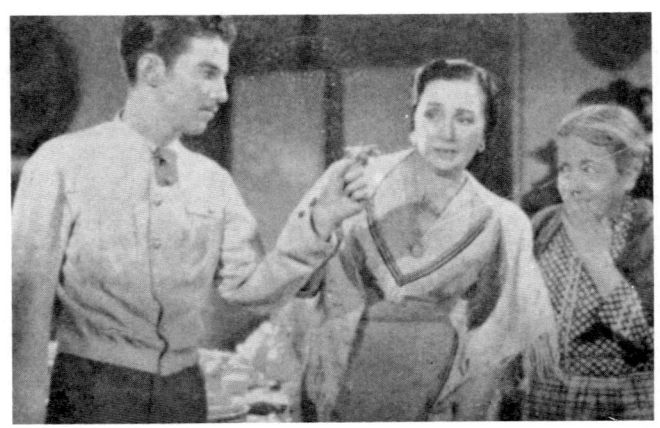

men al filme un ritmo vertiginoso, casi de vodevil. Y pronto comienzan las reacciones en cadena, desvelando las verdaderas relaciones, enmascaradas bajo la fatiga de la costumbre: el joven Alberto no soporta a su madre; Jesús —tras armar una bronca a los peones por piropear a Susana— recibe él a su vez otra de Alberto por lo mismo, y éste, finalmente, de su padre, en un cómico encadenamiento. El deseo, como en otras películas de Buñuel, desvela mucho mejor que cualquier otra instancia las estructuras reales de la sociedad.

Cuando doña Carmen ve a su esposo abrazando a Susana, a su hijo enamorado de ella y al fiel capataz despedido por don Guadalupe, cree llegado el momento de recurrir a la Divina Providencia (como la propia Susana al principio de la película): «Señor, préstame tu mano para abrirles los ojos», reza ante el Cristo que preside la capilla familiar. Y, ni corta ni perezosa —tal como hiciera Jesús en el templo profanado por los intrusos— la emprende a latigazos con la muchacha. Y será otro Jesús, el capataz, quien logrará expulsar a Susana al enterarse de sus antecedentes y delatarla a la policía del reformatorio.

Superado el diabólico paréntesis, todo vuelve a su orden: la yegua Lozana se cura milagrosamente tras haber estado a punto de morir de un mal parto durante toda la película; Jesús es readmitido y reinstaurado en la confianza de sus amos; la mujer obedece a su marido, y éste la respeta. El hijo pone la guinda en una escena ejemplar, presidida en el centro de la escena por un gran crucifijo. Cuando ocupa su lugar en la mesa, la madre le riñe: «Mi hijito, ¿otra vez sentándote a la mesa antes que tu padre?» La criada extrae la moraleja: «Lo otro era una pesadilla. Esto es la pura verdad de Dios.» Una manada de borregos, que pasa por delante de la cámara en el patio, resume plásticamente la vuelta al redil.

LA HIJA DEL ENGAÑO/ DON QUINTÍN EL AMARGAO, 1951

FICHA TÉCNICA. Producción: Ultramar Ediciones. Productor: Oscar Dancigers. Productor Ejecutivo: Federico Amérigo. Guión: Luis Alcoriza y Raquel Rojas. Argumento: El sainete *Don Quintín el amargao,* de Carlos Arniches y José Estremera. Fotografía: José Ortiz Ramos. Operador: Manuel González. Decorados: Edward Fitzgerald y Pablo Galván. Música: Manuel Esperón. Montaje: Carlos Savage. Ayudante de Dirección: Mario Llorca. Jefe de Producción: Fidel Pizarro. Sonido: Eduardo Arjona y Jesús González Gancy. Maquillaje: Ana Guerrero. Duración: 80 minutos.

FICHA ARTÍSTICA. Fernando Soler (Quintín Guzmán), Alicia Caro (Marta), Rubén Rojo (Paco), Fernando Soto "Mantequilla" (Angelito), Nacho Contla (Jonrón), Lily Aclemar (Jovita), Amparo Garrido (María), Álvaro Matute (Julio), Roberto Meyer (Lencho García), Conchita Gentil Arcos (Toña), Francisco Ledesma (Laureano), Salvador Quiroz (El jefe de estación), Xavier Loyá (El jugador joven), José Canero (Jugador), Hernán Vera (El amigo de Lencho), Victorio Blanco (El compañero de juegos de Quintín), Pepe Martínez (El barman), Ignacio Peón (Cliente del café), Jesús Rodríguez.

La hija del engaño no es sino el título poco afortunado con que Oscar Dancigers bautizó esta nueva versión de la zarzuela de Arniches y Estremera *Don Quintín el amargao,* ya adaptada por Buñuel para su productora Filmófono en 1935. Si entonces había elaborado considerablemente el original, aquí se alejó más todavía de él, dándole la vuelta en algunos momentos. Esa es la principal diferencia entre ambas versiones: el registro. En 1935 se buscaba una traducción eficaz en la pantalla de los hallazgos populistas de Arniches; ahora, el realizador aragonés sabe mejor lo que quiere; tras *Susana,* se halla seguro de sus recursos, y puede moverse con cierta soltura en el filo de la navaja, consiguiendo un melodrama que funciona como tal y, a la vez, distanciándose de él.

Don Quintín Guzmán es un hombre de estricta moral, como nos lo muestra en la escena inicial negándose a participar en el negocio dudoso de una casa de juego, a pesar de las instigaciones de su esposa. Debido a un accidente inesperado, una noche regresa a su casa de Puebla y se encuentra a su mujer en la cama con otro hombre. Esto cambia su carácter hasta convertirlo en un hombre atrabiliario y amargado. Expulsa a su mujer y le arrebata a la niña —que cree del otro—, depositándola a la puerta del hogar de unos campesinos. A continuación, se dedica a los negocios sin escrúpulos, regentando un garito de juego y un *cabaret* que llama, provocadoramente, *El infierno*. Un sacerdote penetra un día en recinto tan poco en consonancia con su ministerio, para comunicarle que su esposa está agonizando y quiere verle. En el lecho de muerte le confiesa que la niña era suya y solicita el perdón, que su marido no le otorga.

Don Quintín centra entonces sus esfuerzos en la búsqueda de su hija Marta. Ésta se ha convertido en toda una mujer que —harta de sufrir los golpes de su padrastro borracho— se ha fugado con Jorge, que la corteja. La casualidad hace que, sin conocerse, coincidan con Don Quintín en un bar, donde tienen un altercado por el que éste jura venganza contra Jorge, que le ha obligado a tragarse un hueso de aceituna que el irascible padre de su novia le ha arrojado poco antes. Deseando encontrar a Marta, decide utilizar como reclamo a su hermana adoptiva, a la que presenta como cantante en *El infierno*. Ella acude, efectivamente, pero en compañía de Jorge, y al reconocer don Quintín a éste quiere matarle, sin saber que se trata de su futuro yerno. Porque todo se soluciona a tiempo para culminar en el inevitable final feliz.

Aunque se haya mejorado la primera versión, *La hija del engaño* queda lejos de lo que podríamos considerar una buena película. Buñuel ha retenido, actualizándolas, algunas de las escenas más conseguidas del *Don Quintín el amargao* de 1935, como la pelea del café; en esta línea, logra algún otro momento de contundente eficacia y, sobre todo, nos deja un vívido y fresco retrato de ciertos excesos mexicanos con las armas. Afinando más, incluso se podrían asignar rasgos «buñuelescos» a la escena de la agonía de la mujer de don Quintín, en la que éste le niega su perdón y que, como sucede a menudo en su obra, acusa el *Diálogo de un sacerdote con un moribundo* del Marqués de Sade. Pero esta película decididamente menor resulta poco adecuada para sutilezas de ese estilo.

UNA MUJER SIN AMOR (Cuando los hijos nos juzgan), 1951

FICHA TÉCNICA. Producción: Internacional Cinematográfica, para Columbia. Productor: Sergio Kogan. Guión: Jaime Salvador. Argumento: La novela de Guy de Maupassant "Pierre et Jean". Fotografía: Raúl Martínez Solares. Decorados: Gunther Gerszo. Ayudante de Dirección: Mario Llorca. Jefe de Producción: José Luis Busto. Sonido: Rodolfo Benítez. Maquillaje: Ana Guerrero. Música: Raúl Lavista. Duración: 90 minutos.

FICHA ARTÍSTICA. Rosario Granados (Rosario), Tito Junco (Julio Mistral), Julio Villarreal (Don Carlos Montero), Jaime Calpe (Carlitos), Joaquín Cordero (Carlos), Xavier Loyá (Miguel), Elda Peralta (Luisa), Eva Calvo, Miguel Manzano.

Un viejo anticuario, Carlos Montero, está casado con una esposa mucho más joven, Rosario, que se enamora de Julio, un ingeniero agrónomo que con ocasión de haberse escapado de casa su hijito Carlos, se lo devuelve sano y salvo. Rosario y Julio están a punto de huir juntos al Brasil para rehacer sus vidas, pero la enfermedad de corazón del anticuario y el temor a separarse de su hijo terminan reteniéndola. Decepcionado, el ingeniero se marcha. Pasado mucho tiempo, los Montero reciben una comunicación notarial por la que se les hace saber que Miguel, el hijo menor, ha sido nombrado heredero por Julio antes de su muerte en São Paulo. El anticuario comenta que era «un verdadero amigo», pero ese extraño testamento no encaja en la lógica de la situación, ya que Julio no había conocido al niño que ahora nombraba su heredero, sino al primogénito. Al enfrentamiento cainita entre los dos hermanos sigue la comparación entre una fotografía del amigo fallecido y su segundo hijo, de la que resulta un extraordinario parecido, que no escapa al mayor. Estas trifulcas, muy violentas, terminan con la reconciliación final; pero, al igual que en *Susana,* tanta felicidad no engaña al espectador, porque entretanto toda la familia se ha enseñado los dientes a placer.

El realizador consideraba *Una mujer sin amor* su peor película, opinión plenamente suscribible: «Se me pidió que hiciera un *remake* de una buena película que André Cayatte había realizado en Francia sobre *Pierre et Jean,* de Maupassant —ha declarado Buñuel—. Se trataba de instalarme una moviola en el plató para que yo copiase a Cayatte plano por plano. Naturalmente me negué y decidí rodar a mi manera. Resultado mediocre.»

La rudeza con que don Carlos trata a su mujer al inicio de la película prefigura en algo el tenso clima de *Él,* aunque se esté muy lejos de las consecuencias mucho más radicales de este filme. Por otro lado, es una de sus cintas más monográficamente dedicadas a diseccionar la familia, uno de los pilares de la sociedad más atacados por Buñuel. Podría incluso considerarse parte de una trilogía sobre la familia, junto a *El gran calavera* y, sobre todo, *Susana*. Parece como si el director barruntase ciertos elementos de continuidad en esta etapa comercial, sin disponer de sosiego para explorarlos adecuadamente.

Así, en *Los olvidados, Susana, Una mujer sin amor* y *Subida al cielo* se adivina un importante tema secundario, el del despertar de la adolescencia frente al sexo, que lleva a los varones al consciente enfrentamiento con la madre y los intentos de romper el cordón umbilical (Mientras que en *El bruto* y *Robinson Crusoe* el enfrentamiento es más bien con el padre y la integración en la sociedad). Pero en ambos casos se superpone el tema de la mujer dentro o al borde de la infidelidad (*La hija del engaño, Una mujer sin amor, Él, Ensayo de un crimen*), que va depurándose progresivamente de su carga melodramática, estilizándose hasta logros muy personales. En cualquier caso, se trata de una serie de consideraciones sobre las ataduras o vínculos familiares, deslizadas al socaire de argumentos más o menos convencionales, que en el caso de *Una mujer sin amor* no logran borrar la impresión de un encargo hecho sin excesivas ganas ni inspiración.

SUBIDA AL CIELO, 1952

FICHA TÉCNICA. Producción: Producciones Isla. Productores: Manuel Altolaguirre y María Luisa Gómez Mena. Guión: Luis Buñuel, Manuel Altolaguirre, Juan de la Cabada y Lilia Solano Galeana. Argumento: Manuel Altolaguirre. Fotografía: Alex Phillips. Operadores: Leonardo Sánchez y Armando Carrillo. Decorados: José Rodríguez Granada. Música: Gustavo Pittaluga. Montaje: Rafael Portillo. Ayudante de Dirección: Jorge López Portillo. Jefe de Producción: Fidel Pizarro. Sonido: Eduardo Arjona y Jesús González Gancy. Efectos especiales: Edward Fitzgerald. Vestuario: Georgette Somohano. Maquillaje: Felisa Ladrón de Guevara. Duración: 85 minutos.

FICHA ARTÍSTICA. Lilia Prado (Raquel), Carmen González (Albina), Esteban Márquez (Oliverio Grajales), Luis Aceves Castañeda (Silvestre), Roberto Cobo (Juan), Manuel Dondé (Eladio González), Roberto Meyer (Don Nemesio Álvarez), Beatriz Ramos (Elisa), Paz Villegas (Doña Ester), Gilberto González (Sánchez Cuello), Paula Rendón (Doña Sixta), Víctor Pérez (Felipe), Pedro Elviro "Pitouto" (El cojo), Francisco Reiguera (Miguel Suárez), Chel López (Chema), Manuel Moriega (Licenciado Figueroa), Leonor Gómez (Doña Londa), Jorge Martínez de Hoyos (Guía turístico), Salvador Quiroz (Lucilo Peña), Cecilia Leger (Doña Clara), José Muñoz (Don Esteban), Diana Ochoa (Mujer de Manuel), Silvia Castro, José Jorge Pérez, Polo Ramos, Salvador Terroba.

Subida al cielo se inicia con una breve aclaración de orden documental —en este caso socio-antropológica— muy típica de los prólogos buñuelescos. Una voz en *off* nos presenta el poblado mexicano de San Jeronimín, donde sus habitantes viven con desahogo gracias a la copra del cocotero, árbol emblemático del rendimiento sin esfuerzo. Los lugareños están liberados, pues, del trabajo. Pero, sobre todo, viven al margen de las ataduras de la religión y la moral tradicional: «En la aldea no hay iglesia. Por eso sus habitantes mantienen la tradicional costumbre de celebrar sus bodas con un viaje nupcial a una isla paradisíaca situada a una milla de la costa. El pasar la noche en esta isla desierta consagra la unión de los esposos, quienes deben hacerse perdonar de la madre de la novia antes de emprender la travesía.»

En el caso de los protagonistas de la historia que va a

empezar, la novia se llama Albina, y su madre Clara. El novio, Oliverio, ve interrumpida su luna de miel por el aviso de sus hermanos, que le reclaman a la cabecera de su anciana madre moribunda. Frente a su voluntad, los hermanos de Oliverio pugnan por quedarse con la herencia, y el protagonista ha de emprender un viaje en autobús para buscar un escribano, ya que ese feliz pueblecito de San Jeronimín también carece de notarios. Mientras, los hermanos comentan en la taberna, celebrando de antemano su victoria: «Madre no hay más que una... y no muere más que una vez», haciendo explícitos los conflictos matriarcales y edípicos de que está plagada la cinta.

Un destartalado autobús de la compañía El Costeño va a convertirse en el escenario de la acción. Una exuberante joven, Raquel, provoca continuamente a Oliverio, quien se resiste recordando sus deberes nupciales y maternos. Un terrateniente arruinado cuenta sus innumerables pleitos a la búsqueda de sus fincas perdidas. Un diputado anda en plena campaña electoral y clama por la modernización del país, aunque no tiene ningún reparo en echar mano a su revólver para dialogar, y es recibido en el pueblo a pedradas por sus futuros electores, partidarios del candidato rival. Un madrileño, tratante de gallinas por más señas, lleva con él un catálogo donde se exhiben orgullosamente las mejores ponedoras. Como un eco de ello, una mujer da a luz. En clara contraposición, en el viaje de regreso sube un padre con un ataúd donde reposa la misma niña que a la ida logró sacar al vehículo de un atasco en el barro. Y, sobre todo, en el mismo autobús seduce Raquel a Oliverio en el puerto de montaña conocido como «Subida al cielo». Cuando vuelve a la cabecera de su madre, la anciana ya ha muerto, pero le hace firmar el testamento mojando con tinta las huellas dactilares de la difunta, en una escena considerada por Benjamin Péret como «digna del mejor Buñuel».

Hay varios pasajes en la película dignos del mejor Buñuel, como la secuencia onírica de la seducción en el

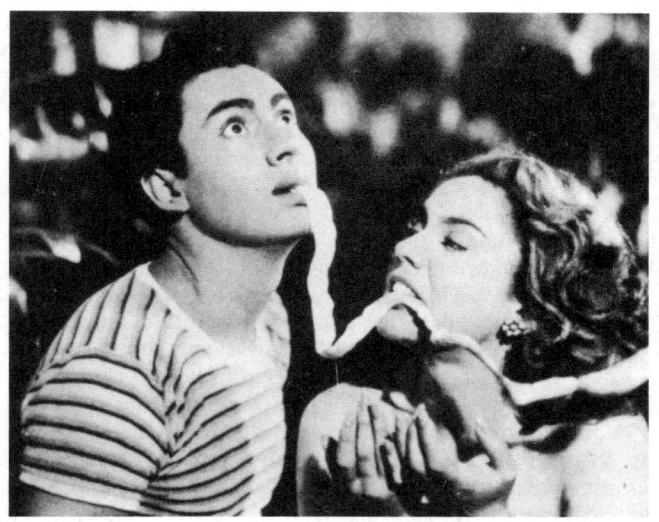

autobús, convertido en jardín de las delicias mientras Raquel ofrece a Oliverio la manzana de Eva. Del trance le intenta sacar su madre con una especie de cordón umbilical hecho de mondaduras de manzana que pela incansable en lo alto de un pedestal. Y, en general, se dan en la película manifestaciones de gran riqueza y vitalidad orgánica, convirtiéndose el autobús en cama donde duerme el conductor, tálamo nupcial donde la pareja Raquel-Oliverio responde a la llamada inexorable del deseo, casa de maternidad, vagón funerario, lugar donde conviven hombres y animales, ámbito comunal, en definitiva, que sirve para todo.

Con *Subida al cielo,* además, inaugura Buñuel la estructura itinerante como esqueleto de sus filmes, una flexible vertebración que tanto juego rendiría posteriormente en obras como *La Vía Láctea* o *El fantasma de la libertad*. Por otro lado, en la secuencia del sueño de

Oliverio, el mismo personaje femenino es interpretado alternativamente por Albina y Raquel, en lo que constituye una transición entre el uso convencional de ese desdoblamiento —como puede derivarse, por ejemplo, de *Amanecer* de Murnau, donde el protagonista se debate entre la vampiresa que le atrae sexualmente y la esposa sumisa y honrada— y el que llevará a cabo en *Ese oscuro objeto del deseo.*

Lástima que la premura, la escasez de tiempo y los agobios económicos de su productor (el poeta malagueño Manuel Altolaguirre), lastren sus innegables logros y dejen a mitad de camino tantas interesantes posibilidades como en ella se adivinan. Por razones sindicales, hubo que suspender una secuencia que transcurría en un cementerio, donde Buñuel planeaba hacer coincidir un entierro con la proyección de cine al aire libre.

No han faltado críticos que han relacionado *Subida al cielo* con *Quattro passi fra le nuvole* (1942), dirigida por Alessandro Blasetti sobre un guión en el que había participado decisivamente Zavattini. Esta película —que supone, junto con *Ossessione,* uno de los puntos de arranque del neorrealismo italiano— narra un viaje en autobús que, al igual que *Subida al cielo,* esboza estampas de fuerte sabor popular y configura todo un microcosmos social. Pero la frescura y encanto, el tono directo y aparentemente intrascendente de esta película no debe ocultar con su registro amable su carga más honda. Y ésta se deduce de la historia de un joven apenas corrompido por las instituciones sociales que pierde su inocencia sexual con una vampiresa de ocasión pasando por encima de su madre moribunda y de su matrimonio reciente, aún no consumado. Para hacer digerible tal trama argumental Buñuel hubo de acudir a un tono populista, que se refiere más a la estrategia expositiva que al fondo del asunto.

EL BRUTO, 1952

FICHA TÉCNICA. Producción: Internacional Cinematográfica, para Columbia. Productor: Sergio Kogan. Productor Ejecutivo: Gabriel Castro. Guión: Luis Buñuel y Luis Alcoriza. Fotografía: Agustín Jiménez. Operador: Sergio Véjar. Decorados: Gunther Cerszo, asistido por Roberto Silva. Música: Raúl Lavista. Montaje: Jorge Bustos. Ayudante de Dirección: Ignacio Villarreal. Jefe de Producción: Fidel Pizarro. Sonido: Javier Mateos y Galdino Samperio. Maquillaje: Ana Guerrero. Duración: 83 minutos.

FICHA ARTÍSTICA. Pedro Armendáriz (Pedro), Katy Jurado (Paloma), Rosita Arenas (Meche), Andrés Cabrera (Andrés Soler), Roberto Meyer (Carmelo González), Beatriz Ramos (Doña Marta), Paco Martínez (Don Pepe), Gloria Mestre (María), Paz Villegas (Madre de María), José Muñoz (Lencho Ruiz), Diana Ochoa (Esposa de Lencho), Ignacio Villalbazo (El hermano de María), Jaime Fernández (Julián García), Raquel García (Doña Enriqueta), Lupe Carriles (La criada), Guillermo Bravo Sosa (El cojo), José Chávez, Margarita Luna, Jorge Ponce, Polo Ramos, Amelia Rivera, Efrain Arauz.

Pedro —gigantesco matarife de tanta fuerza física como cortedad de luces a quien todos apodan *El bruto*— es el brazo ejecutor de don Andrés, viejo rico del que se insinúa es hijo natural. Éste quiere desalojar a los inquilinos de unos inmuebles suyos de baja renta que le urge derribar para construir pisos nuevos. Sin embargo, no se atreve a proceder contra los cabecillas que se niegan a marcharse, lo que le vale los reproches de poca hombría por parte de su joven esposa, Paloma. Decidido a amedrentarlos, don Andrés va a buscar al Bruto al matadero, donde conversan entre los animales abiertos en canal presididos por una imagen de la Virgen de Guadalupe.

Excediéndose en su encargo, el Bruto golpea con demasiada fuerza a Carmelo, uno de los humildes inquilinos que acaudilla la revuelta, ocasionándole la muerte. Paloma, fascinada por la animal virilidad de Pedro, se entrega a él, mientras los compañeros del asesinado están a punto de matarlo cuando intentan vengarse. Si consigue salvar la vida es gracias a Meche, la hija de

Carmelo, aunque los dos ignoran quién es el otro. El amor surge entre los dos, con momentos de gran delicadeza, como la extinción de la llama de la vela en la escena en la que Meche se le entrega por primera vez, en fuerte contraste con el trozo quemado de carne que se chamusca mientras se desfoga con la impulsiva Paloma.

Como ha escrito Emilio García Riera, comienza entonces para Pedro un proceso de toma de conciencia que le lleva a ponerse al lado de los oprimidos: «Un estudio más a fondo de la película puede revelar la dialéctica entre dos nociones que tienden a ser confundidas: la inconsciencia y la irracionalidad. Si la primera convierte al Bruto en un sujeto traidor a su clase ("pienso muy lento... no tengo quien me ayude a entender las cosas", dice el hombre), la segunda lo abocará al amor y a la poesía.»

Su relación con Meche provoca los celos de Paloma, que es rechazada por Pedro y no ceja hasta enfrentar a su marido con su hijo ilegítimo, quien termina estrangulando a don Andrés. Despechada, la vengativa mujer cuenta a la muchacha el asesinato de su padre a manos de Pedro y éste es, a su vez, repudiado por Meche. La película termina con la muerte a tiros del Bruto por la policía, que ha sido avisada por Paloma.

Aunque su director la haya despachado sin demasiadas contemplaciones, lamentándose de que le hicieran cambiar de arriba abajo el guión que había escrito con Luis Alcoriza, hay en *El bruto* no poca fuerza y considerables matices. Superando el melodrama, en ocasiones se alza hasta alcanzar ribetes de la mejor tragedia, en ese amor puro e inocente que representa Meche, inalcanzable para quien, como Pedro, está manchado por algo así como un pecado original. Este escozor íntimo le lleva inexorablemente a eliminar la figura paterna de don Andrés, que en el fondo le desprecia, tras caer en las garras de su madrastra Paloma, seductora y delatora, vampiresa al fin. Entretanto, Meche —que verdaderamente lo quiere— ha de rechazarlo, tras enterarse del

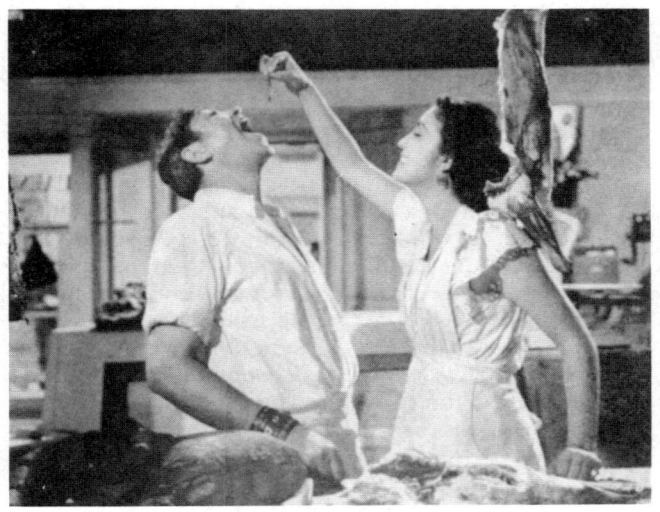

asesinato de su padre. Un mejor desarrollo de todos esos elementos hubiera arrojado resultados muy ricos, como sucede, por ejemplo, en la compleja relación del Pedro de *Los olvidados* con su madre. Porque, en definitiva, algo queda en *El bruto,* a pesar de sus insuficiencias, de una versión adulta y patriarcal del drama desarrollado en *Los olvidados* en clave infantil y matriarcal.

Innegable resulta el nivel técnico y profesional del filme. Baste recordar que el protagonista, Pedro Armendáriz, que ya había trabajado con el Indio Fernández en películas tan clásicas como *María Candelaria,* formaría parte del reparto de *Fort Apache,* entre otras de John Ford, y rodaría en Italia con De Santis. Katy Jurado, por su parte, sería requerida por Fred Zinnemann para interpretar una de las protagonistas femeninas de *Solo ante el peligro* (*High Noon*). Buñuel nos ha dejado, no obstante, alguna muestra pintoresca de las dificultades para lograr de Armendáriz exactamente lo que quería:

«Por regla general, regla que conoce felices excepciones, un actor mexicano no hará nunca en la pantalla lo que no haría en la vida. Cuando yo rodaba *El bruto,* en 1954, Pedro Armendáriz, que disparaba de vez en cuando su revólver en el interior del estudio, se negaba enérgicamente a llevar camisas de manga corta, las cuales, decía, están hechas para los pederastas. Yo le veía aterrorizado ante la idea de que pudiera tomársele por un pederasta. En esta película, mientras es perseguido por unos matarifes, encuentra a una joven huérfana, le pone la mano en la boca para impedirle gritar y, luego, cuando los perseguidores se alejan, como tiene un cuchillo clavado en la espalda, tiene que decirle: "Arráncame eso que llevo ahí detrás". Durante los ensayos le oí de pronto enfurecerse y gritar: ¡Yo no digo detrás!. Temía que el solo uso de la palabra *detrás* fuese fatal para su reputación. Palabra que yo suprimí sin ningún problema.»

ROBINSON CRUSOE, 1952

FICHA TÉCNICA. Producción: Ultramar Films y OLMEC, para United Artists. Productores: Oscar Dancigers y Henry F. Ehrlich. Guión: Luis Buñuel y Phillip Ansell Roll. Argumento: La novela de Daniel Defoe. Fotografía: Alex Phillips, en Eastmancolor. Decorados: Edward Fitzgerald. Música: Luis Hernández Bretón y Anthony Collins. Montaje: Carlos Savage y Alberto Valenzuela. Jefe de Producción: Federico Amérigo. Sonido: Javier Mateos. Maquillaje: Armando Meyer. Ayudante de Dirección: Ignacio Villarreal. Duración: 89 minutos.
FICHA ARTÍSTICA. Dan O'Herlihy (Robinson Crusoe), Jaime Fernández (Viernes), Felipe de Alba (Capitán Oberzo), Chel López (Bosun), José Chávez y Emilio Garibay (Los amotinados).

La película de Buñuel sigue con fidelidad la famosa novela de Daniel Defoe, aunque el realizador ha confesado que hubiera preferido adaptar otra de sus obras, *El año de la peste,* ya que, en principio, *Robinson Crusoe* no le interesaba nada como novela. En cambio, el personaje terminó por calarle, y eso se nota en su versión. Asumiéndolo desde dentro, podía pergeñar con Robinson un ensayo de entomología, y a ello contribuyó el actor irlandés Dan O'Herlihy, que había trabajado con Orson Welles en *Macbeth* (1948) y posteriormente lo haría con Douglas Sirk en su última película, *Imitation of Life* (1958). Su sobria composición no desentonaba con lo que Buñuel perseguía.

Cuestión diferente fue la fotografía, ya que sirvió de cobaya para el sistema Eastmancolor, y su rodaje le llevó tres meses, algo insólito en las películas mexicanas de Buñuel, filmadas casi todas en dos o tres semanas. La verdadera estrella de la película fue el muy reputado operador, Alex Phillips, como ha declarado Buñuel: «Alex se iba a explorar y yo me sentaba a beber un par de cervezas. Muy avanzado el día, llegaba Alex. Había encontrado un buen sitio, aunque un poco lejos. Ibamos a verlo y estas idas y venidas demoraban la filmación. A veces caminábamos una hora por la selva, detrás de Alex, para lograr un solo plano muy corto. Otras, cuando llegábamos al sitio elegido por Alex, él de pronto ponía cara de disgusto: el sitio ya no se veía como antes, porque en una hora había cambiado la luz. Yo decía: "Vamos a ver si nos da tiempo para filmar otra cosa allí donde estábamos, y mañana volveremos aquí a la hora adecuada". Era la locura: la película estaba pendiente de Alex... y Alex estaba pendiente de los cambios de luz. Tardábamos horas para filmar un plano brevísimo en que Robinson disparaba a una ardilla o se rascaba una oreja.»

La película tuvo éxito incluso en Inglaterra, a pesar de que se abordara un personaje tan ligado a su tradición cultural con ciertas libertades muy buñuelescas. Pero grandes especialistas en Defoe elogiaron el respeto al espíritu del libro original. Los por entonces jóvenes directores y críticos cinematográficos Tony Richardson y Lindsay Anderson no escatimaron los elogios: «La primera parte de este filme pertenece a la mejor tradición del documentalismo, con su amorosa y sobria descripción de los detalles de la vida cotidiana... Todo ello dejará de piedra a quienes han clasificado en su mente a este realizador como un experimentalista áspero y cruel, fascinado solamente por la violencia y la depravación.»

En España se proyectó una versión mutilada en la que se eliminaba la escena del delirio de Robinson febril y sediento durante cuyo transcurso su padre le negaba un poco de agua mientras, burlón, la vertía abundantemente sobre un cerdo. Secuencia crucial, por ser una de las añadidas al libro de Defoe por el cineasta, y por recoger la idea del espectro paterno perturbador y hostil que retoma el tema literario del Comendador del *Tenorio* y lo mezcla con la imaginería de Cristo crucificado dirigiéndose a su padre con dudas sobre su misión entre los hombres.

Freddy Buache ha escrito palabras muy penetrantes sobre la evolución de Robinson de la soledad a la amistad, hasta llegar a la conmovedora secuencia «durante la cual Robinson llama a Dios y no recibe otra respuesta que el eco de su propia voz». Una secuencia esencial es

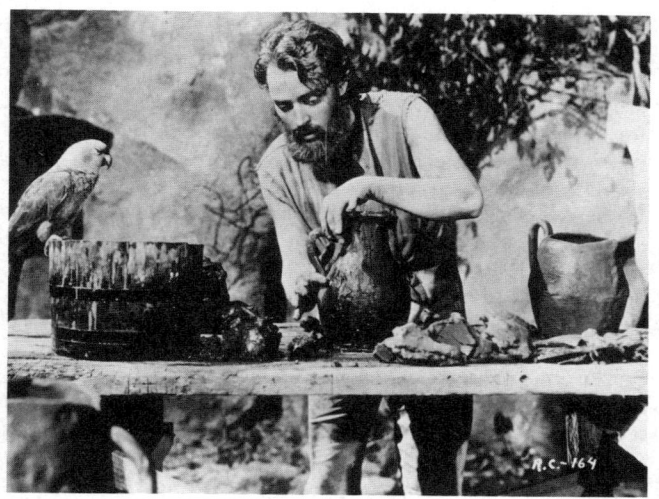

la que destaca José Luis Borau en su reseña de la película: «*Robinson Crusoe* es una obra ambiciosa y difícil. Mantener la atención del espectador durante hora y media con las aventuras que le ocurren a un hombre solitario, era una auténtica prueba. Digamos en seguida que Buñuel ha salido triunfante de ella. Ha sabido emocionarnos con la soledad del protagonista —ahí está la escena del eco en las montañas...» Tras constatar su menesterosidad, Robinson emprende una enloquecedora carrera hasta el mar primigenio, donde desalentado, dejará apagar su antorcha. A partir de ahí puede iniciarse su renacimiento, tras el necesario retorno a la Naturaleza y una cierta inocencia rusoniana. La muerte de su perro Rex, la emoción al ver parir a su gata o el germinar del trigo con el que amasa su propio pan, le devuelven a las verdades elementales que la civilización le habían hecho olvidar.

Los viejos fantasmas rebrotan de vez en cuando, como en la secuencia que comienza con Robinson fabricando una cruz con dos palos. Pero a ese armazón pronto le superpone un vestido de mujer, con los que la cruz termina convertida en un espantapájaros. Parece como si Buñuel hubiera retomado la cruz con cabelleras femeninas del final de *La edad de oro* y le hubiera añadido el vestido de mujer que Modot arrastra a lo largo de la película, en cumplimiento de la sugerencia de Louis Aragon en el prefacio a la exposición de *collages* surrealistas celebrada en la Galería Goemans de París en marzo de 1930: «Conviene esperar que por todas partes, aunque sea a la sombra de un espantapájaros, en la forja de las rejas, un puñado de fanáticos sabrá hacer desaparecer cualquier alusión a la cruz infame.»

Apenas lograda esta conquista de sí mismo autorrescatándose de lo que de él hizo la sociedad, se encuentra a Viernes, y Robinson siente que se robustecen en él los residuos de los antiguos prejuicios morales («por fin volveré a tener un criado», se dice). Todo retorna al asumir Crusoe su vieja piel: las relaciones amo-criado, colonizador-colonizado, el racismo, la sumisión y jerarquía... Por de pronto, encadena físicamente al «salvaje», e intenta atarle moralmente enseñándole la teología cristiana, contra la que Viernes se alza con una lógica desarmante. Con ello comienza para Robinson la conquista de la fraternidad, liberándose de la necesidad y la tensión de imponerse.

ÉL, 1953

FICHA TÉCNICA. Producción: Ultramar Films. Productor: Oscar Dancigers. Productor Ejecutivo: Federico Amérigo. Guión: Luis Buñuel y Luis Alcoriza. Argumento: La novela de Mercedes Pinto. Fotografía: Gabriel Figueroa. Decorados: Edward Fitzgerald y Pablo Galván. Música: Luis Hernández Bretón. Montaje: Carlos Savage. Ayudante de Dirección: Ignacio Villarreal. Jefe de Producción: Fidel Pizarro. Sonido: José D. Pérez y Jesús González Gancy. Maquillaje: Armando Meyer. Duración: 91 minutos.

FICHA ARTÍSTICA. Arturo de Córdova (Francisco Galván de Montemayor), Delia Garcés (Gloria), Luis Beristáin (Raúl Conde), Aurora Walker (Esperanza Peralta), Carlos Martínez Baena (Padre Velasco), Manuel Dondé (El mayordomo Pablo), Rafael Banquells (Ricardo Luján), Fernando Casanova (El licenciado), Antonio Bravo (El invitado), León Barroso (El camarero), Carmen Dorronsoro de Roces (La pianista), Chel López, José Muñoz, Manuel Casanueva, Álvaro Matute, José Pidal, Roberto Meyer.

Los créditos de la película aparecen sobre una campana con un ostentoso badajo que prenuncia la escena posterior de la película en la que el protagonista intenta matar a su mujer empujándola desde lo alto del campanario de una de las torres de la Catedral de México. Es una de las formas más expeditivas de expresar las relaciones entre erotismo y represión religiosa que constituyen el fondo patológico del personaje central. A ello volverá Buñuel en *Tristana,* incluido el explícito sueño de la joven, en el que el badajo es sustituido por la cabeza de don Lope.

La magnífica secuencia inicial abunda en esa mezcla de religión y sexo que constituye una de las marcas de fábrica del cine de Buñuel. En el interior de una iglesia, con todo el esplendor de la fascinante liturgia católica, asistimos al *mandatum* o lavatorio de pies en Jueves Santo. Pausada y ceremoniosamente, un cura enjuga, seca y besa los pies en primeros planos de intenso fetichismo. La escena es seguida con vivo interés por el devoto Francisco, que recorre la hilera hasta tropezar con unos tobillos femeninos que su mirada y la cámara

—volviendo, descaradamente, sobre sus pasos— comprueban que se hallan al final de unas piernas muy competentes, sirviendo de peana a una bella desconocida.

Difícilmente puede decirse tanto con tan parcos elementos. Francisco es un «perfecto caballero cristiano» —así lo definirá más tarde su confesor— y rico propietario que a sus cuarenta y tantos años sigue virgen y acude a la iglesia con regularidad. Vive en una casa de estilo modernista que su abuelo encargó impresionado por lo que había visto en la Exposición Universal de París y que en muchos aspectos recuerda en su exterior a una sadiana fortaleza feudal. Uno de los personajes aventura que la casa de Francisco «parece guiada por el sentimiento, por el infinito», mientras el padre Velasco evoca el carácter caprichoso de su padre y las angulaciones de la cámara acentúan lo insólito de una arquitectura emparentada con ese *modern style* que Dalí definió como «realización de los deseos solidificados» y «eclosión majestuosa de tendencias erótico-irracionales insconscientes».

Todo el cuadro patológico de Francisco nos lo muestra como un paranoico, tenazmente empecinado en interpretar la realidad en función de sus delirios. Esa patología —estrechamente ligada a la represión sexual debida a sus creencias religiosas— se desencadena cuando comienza a frecuentar la iglesia con el objeto de ver a la mujer que le fascinó en la ceremonia del lavatorio de pies, y que se llama, significativamente, Gloria. La mujer resulta ser la prometida de un amigo suyo, el ingeniero Raúl, e invita a ambos a una cena en su casa al enterarse de que se van a casar pronto.

La fiesta se desarrolla de acuerdo con los característicos sintagmas buñuelescos, ya presentes en buena medida en *La edad de oro,* incluido el beso —en este caso de Francisco y Gloria— entre las estatuas del jardín. Secuencia que se corta bruscamente para expresar subliminalmente lo sucedido: unos barrenos explotan en un levantamiento de tierras que dirige Raúl para la

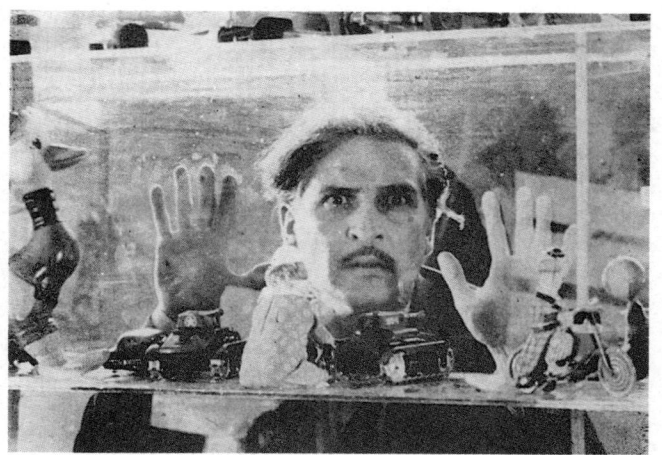

construcción de una presa. El bigote que luce el ingeniero deja constancia de que ha transcurrido algún tiempo, y sus palabras a un compañero que le invita a bajar a la capital nos confirman lo que sospechábamos, al confesarle: «México ya no me atrae.»

Esta característica forma de narrar, fragmentariamente, dejando que el espectador haga sus cábalas en los intersticios de las elipsis, se hace extensiva al resto del filme, que desarrolla Gloria ante Raúl mediante un uso del *flash-back* que François Truffaut no ha dudado en calificar de magistral. La mujer va contando a su ex prometido el tormentoso itinerario de su matrimonio con Francisco, empezando por la luna de miel en Guanajuato, cuna de la familia de éste. Buñuel ha aprovechado el ambiente tortuoso que le brindaba esta ciudad para retratar el psiquismo del protagonista de *Él:* «No me gusta el espectáculo de la muerte —ha confesado—, pero, al mismo tiempo, me atrae. Las momias de Guanajuato, en México, asombrosamente conservadas gracias a la naturaleza del terreno en una especie de cementerio, me impresionaron extraordinariamente. Se ven las corbatas, los botones, el negro bajo las uñas. Parece como si se pudiera ir a saludar a un amigo muerto hace cincuenta años.»

Durante su paseo por la ciudad, los recién casados se encuentran con Ricardo, un conocido de Gloria. Inmediatamente Francisco empieza a interpretarlo todo como si entre ella y Ricardo hubiera una relación íntima. Al coincidir en el comedor del hotel, piensa que una risa de él no es sino una burla dirigida contra su honor conyugal, y sus sospechas le parecen incontestables cuando la casualidad hace que Ricardo ocupe la habitación contigua a la suya. Ni corto ni perezoso, Francisco toma una larga aguja y la introduce violentamente por el ojo de la cerradura de la puerta que se interpone entre ambas habitaciones, esperando atravesar el ojo del mirón, cosa que no sucede.

Buñuel evoca así un detalle de su infancia: «En San Sebastián, cuando yo tenía trece o catorce años, las casetas de baño nos ofrecían otro medio de información. Las casetas estaban divididas por un tabique. Era muy fácil meterse en uno de los compartimentos y mirar por el agujero a las señoras que se desnudaban al otro lado. En aquella época se pusieron de moda unos largos alfileres de sombrero que las señoras, al saberse observadas, introducían en el agujero, sin reparo de pinchar el ojo del fisgón (después, en *Él,* recordé este detalle). A fin de protegernos de los alfileres, nosotros poníamos un pedacito de vidrio en las mirillas.»

Pero los incidentes de esa luna de miel no constituyen sino el preludio de todo un rosario de escenas de celos cada vez menos justificadas, que convierten la vida de Gloria en un infierno y la empujan a recurrir al padre Velasco, el confesor de Francisco, que tiene un gran ascendiente sobre él y a quien hace partícipe de sus inquietudes. El sacerdote le responde: «Hija mía, conozco a Francisco desde que era un niño. Además, su alma no tiene secretos para mí. Por eso puedo asegurarte que se trata de un perfecto caballero cristiano que podría servir de ejemplo... Él es un hombre puro, que no conoció mujer alguna hasta que te tuvo a ti. Es natural que a veces le ofendas con tu conducta, que yo no juzgo mala, sino ligera.»

A su vuelta a casa la está esperando Francisco, quien le reprocha: «¿Con que fuiste a ver al padre Velasco? Pues para que no vuelvas a contarle a nadie nuestros asuntos privados...» Y le pega tres tiros. El espectador se ve inmerso en la perplejidad, debido a la habilidad del juego narrativo: pero, ¿no es Gloria —viva y coleando— quien está contando lo de los tiros? Efectivamente, sucede que los disparos eran de fogueo y Francisco sólo quería asustarla, cuenta la mujer a Raúl saliendo del *flash-back* y recuperando la narración en presente. Pero a las bromas seguirán las veras. Poco después, su marido le propone un paseo, la lleva a lo alto de una de las torres de la catedral e intenta arrojarla al vacío.

Llegado ese punto, volvemos al tiempo presente y la cámara nos muestra cómo Raúl y Gloria han llegado frente a la casa de Francisco, mientras ella concluye: «Salí corriendo de la torre detrás de la gente. Después me paseé por las calles hasta cansarme. Cuando me disponía a volver a casa te encontré. Párate aquí, no quiero que nos vea llegar juntos.» A pesar de tales precauciones, su marido la ve llegar, reafirmándose así en todas sus sospechas. Esa noche, Francisco sufre un súbito ataque que le hace andar zigzagueando por la escalera, poco antes de preparar algodón, unas tijeras, liza, una lezna, una cuchilla de afeitar y una cuerda, y dirigirse a la habitación de su esposa con la evidente intención de suturar sus orificios.

Cabe ver en ello una glosa del Marqués de Sade, cuando, al final de *La philosophie dans le boudoir,* madame de Saint-Ange propone a Eugenia coser con hilo rojo los orificios de su madre, madame de Mistival, idea que ésta y Dolmancé acogen con entusiasmo. Pero Gloria consigue escapar. Al salir en su persecución, Francisco cree verla entrar en una iglesia con Raúl y allí sufre una nueva y aguda crisis de paranoia que le lleva a creer que el cura y el monaguillo que celebran la misa se burlan de él. Exasperado, se abalanza contra el sacerdote e intenta estrangularlo, en el mismísimo altar mayor.

Tiempo después vemos a Raúl y Gloria con su hijito (al que han puesto por nombre Francisco) detenerse frente a un monasterio. Allí está profesando el paranoico como franciscano, ya curado y en paz completa de espíritu, según sus compañeros. Cuando el matrimonio y su hijo se alejan, Francisco pregunta a su superior si se han ido y le hace notar: «Ya ve usted, padre, cómo yo no estaba tan perturbado como decían. El tiempo se ha encargado de darme un poco la razón. Murió el pasado, aquí encontré la verdadera paz del alma.» Y se aleja zigzagueando por el jardín como en el momento de mayor crisis paranoica en la escalera de su casa.

Con *Él* inicia Buñuel en su etapa mexicana los estudios sobre la moral y los usos burgueses que culminarán en *El ángel exterminador*. Un eslabón importante en tal escalada será *Ensayo de un crimen,* aunque Archibaldo termine liberándose, lo que le lleva no sólo a controlar sus impulsos, sino la narración, ya que es él quien cuenta en *flash-back* la historia, *su* historia. El parque abierto del final de Archibaldo contrasta con el enclaustramiento de Francisco en los brazos de la religión.

A pesar de sus evidentes valores —de una excelencia en la técnica narrativa digna de Hitchcock— la película conoció una fría acogida inicial. En el Festival de Cannes de 1953 fue presentada en el curso de una sesión organizada en honor de los ex combatientes y mutilados de guerra. Muchos de los ciegos que ocupaban la sala de proyecciones —a la espera de que proyectaran un filme que exaltaba la vida de Clemenceau— la patearon, por indicación de sus jefes. Posteriormente la revista *Positif* le dedicó un amplio y elogioso *dossier* y desde entonces *Él* entró en ese privilegiado grupo de películas mexicanas de Buñuel que es vista sin los habituales prejuicios o, al menos, con prejuicios de signo favorable.

LA ILUSIÓN VIAJA EN TRANVÍA, 1953

FICHA TÉCNICA. Producción: Clasa Films Mundiales. Productor: Armando Orive Alba. Productor Ejecutivo: José Ramón Aguirre. Guión: Mauricio de la Serna, José Revueltas, Luis Alcoriza y Juan de la Cabada. Argumento: Mauricio de la Serna. Fotografía: Raúl Martínez Solares. Decorados: Edward Fitzgerald. Música: Luis Hernández Bretón. Montaje: Jorge Bustos. Ayudante de Dirección: Ignacio Villarreal. Jefe de Producción: Fidel Pizarro. Sonido: José D. Pérez y Rafael Ruiz Esparza. Maquillaje: Elda Loza. Duración: 82 minutos.

FICHA ARTÍSTICA. Lilia Prado (Lupita), Carlos Navarro (Juan Caireles), Fernando Soto "Mantequilla" (Tarrajas), Agustín Isunza (Papá Pinillos), Miguel Manzano (Don Manuel), Guillermo Bravo Sosa (Braulio), José Pidal (Profesor), Paz Villegas (Doña Mechita), Manuel Noriega (Don Julio), Roberto Meyer (Don Arcadio), Pepe Martínez (Duque de Otranto), Felipe Montoya (El mecánico), Javier de la Parra (El jefe de tráfico), Diana Ochoa y Conchita Gentil Arcos (Las beatas), José Chávez (Agente de tráfico), Victorio Blanco (Pasajero), Víctor Alcocer (Carpintero), Agustín Salmón (Empleado), Hernán Vera (Matarife), José Muñoz, Mario Valdés.

La acción está protagonizada por Tobías Fernández, alias *El Tarrajas* —a quien está encomendado el papel de gracioso— y Juan Caireles, que pretende a Lupita, hermana del primero. La película comienza en el momento en el que van a retirar del servicio el tranvía 133, en el que Tobías y Juan vienen trabajando juntos como cobrador y conductor. Apenados por el desguace que espera a su máquina, deciden arreglarla y darse una vuelta, aprovechando la impunidad de la noche. Los dos amigos tratan de olvidar sus penas en la verbena de la fiesta de los trolebuses, donde representan una *pastorela* popular en la que interpretan a Dios Padre y el Diablo, mientras en otro acto Lupita hace de Eva tentadora y su hermano de Adán. Es una secuencia formidable y llena de frescura, con un Diablo que intenta cazar con una escopeta al Espíritu Santo en forma de paloma tras incitar a los angelitos a beberse una cerveza.

Con unas copas de más, y aprovechando que han visto al guardián del depósito de tranvías tomándose unos tragos en la verbena, deciden dar una última vuelta en su viejo tranvía. En su recorrido, van recogiendo todo tipo de pasajeros, desde un par de beatas que llevan consigo para limosnear la imagen de un sangrante Cristo de la Columna hasta los trabajadores del matadero, que montan en el vehículo y cuelgan vísceras y carnuzos en las barras del vehículo.

Tras el ajetreo nocturno, Juan y Tobías se quedan dormidos antes de haber podido devolver el tranvía a las cocheras, por lo que han de circular por las vías procurando pasar desapercibidos. Pero son abordados en Coyoacán por un grupo de niños hospicianos, a los que han de llevar de visita a los estudios de cine de Churubusco. Las cosas se ponen feas cuando sube al tranvía Papá Pinillos, un activo y fiel jubilado de la compañía «capaz de meter en líos hasta a Dios Padre», como lo define *Tarrajas*. Sospechando lo que ocurre, telefonea a las oficinas, pero el jefe de tráfico —tras comprobar que el tranvía 133 ha sido declarado fuera de servicio— no le hace ningún caso.

Esperando que escampe, los dos amigos varan el vehículo en una vía muerta inutilizada, pero eso no les impide verse implicados en otro incidente, cuando recelan de ellos unos estraperlistas que acaparan sacos de maíz en un almacén próximo. De nuevo han de salir huyendo para salvar el pellejo y, cansado, Tobías propone volver a las cocheras. Así lo hacen con la complicidad de Braulio, el celador, a quien interesa mantener las apariencias de que el tranvía no se ha movido de allí para que no se descubra su negligencia. Cuando Pinillos ha logrado convencer al gerente de la compañía para que compruebe la falta del tranvía, el 133 está en su sitio firme como un recluta, y Braulio certifica que no se ha movido. El gerente remata sus argumentos con su aplastante lógica de burócrata, pues ese número estaba fuera de servicio. Además, y como le razona al jubilado: «Mire, Pinillos: es humanamente imposible ver por la ciudad un tranvía robado, toda vez que se hallará sobre los rieles que son propiedad de la empresa. Y como robar

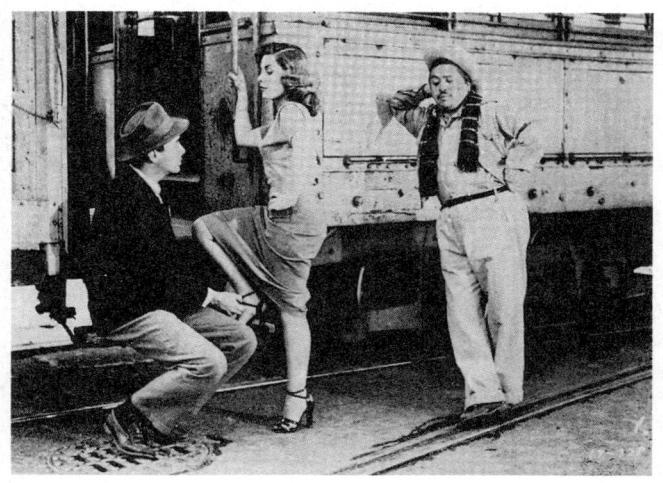

algo significa enajenarlo de la propiedad...». Una voz en *off* insiste en que lo visto no pasa de ser una de tantas historias insignificantes que urde y desteje a diario la gran ciudad.

Aunque una parte de la crítica ha asociado *La ilusión viaja en tranvía* a películas neorrealistas como *Muchos sueños por la calle* de Camerini y *Han robado un tranvía* de Bonnard, estamos ante un producto que va más allá de las *tranches de vie* propiciadas por esa tendencia y el naturalismo. De hecho, representa una nueva tentativa en el cine de Buñuel por encaminarse hacia el filme episódico de encuentros inesperados que desarrollará ya en plena madurez según los cánones itinerantes de la novela picaresca en *La Vía Láctea* y, sobre todo, *El fantasma de la libertad,* con su apoteósica celebración del azar. Ese tranvía incontrolado dentro de los raíles de la compañía es, en todo caso, una inmejorable metáfora del cine que Buñuel hace en esta época, arrancando ráfagas de libertad dentro de los estrictos circuitos comerciales y sus rígidas exigencias.

Quizá la más rotunda sea la osadísima secuencia de los carniceros, en la que el realizador nos presenta en primer término a un sangrante Cristo atado a la columna que llevan unas beatas, mientras en el mismo encuadre se mantiene durante largo rato una cabeza de cerdo mediante un intencionado contrapicado. Con ello no hace sino visualizar una frase de la carta que en mayo de 1930 escribía a su amigo José Bello: «Queridísimo Pepín: Recibí tu carta y creo en verdad, como diría el puerco de Cristo, que nuestro silencio, además de vergonzoso, es ofensivo» (Previamente, en otra de 17-2-1929 le había dicho: «Los culos de los santocristos... son los únicos que pueden llevarse de la mano y dejarlos jugar sin que se escapen y los cojan los tranvías...»).

En muchos aspectos, *La ilusión viaja en tranvía* es prima hermana de *Subida al cielo,* con la que comparte esa frescura y gracejo populares que tanto deben a la colaboración de Alcoriza en el guión. Como recordaba Julio Alejandro, «Alcoriza trabajó durante muchos años en un organismo dependiente del Ministerio de Cultura, investigando cuestiones de lenguaje. Por otra parte, es un hombre que se ha movido mucho en ambientes populares. Es el que más sabe de habla mexicana». En efecto, Julio Alejandro tiende a la serena e inteligente neutralidad de unos diálogos un tanto hieráticos y arcaicos, Jean-Claude Carrière a la aséptica y cartesiana abstracción, pero Alcoriza destaca por una agilidad y un colorido al que el habla de aquel país se presta admirablemente.

ABISMOS DE PASIÓN, 1954

FICHA TÉCNICA. Producción: Producciones Tepeyac. Productores: Oscar Dancigers y Abelardo L. Rodríguez. Productor Ejecutivo: Federico Amérigo. Guión: Luis Buñuel, Julio Alejandro y Arduino Maiuri. Argumento: La novela de Emily Brontë *Cumbres borrascosas.* Fotografía: Agustín Jiménez. Operador: Sergio Véjar. Decorados: Edward Fitzgerald. Música: Raúl Lavista, sobre temas de la ópera *Tristán e Isolda,* de Richard Wagner. Montaje: Carlos Savage. Ayudante de Dirección: Ignacio Villarreal. Jefe de Producción: Alberto A. Ferrer. Sonido: Eduardo Arjona y Caldino Samperio. Vestuario: Armando Valdés Peza. Maquillaje: Felisa Ladrón de Guevara. Duración: 91 minutos.

FICHA ARTÍSTICA. Irasema Dilián (Catalina), Jorge Mistral (Alejandro), Lilia Prado (Isabel), Ernesto Alonso (Eduardo), Luis Aceves Castañeda (Ricardo), Francisco Reiguera (José), Hortensia Santoveña (María), Jaime González (Jorge).

Basada en *Cumbres borrascosas,* la famosa novela de Emily Brontë, *Abismos de pasión* comienza con el regreso de Alejandro, tras diez años de ausencia, a la hacienda El Robledal, donde vivió de niño, adoptado por los padres de Catalina. Vuelve rico y decidido a casarse con ella, pero entretanto ésta ha contraído matrimonio con Eduardo, del que va a tener un hijo. Despechado, Alejandro desposa a Isabel, la hermana de Eduardo, a la que humilla y rebaja, así como a Ricardo, el hermano de Catalina, que en la infancia le había tratado como a un sirviente. Tras un enfrentamiento lleno de odio entre el recién llegado y el marido de Catalina, ella confiesa poco antes de morir que sólo ha amado a Alejandro. Vagando como alma en pena, éste desciende hasta el panteón donde yace el cadáver de Catalina para retirar el velo que le cubre el rostro y besar sus labios. En su delirio, cree escuchar la voz de la mujer, pero es Ricardo que ha salido en su busca y le destroza la cara de un escopetazo, enviándole a reunirse en el ataúd con la mujer que ama.

En 1933 Buñuel había escrito con Pierre Unik —su colaborador en *Tierra sin pan* y *España leal en armas*—

una adaptación de *Wuthering Heights* (1847), novela que había traducido Georges Sadoul y entusiasmaba a los surrealistas por su desaforado *amour fou* y su intensa vivencia del mal. Ese guión inicial no pasaba de ser un esbozo de unas veinte páginas, con el título de *Les Hauts de Hurlevent*. Sin embargo, no encontró entonces quien la produjera. Más tarde, en 1935, volvió a intentar filmarlo junto a Jean Grémillon, también en vano. Por fin surgió la oportunidad de rodarla en México en 1953, conservando el nombre de Unik en los créditos y añadiendo el de Julio Alejandro, colaborador posterior de Buñuel en los guiones de títulos tan significativos como *Viridiana, Simón del desierto* y *Tristana*.

Entretanto, William Wyler había rodado en 1939 una versión para la Metro, con Lawrence Olivier, Merle Oberon y David Niven en los papeles estelares, bien lejos del reparto con el que tuvo que bregar Buñuel y que no era otro que el que Oscar Dancigers tenía disponible en aquellos momentos: «Por desgracia me vi obligado a aceptar los actores contratados por Oscar para una película musical: Jorge Mistral, Ernesto Alonso, una cantante y bailarina de rumbas, Lilia Prado, para interpretar el papel de una muchacha romántica, y una actriz polaca, Irasema Dilián, que, pese a su aire eslavo, debía hacer de hermana de un mestizo mexicano... No logré lo que quería. En primer lugar, los actores eran inadecuados. Irasema Dilián, con su acento polaco, y Mistral, con su acento español, ambos representando a unos seres que eran como hermanos de leche, introducían en el filme un elemento de irrealidad indeseable, porque no podían controlarlo... Con todo, creo que mi versión refleja mucho mejor el espíritu de la novela que la hecha por Hollywood.»

Todo lo dicho explica el innegable moho de vetustez que respira la película, lo que no impide momentos muy personales. Es el caso de la escena final, uno de esos típicos remates sobrecogedoramente convulsivos del cineasta aragonés, que parece materializar una propuesta de Breton que el realizador gustaba recordar: «Un poema de Breton dice que el amor es una ceremonia secreta que debe celebrarse a oscuras en el fondo de un subterráneo. Esto es para mí el evangelio.» La violencia secreta de esa secuencia contrasta con la visualización del mero sexo explícito que Alejandro aplica en sus besos-mordiscos de seducción a Isabel, poco después de confesarle: «Dirás que tengo instintos de bestia, ¿no?». Palabras que van seguidas de la matanza de los cerdos, muy en la línea del intento de violación del carnicero en *La marcha nupcial* de Erich Von Stroheim.

Aún hay otro pasaje de la película que ha sido subrayado por el propio realizador y que supone, en cierto modo, un resumen de su filosofía. Se encuentra en el *Libro de la Sabiduría* (2, 1-7) y Buñuel lo considera «el más bello de la Biblia, muy por encima del Cantar de los Cantares». Su texto es leído por uno de los agoreros personajes de la película, con un fondo de campanas y truenos: «Dijeron, pues, los impíos entre sí discurriendo sin juicio: corto y lleno de tedio es el tiempo de nuestra vida. No hay consuelo en el fin del hombre, ni después de su muerte, ni se ha conocido a nadie que haya vuelto de los infiernos o de otro mundo. Pues nacido hemos de la nada y pasado el presente seremos como si nunca hubiéramos sido. La respiración o resuello de nuestras narices es como un humo ligero, y el habla o el alma como una transitoria chispa con la cual se mueve nuestro corazón; apagado que sea, quedará nuestro cuerpo reducido a cenizas y el espíritu se disipará cual sutil aire. Desvanecerse ha como nube que pasa y desaparecerá como niebla herida de los rayos del sol y disuelta en su calor. Caerá en olvido con el tiempo nuestro nombre sin que quede memoria de nuestras obras... Ninguno de nosotros falte a nuestras orgías, quede por doquier rastro de nuestras liviandades, porque ésta es nuestra porción y nuestra suerte.»

En tales palabras, que preceden al descenso de Alejandro a la cripta, aletea un poso de desesperación que —una vez despojados de la introducción que las pone en boca de los impíos— son dignas de Sade, y merecen a Buñuel esta apreciación: «Ni una sola palabra que cambiar en esta lejana profesión de ateísmo. Creería uno estar leyendo la más hermosa página del Divino Marqués.» Ciertamente, hay mucho en esta película del trasfondo de melancolía y desolación que supone el abandono del mundo de plenitud y deseo de la infancia para ingresar en los compromisos y deserciones del mundo adulto en que se ven aherrojados los otrora inseparables Alejandro y Catalina.

EL RÍO Y LA MUERTE, 1954

FICHA TÉCNICA. Producción: Clasa Films Mundiales. Productor: Armando Orive Alba. Productor Ejecutivo: José Ramón Aguirre. Guión: Luis Alcoriza y Luis Buñuel. Argumento: La novela de Manuel Álvarez Acosta *Muro blanco sobre roca negra*. Fotografía: Raúl Martínez Solares. Decorados: Gunther Gerszo. Música: Raúl Lavista. Montaje: Jorge Bustos. Ayudante de Dirección: Ignacio Villarreal. Jefe de Producción: José Alcalde Gámiz. Sonido: José D. Pérez y Rafael Ruiz Esparza. Maquillaje: Margarita Ortega. Duración: 93 minutos.

FICHA ARTÍSTICA. Columba Domínguez (Mercedes), Miguel Torruco (Felipe Anguiano), Joaquín Cordero (Gerardo Anguiano), Jaime Fernández (Rómulo Menchaca), Víctor Alcocer (Polo Menchaca), Humberto Almazán (Crescencio Menchaca), Silvia Derbez (Elsa), José Elías Moreno (Don Nemesio), Carlos Martínez Baena (Don Julián), Alfredo Varela (Chinelas), Manuel Dondé (Zósimo Anguiano), Miguel Manzano (Don Anselmo), Jorge Arriaga (Filoginio Menchaca), Roberto Meyer (Doctor), Chel López (El asesino), José Muñoz (Don Honorio).

Santa Bibiana es un pueblo situado a la orilla de un caudaloso y negro río. En tiempos, la corriente se desbordó y lo inundó, por lo que hubo de ser reconstruido en la margen opuesta. Sólo el cementerio permaneció en el primitivo emplazamiento, respetando la paz de los muertos. De esa manera, ese río emblemático pasó a convertirse, en cierto modo, en el protagonista de un lugar enormemente violento, siempre enzarzado a tiros en peleas y venganzas. Cuando alguien discute con otro y lo mata de frente, se le permite huir, tras una formularia persecución, siempre que consiga atravesar el río. Allí, aislado en el monte, en la otra orilla, se le deja en paz hasta que se considera saldada su deuda. Ésa es la costumbre que el tiempo ha hecho ley.

De igual manera, una muerte ha de ser vengada, y esto origina nuevas muertes en cadena que continúan el interminable rosario de víctimas entre dos dinastías enfrentadas, los Anguiano y los Menchaca. Felipe Anguiano fue abatido por Rómulo Menchaca, y su hijo, Gerardo, ha de vengarle enfrentándose con el hijo de su

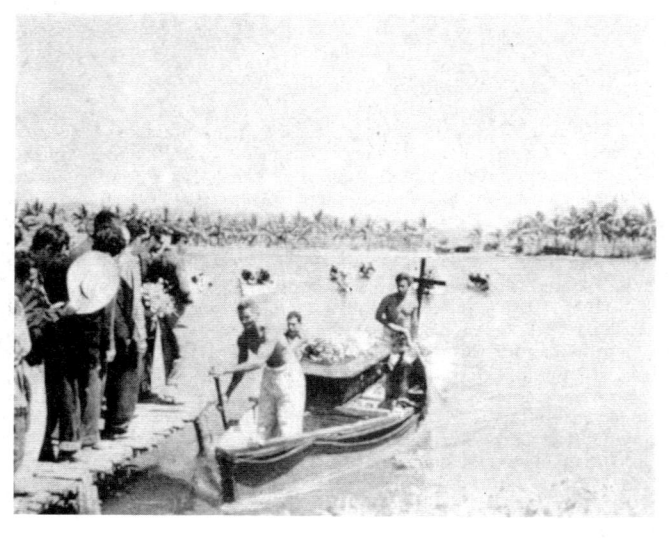

asesino. En vano don Nemesio intenta ejercer el papel de moderador de tan bárbaras costumbres. Pero Gerardo Anguiano —que narra en *flash-back* toda esta saga familiar a su novia enfermera, Elsa, en el hospital donde está convaleciente— es médico, y como hombre de estudios se niega a proseguir la secular rivalidad entre sus ascendientes y los Menchaca, de los que él y Rómulo representan los últimos descendientes. Su madre y las continuas provocaciones de su rival le empujan a la venganza, pero tras muchos esfuerzos y generosidad conseguirá romper el círculo fatal y convencer a su oponente de que se puede vivir y ser hombre sin necesidad de aparatosas demostraciones de machismo y la habitual ensalada de tiros. Un abrazo final sella tan edificante conclusión.

El río y la muerte ostenta un récord en la filmografía de Buñuel, al tratarse del encargo que hubo de rodar con mayor rapidez: dos semanas, exactamente.

Críticos ha habido que —incapaces de prescindir de una óptica epidérmicamente culturalista— han llegado a considerarla como una «parodia de película del Oeste». Ello es debido en gran medida a las distorsiones que provoca su recepción entre quienes no conocen la realidad mexicana, como ha subrayado Virginia Higginbotham: «Magistral estudio del machismo, *El río y la muerte* es, seguramente, una de las películas peor entendidas de Buñuel. Debido a que su lenguaje, situaciones y registro son los de la clase trabajadora del México rural y a que Buñuel ha dosificado el cáustico humor que suele asociarse con su arte, fue un fracaso en el Festival de Venecia de 1954. Una audiencia sofisticada, poco familiarizada con el México rural, la consideró una farsa...»

Es, también, una de las pocas obras «de tesis» firmadas por Buñuel, responsabilidad que hay que atribuir a Manuel Álvarez Acosta —autor de la novela *Muro blanco sobre roca negra* en que se basó la película—, quien exigió que las ideas de fondo de su libro fuesen respetadas escrupulosamente, para lo que no dudó en enmendar el guión. Como ha observado Emilio García Riera, el cineasta difícilmente podía comulgar con la nueva burguesía liberal mexicana que «insistía en identificar al humanismo con el progreso científico o industrial, identificación que dos terribles guerras mundiales habían desprestigiado ya a ojos europeos».

ENSAYO DE UN CRIMEN, 1955

FICHA TÉCNICA. Producción: Alianza Cinematográfica. Productor: Alfonso Patiño Gómez. Productor Ejecutivo: Roberto Figueroa. Guión: Luis Buñuel y Eduardo Ugarte. Argumento: La novela de Rodolfo Usigli. Fotografía: Agustín Jiménez. Operador: Sergio Véjar. Decorados: Jesús Bracho. Música: Jorge Pérez Herrera. Montaje: Jorge Bustos. Ayudante de Dirección: Luis Abadíe. Jefe de Producción: Armando Espinosa. Sonido: Rodolfo Benítez, Enrique Rodríguez y Ernesto Caballero. Maquillaje: Sara Mateos. Duración: 89 minutos.

FICHA ARTÍSTICA. Ernesto Alonso (Archibaldo de la Cruz), Miroslava Stern (Lavinia), Rita Macedo (Patricia Terrazas), Ariadna Welter (Carlota), José María Linares Rivas (Willy Corduran), Rodolfo Landa (Alejandro Rivas), Andrea Palma (Señora Cervantes), Carlos Riquelme (El comisario), Leonor Llausás (La institutriz), Eva Calvo y Enrique Díaz Indiano (Padres de Archibaldo), Carlos Martínez Baena (El cura), Roberto Meyer (Doctor), Chabela Durán (Hermana Trinidad), Manuel Dondé (Coronel), Armando Velasco (Juez).

La película —basada en una novela de Rodolfo Usigli, que, según éste, Buñuel «destrozó» hasta dejarla irreconocible— se inicia en los días de la revolución mexicana de 1910. El niño Archibaldo de la Cruz se prueba el corsé de mamá, mientras una cajita de música deja oír un minué que será el *leit motiv* de todo el filme, dotándolo de ese aire de divertimento que estructura su ritmo interno. Se trata de una de tantas cajas presentes en la obra de Buñuel (*Un perro andaluz, El ángel exterminador, Belle de jour...*), valedoras de algún secreto pasadizo con el omnipotente mundo del deseo.

En este caso, la cajita permite librarse de quienes uno aborrece, y el niño ensaya con la institutriz, que cae por el impacto de una bala perdida procedente de la calle, donde los revolucionarios ganan posiciones. En el suelo, la mujer ofrece a los ojos fascinados de Archibaldo sus muslos con ligueros, lo que le lleva a descubrir simultáneamente el erotismo y la muerte. Ello condicionará su carácter y comportamiento, en una relación causa-efecto que el cineasta no se toma en absoluto en serio. Antes bien, resulta muy evidente que parodia el facilón cine psicoanalítico producido por Hollywood, incluido el terapéutico *final feliz*.

A medida que avanza la película, nos vamos haciendo cargo de que estas escenas iniciales son contadas retrospectivamente por Archibaldo. Al igual que *Él* —pero aquí con mayor maestría, a la que no es ajeno su colaborador en el guión, Eduardo Ugarte—, Buñuel va trenzando mediante el *flash-back* un análisis suyo del personaje que proceden a matizar, desmentir o ironizar las autojustificaciones del protagonista-narrador. Truffaut la ha relacionado con *Shadow of a doubt* (1943), de Hitchcock; *Unfaithfully yours* (1948), de Sturges, y *Monsieur Verdoux* (1947), de Chaplin. Apreciación que ha sido matizada por Eric Rohmer al escribir: «Buñuel se parece a Hitchcock como el Polo Sur al Polo Norte.»

Para mayor morbo, esa vivencia infantil se la ha contado Archibaldo a una monja, a la que a continuación intenta degollar con una navaja de afeitar. En su huida, la religiosa muere al caer por el hueco de un ascensor, iniciándose así una serie de crímenes frustrados que el protagonista nunca llega a consumar, porque alguien se le adelanta: al intentar matar a la frívola Patricia Terrazas, llega su amante y ha de retirarse, pero ella se suicida; el día de su boda con Carlota planea ejecutarla en la alcoba nupcial al saber que le es infiel, pero lo hace en su lugar un pretendiente despechado, el arquitecto Alejandro, que la dispara con un revólver.

Finalmente, conoce a una modelo, Lavinia, a la que intenta quemar en su horno de ceramista. Pero unos turistas a los que ella sirve de guía irrumpen oportunamente en la casa de Archibaldo y éste ha de conformarse con lanzar a las llamas un maniquí de cera que reproduce fielmente los rasgos de la modelo. La película termina cuando el protagonista mete en un saco la cajita de música y la tira al agua. Poco después se encuentra a Lavinia y se aleja con ella del brazo, no sin antes arrojar su bastón, que ya no necesita, pues se ha librado de su trauma, es decir, de su impotencia (si se acepta la alegoría propuesta por Alberto Moravia). Su vida criminal, que le llevaba a resignarse a contemplar cómo otros conseguían alcanzar lo que él no lograba, queda así curada en un final a toda orquesta del que Buñuel se distancia casi tanto como del *happy end* de Susana.

La película está llena de corrosivos comentarios dignos de la mejor comedia, a través de pequeños detalles que van sazonando la acción principal. Por ejemplo, en la secuencia en que Carlota y su madre montan la consabida cursilada de la mamá que pierde a su hija muy amada porque ésta se va a casar y Archibaldo —y el espectador— están pendientes del zapato de Lavinia que él trata de esconder. O el juez que sermonea elocuentemente al protagonista y es interrumpido en seco por la esposa que lo reclama para comer...

Archibaldo es un pariente próximo del Francisco de *Él,* ya que ambos, enclaustrados en sus guaridas, son réplicas mesocráticas y en pantuflas del Marqués de Sade. Buñuel ha matizado que «Francisco es un ser moral, un inocente, y Archibaldo un esteta criminal» y otros críticos han subrayado que mientras el primero termina presa de sus obsesiones, el segundo es capaz de rebelarse contra la institutriz (en pleno ambiente revolucionario) y atentar contra la monja (o sea, la religión). Randall Conrad, por su parte, estima que *«Archibaldo* recuerda a *Un perro andaluz* como *Él* recuerda a *La edad de oro».* Y aún cabría añadir que Archibaldo es, en cierto modo, un personaje de tránsito entre los jóvenes protagonistas masculinos de Buñuel que han desfilado hasta ahora por sus cintas y los maduros e incluso viejos que encarnará modélicamente Fernando Rey en *Viridiana, Tristana* y *Ese oscuro objeto del deseo.*

Por otro lado, la mezcla de los tiempos (pasado-presente-futuro) y de los modos (realidad/imaginación), a través de los *flash-backs,* integra en un lenguaje más convencional los logros de ruptura espacio-temporal ya presentes con todo radicalismo en sus dos primeras películas. Esto es imprescindible en un filme que, como *Ensayo de un crimen,* pretende mostrar cómo se interrelacionan el mundo de la realidad y el de la fantasía, hasta imposibilitar su segregación. Con ello quedan las puertas expeditas para los virtuosismos de *El discreto encanto de la burguesía* o *Belle de jour*. Eso a largo plazo. De forma más inmediata, la destreza que Buñuel demostraba en este filme y su éxito de crítica en Francia le abrieron de par en par los estudios del cine galo, favorablemente predispuestos ya desde *Los olvidados*.

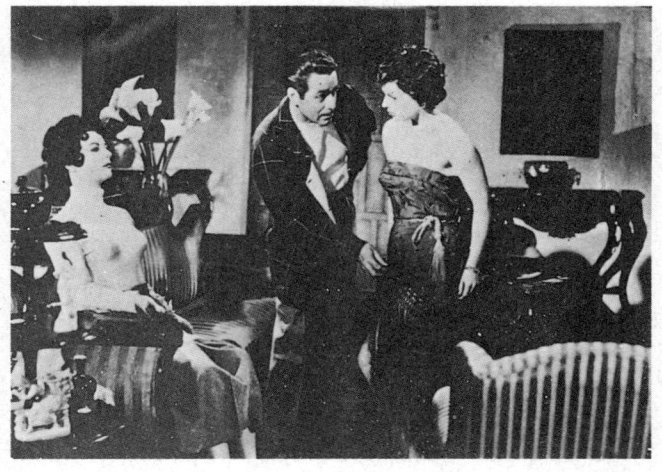

CELA S'APELLE L'AURORE (Así es la aurora), 1955

FICHA TÉCNICA. Producción: Les Films Marceau, Laetitia Films. Guión: Luis Buñuel y Jean Ferry. Argumento: La novela de Emmanuel Robles. Fotografía: Robert Lefévre. Operador: Roger Delpuech. Decorados: Max Douy. Música: Joseph Kosma. Montaje: Marguerite Renoir. Ayudantes de Dirección: Marcel Camus y Jacques Deray. Jefe de Producción: André Cultet. Sonido: Antoine Petitjean. Duración: 102 minutos.

FICHA ARTÍSTICA. Georges Marchal (Doctor Valerio), Lucía Bosé (Clara), Nelly Borgeaud (Ángela), Gianni Espósito (Sandro Galli), Julien Bertheau (El comisario), Jean-Jacques Delbo (Gorzone), Robert Le Fort (Pietro), Brigitte Elloy (Magda), Henry Nassiet (Padre de Ángela), Gaston Modot (sustituto de Sandro), Pascal Mazzotti (Azzopardi), Simone París (Mme. Gorzone), Marcel Pérès (Fesco), Yvette Thilly.

Valerio, que ejerce como médico en Cerdeña, está casado con Ángela, quien se aburre en la isla y suspira por trasladarse a Niza. En el transcurso de un viaje de su mujer al continente, Valerio conoce a la joven viuda italiana Clara, de la que pronto se convertirá en amante. Entretanto Sandro —un humilde labrador cuya mujer, gravemente enferma, trata de curar Valerio— es expulsado por su patrón, el industrial y terrateniente Gorzone, de la casa y finca que le tiene arrendadas. En el traslado, la enferma muere y en venganza Sandro mata a Gorzone. Conocedor de la situación, Valerio le oculta, cediéndole una habitación en su casa, donde es descubierto por su esposa y suegro, que regresan ese día de Niza y le exigen imperiosamente que lo entregue. El médico no duda en romper con su mujer antes que denunciarlo, pero Sandro huye, y al ser rodeado por la policía se suicida con la última bala que le quedaba. Valerio, que ha intentado que se entregara sin violencia, se niega a estrechar la mano que le tiende el comisario Fasaro, alejándose con Clara y los obreros compañeros del muerto.

La réplica del mendigo a la señora Narsès con que se

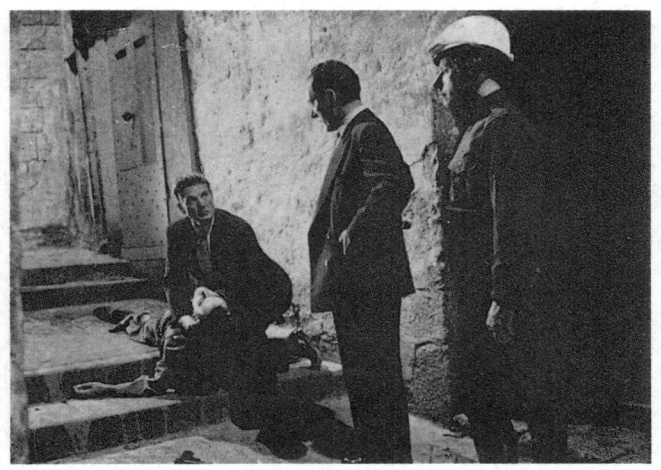

cierra la *Electra* de Jean Giradoux presta su título a la novela de Emmanuel Roblès en que se basa la película homónima de Buñuel:

«*Señora Narsès:* —¿Cómo se llama eso, cuando el día nace, lo mismo que hoy, y todo está mal, todo aparece al revés, y sin embargo se respira, y uno lo ha perdido todo, y la ciudad está ardiendo, y los inocentes se matan unos a otros, y los culpables agonizan, en un rincón del día que nace?

El mendigo: —Eso tiene un bello nombre, señora Narsès. Eso se llama la aurora.»

Rodada en coproducción franco-italiana, *Cela s'appelle l'aurore* supuso la reincorporación del cineasta aragonés al cine galo. En un principio, su colaborador en el guión debía ser Jean Gênet, pero dejó su labor sin concluir y fue el surrealista y *patafísico* Jean Ferry quien ocupó su lugar. Los resultados no fueron precisamente de lo mejor que saliera de la cámara de Buñuel, al no haberse sabido distanciar del academicismo francés y las malas pasadas que al realizador solían jugarle sus

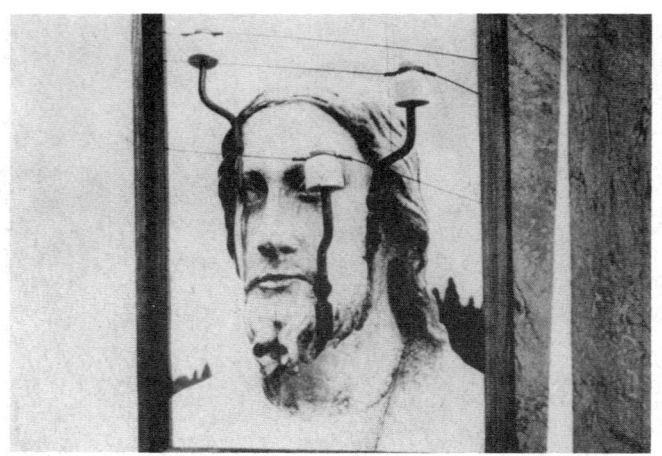

compromisos ideológicos, reforzados en este filme por el tonillo existencialista del *engagement* presente en la novela de que procede.

Eric Rohmer empezaría su crítica cargado de razón para deslizarse hasta el despropósito al escribir: «Del mito del *amour fou* de Breton aquí sólo queda lo que muy bien podía haber sido argumento de un folletín para chachas y adolescentes tontas... ¡Es para volverse santurrón, polizonte y fascista en un santiamén! ¡Cuánta vulgaridad! ¡Cuántas coces contra unas puertas mil veces derribadas! Buñuel no ha dicho aún, y hago votos para que así sea, su última palabra. Hoy por hoy, le corresponde un pequeño lugar en la historia del cine, en tanto que colaborador de Dalí en *Un perro andaluz* y *La edad de oro,* y como casi único representante del cine mexicano. Un pequeño lugar, ciertamente.»

Dalí, por cierto, es aludido en la película, ya que el comisario Fasaro tiene en su despacho —debajo de sus esposas— un volumen de las *Obras Completas* de Paul Claudel y una reproducción del *Cristo de Port Lligat* del pintor catalán. Claudel y Dalí fueron dos de los escasos intelectuales europeos que apoyaron al bando franquista en la Guerra Civil española. En vivo contraste, Valerio tiene en su casa la foto de una cabeza de Jesús perforada por los aislantes que sujetan los hilos electricos y que está situada —para mas *inri*— junto al contador de la luz.

LA MORT EN CE JARDIN (La muerte en este jardín), 1956

FICHA TÉCNICA. Producción: Producciones Tepeyac, Films Dismage. Productores: Oscar Dancigers y David Mage. Productores Ejecutivos: Léon Carré y Antonio de Salazar. Guión: Luis Buñuel, Luis Alcoriza, Raymond Queneau y Gabriel Arout. Fotografía: Jorge Stahl Jr., en Eastmancolor. Argumento: La novela de José-André Lacour. Decorados: Edward Fitzgerald. Música: Paul Misraki. Montaje: Marguerite Renoir. Ayudantes de Montaje: Alberto A. Valenzuela y Denise Charveain. Ayudantes de Dirección: Ignacio Villarreal y Dossia Mage. Jefe de Producción: Alberto A. Ferrer. Sonido: José de Pérez y Galdino Samperio. Duración: 97 minutos.

FICHA ARTÍSTICA. Simone Signoret (Djin), Georges Marchal (Shark), Charles Vanel (Castin), Michel Piccoli (Padre Lizardi), Tito Junco (Chenko), Jorge Martínez de Hoyos (Capitán Ferrero), Michèle Girardon (María), Luis Aceves Castañeda (Alberto), Raúl Ramírez (Álvaro), Francisco Reiguera (El tendero), José Muñoz y Alberto Pedret (Tenientes), Manuel Dondé (Telegrafista), Alicia del Lago, Guillermo Hernández, Agustín Fernández, José Chávez, Chel López, Marc Lambert, Federico Curiel.

En una república latinoamericana imaginaria, vecina de Brasil, estalla un levantamiento al anunciarse que el Gobierno ha decidido incautarse de los yacimientos diamantíferos. En el motín se ven envueltos varios de los aventureros que trabajan en las explotaciones y algún otro que va de paso, como Shark, que ha sido traicionado y entregado a las autoridades por una prostituta, Djin. Escapando de la represión, ambos terminarán encontrándose en un barco con el que intentan huir por el río hasta ganar la frontera. A ellos se unirán el buscador de diamantes Castin, su joven hija muda María y el misionero Lizardi.

Abandonada la nave y engullidos por una jungla que no conocen, sin víveres y perseguidos por el ejército, las relaciones del grupo se van volviendo más y más descarnadas, como en otros naufragios sociales buñuelescos en los que el alejamiento de la civilización termina por hacer caer las máscaras impuestas. Inmerso en un ambiente natural, el padre Lizardi ha de asumir que su

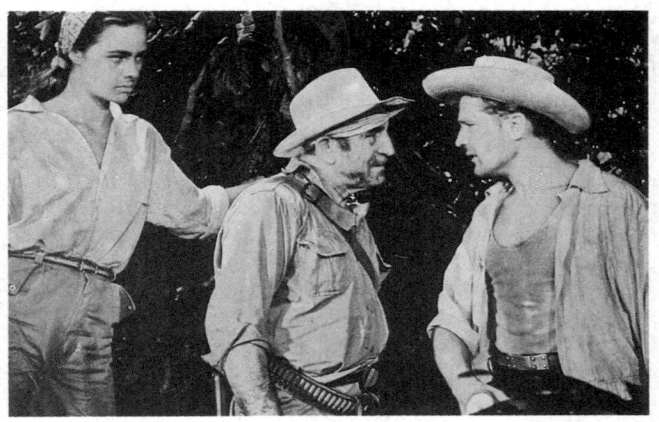

misal quizá no sólo sirva para rezar a Dios por la salvación de sus compañeros, sino también para ponerlo directamente al servicio de los hombres, arrancando sus hojas para hacer el fuego que tanto necesitan. Se ha establecido así la fraternidad sin coartadas, poniendo al hombre por encima de sus intermediarios, sean éstos de orden divino o social.

La vuelta a la «civilización» destruye esa menguada y precaria solidaridad cuando, en un claro de la jungla, descubren los restos de un avión accidentado, abundantemente provisto de los equipajes de sus pasajeros. La primera reacción de Lizardi le lleva a decir: «¡Dios nos ha salvado!». A lo que responde Shark, irónico: «Y para eso ha hecho falta que muriesen cincuenta personas, ¿no?». Castin, que se ha ido trastornando debido a las penalidades a que se han visto sometidos, mata a Djin y a Lizardi, poco antes de caer bajo los disparos de Shark, quien consigue su objetivo de alcanzar la frontera en compañía de la muda e inocente María.

El guión está basado en una novela de José-André Lacour y para su elaboración Buñuel contó con la ayuda de Luis Alcoriza y Raymond Queneau, aunque los productores lo dejaron muy maltrecho con las modificaciones introducidas, eliminando un ingenioso hallazgo de este último, como ha contado Buñuel: «Simone Signoret —ramera en un pequeño poblado minero en el que ya se han producido disturbios— está haciendo la compra en una tienda. Adquiere sardinas, agujas, varios otros artículos, y luego pide una pastilla de jabón. En ese momento se oyen las cornetas de los soldados que llegan para restablecer el orden en el pueblo. Cambia inmediatamente de idea y pide cinco pastillas de jabón.»

Aunque el padre Lizardi carezca de la pureza del protagonista de *Nazarín,* (película que Buñuel rodaría a continuación), en algo prefigura sus conflictos, así como los del pastor protestante de *La joven*. Los tres ejemplifican bien el papel narcotizante que el realizador atribuye a la moral cristiana y evocan el tema sadiano de «las desventuras de la virtud», ya que estos beneméritos religiosos causan tantos más problemas cuanto mayor es su celo apostólico y más intenso su impulso caritativo ejercido en nombre de las Alturas. Por el contrario, empiezan a resultar de alguna utiliad cuando se comportan como personas a secas, sin aditamentos teologales, lo mismo que le sucederá a Viridiana.

NAZARÍN, 1958

FICHA TÉCNICA. Producción: Producciones Barbachano Ponce. Productor: Manuel Barbachano Ponce. Productor Ejecutivo: Federico Amérigo. Guión: Luis Buñuel y Julio Alejandro, supervisado por Emilio Carballido. Argumento: La novela de Pérez Galdós. Fotografía: Gabriel Figueroa. Operador: Ignacio Romer. Decorados: Edward Fitzgerald. Música: Macedonio Alcalá. Montaje: Carlos Savage. Ayudante de Dirección: Ignacio Villarreal. Jefe de Producción: Carlos Velo. Sonido: José D. Pérez y Galdino Samperio. Vestuario: Georgette Somohano. Maquillaje: Armando Meyer. Duración: 97 minutos.

FICHA ARTÍSTICA. Francisco Rabal (Padre Nazario), Marga López (Beatriz), Rita Macedo (Andara), Ignacio López Tarso (El sacrílego), Ofelia Guilmáin (Chanfa), Luis Aceves (El parricida), Noé Murayama (El Pinto), Jesús Fernández (El enano Ujo), Rosenda Monteros (La Prieta), Aurora Molina (La Camella), Ada Carrasco (Josefa), Antonio Bravo (El arquitecto), Pilar Pellicer (Lucía), David Reynoso (Juan), Edmundo Barbero (Don Ángel), Raúl Dantés (El sargento), Lupe Carriles (La prostituta), Manuel Arvide (El ayudante del arquitecto), José Chávez (El capataz), Ignacio Peón (El cura), Arturo "Bigotón" Castro (El coronel), Victorio Blanco (El viejo preso).

Con ayuda de su paisano aragonés Julio Alejandro, Buñuel introdujo importantes cambios en la novela del mismo título de Benito Pérez Galdós que le sirvió de base para su película. El más evidente es su ambientación en la dictadura de Porfirio Díaz, pero hay otros más profundos a los que el cineasta se veía abocado por la distancia que mediaba respecto a la obra galdosiana. *Nazarín,* publicada en 1895, corresponde a la época «espiritualista» de don Benito, y es el resultado de preguntarse qué sucedería si Cristo reapareciera en la época contemporánea.

En *Nazarín* Pérez Galdós nos presenta a don Nazario Zaharín, un sacerdote de origen manchego que trata de vivir el Evangelio en toda su pureza y, acompañado de Andara y Beatriz, presta ayuda a los pueblos apestados y sirve de edificante ejemplo a Beatriz (a la que convierte al misticismo) y a un malhechor al que logra redimir. Al final la gente, incluida la prensa, se pregunta admirada si están ante un delincuente o un loco. En su siguiente novela, *Halma,* reaparece el personaje de Nazarín, sólo que deja de ser el protagonista para servir de fondo a la condesa de Halma-Lautenberg. Tras su fugaz matrimonio con un aristócrata alemán, la condesa se cree llamada por la vida religiosa, e intenta poner en pie un Instituto que recoja a los pobres, flanqueada por Beatriz y Nazarín y un primo de la primera, José Antonio de Urrea. Pero la empresa está llamada al fracaso y Nazarín le aconseja que se case con su primo.

En un principio Buñuel pensó en fundir *Nazarín* y *Halma* en un solo guión, pero abandonó la idea. Sin embargo, si se repara en el argumento de *Halma* se notará de inmediato su gravitación sobre *Viridiana*. Ello explica el aire «galdosiano» de esta última película, que viene a mostrarnos las desventuras de una especie de Nazarín femenino. Igualmente, hay elementos de *Ángel Guerra* —otra obra del novelista que el realizador siempre quiso rodar— que se han colado de rondón en estos filmes y en *Tristana*. Por ello hay que manejar con cautela la atribución a Buñuel de elementos que ya están en Galdós, como la mezcla de don Quijote y Jesucristo en que se inspira el protagonista de *Nazarín,* y los principales episodios de la pasión reconocibles en su itinerario, en el que no faltan los fariseos, los centuriones, la Verónica, María Magdalena, Marta y María, la negación de Pedro, el buen ladrón, etc.

La no observancia de estas precauciones llevó a la crítica más militantemente católica a acoger en su seno a Buñuel, razonando, unas intenciones cristianas en las que el director se vio implicado, muy a su pesar. Porque lo cierto es que las variantes que introdujo en su película resultan demoledoras: además de hacer saltar en pedazos la iconografía crística convencional con su Ecce Homo que ríe a mandíbula batiente en la alucinación de Andara, Buñuel hará fracasar a Nazarín en el pueblo apestado, en la catequización de Beatriz y del buen ladrón y en casi todos los empeños en que se ve envuelto. En realidad, su único —y nada desdeñable—

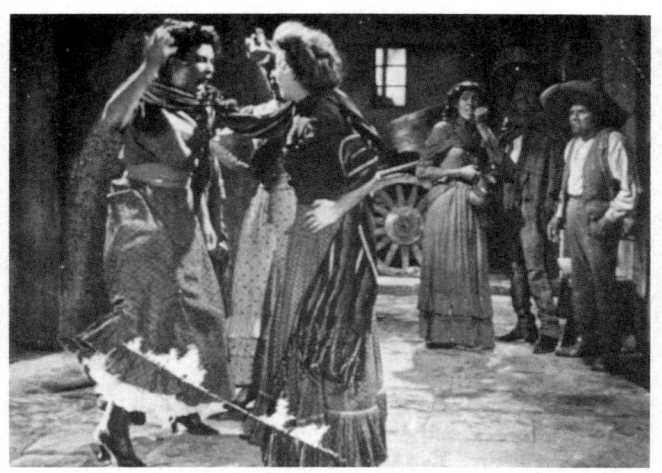

logro consiste en recuperar al hombre que yacía bajo el sacerdote. Como ha indicado Louis Seguin, Buñuel no pretende mostrar que incluso un cura sincero puede errar, sino que «un cura, porque cree en Dios y quiere actuar como dispensador de lo sagrado, como mediador entre los hombres y una supuesta divinidad, es tanto más perjudicial cuanto más desea ser honesto».

De esa forma, se puede entender mejor la estrategia expositiva de su película. Ésta comienza con la presentación de don Nazario, sacerdote que vive en la más precaria menesterosidad entre los humildes, practicando literalmente el Evangelio y al margen de la Iglesia oficial, con la que mantiene relaciones más bien tangenciales que no entusiasman, ni siquiera agradan, a sus colegas y superiores. Su casa es tan pobre que le sirve de puerta habitual una ventana, y por allí entra todo el mundo a coger lo que necesita o, mejor, lo que han dejado los ladrones.

Un día viene a refugiarse en su habitación Ana de Ara (*Andara*), prostituta que en una pelea ha descalabrado a *La Camella,* resultando herida a su vez. Nazarín la esconde y socorre. En el vecindario vive también Beatriz, una vecina de tendencias histéricas que intenta suicidarse al ser abandonada por su amante *El Pinto,* un buen exponente de macho perdonavidas. Denunciada por una colega, Andara pega fuego a la casa para borrar el rastro de perfume que la delataría. Enterados sus superiores de lo sucedido, Nazarín es suspendido *a divinis* por su conducta poco edificante.

Sin oficio ni beneficio, y carente de refugio, el sacerdote opta por salir a los caminos a pedir limosna, abandonando el traje talar. La gente, viéndole joven y sano, le niega cualquier dádiva, y le insta a que trabaje. Intenta hacerlo en un tajo a cambio solamente de la manutención, pero con ello actúa como esquirol en perjuicio de sus compañeros, lo que provoca la agresión de éstos y la intervención del capataz para hacer valer su autoridad. Al poco de alejarse Nazarín, ajeno al conflicto que ha dejado tras de sí, se oyen varios disparos, que él escucha distraídamente mientras arranca una ramita de un olivo.

Poco después se encuentra a Andara y Beatriz, quienes le piden que cure a una niña enferma. Muy en contra de su voluntad, accede a rezar unas oraciones mientras las mujeres se entregan a conjuros y hechicerías. La mejoría de la enferma es interpretada como un milagro por las dos mujeres, que deciden acompañarle allí donde vaya, con gran contrariedad por parte de Nazarín. Siguiendo su camino llegan a un pueblo apestado, donde trata de ofrecer los consuelos de la religión a una moribunda. Pero lo que ella desea es ver al hombre que ama, y su respuesta a los requerimientos del sacerdote no puede ser más escueta y rotunda: «No Cielo; Juan.»

El comentario de Beatriz («Yo también he querido así»); la inutilidad del párroco rociando con agua bendita los cadáveres en la iglesia del pueblo, mientras las campanas tocan a muerto; la alegría con que los aldeanos reciben el carruaje en el que acuden médicos y enfermeras; todo eso empieza a hacer ver a Nazarín que

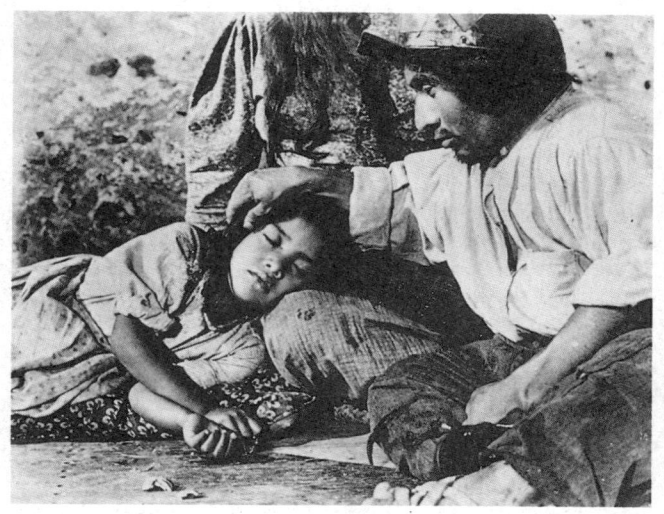

su dedicación tiene que ver más con una idea preconcebida de la caridad que con la vida misma, concluyendo: «No tenemos nada que hacer aquí.» Y es entonces cuando comienza una suerte de calvario inverso, que en lugar de elevarle desde los hombres hasta la divinidad, le restituirá a las filas de los humanos.

Pronto se les une el enano Ujo, que está enamorado de Andara, y viene a prevenirles de que la policía les anda buscando, para evitar el espectáculo de un cura con dos mujeres de dudosa reputación. Más Nazareno que nunca, el sacerdote es detenido en una escena paralela al prendimiento del Huerto de los Olivos. Junto con las dos mujeres se le incluye en una cuerda de presos, donde dos ladrones molestan al sacerdote. Ya en la celda, uno de ellos abofetea a Nazarín y lo patea, pero el otro (como en una réplica del «buen ladrón») sale en su defensa. Cuando Nazarín trata de ganársele y le invita a regenerarse, el bandido le responde que no ve razón alguna para cambiar: «Usted para el lado bueno y yo para el lado malo... ninguno sirve para nada.» Tras lo cual termina pidiéndole dinero.

Apenas repuesto de esta decepción, Nazarín ha de pasar el trago de ver cómo el *Pinto* se lleva a su discípula predilecta, Beatriz. Al final, sólo el amor del enano Ujo por Andara sale bien parado, en una conmovedora escena en que trata de alcanzar la cuerda de presos en que se llevan a la mujer que ama («Tú pública, tú fea, Andara, pero yo te estimo»), lo que le resulta imposible debido a sus cortas piernas. No acaba ahí *Nazarín,* sin embargo, ya que Buñuel introduce un matiz que ha dado lugar a amplias controversias y a no pocos equívocos. Por iniciativa de su obispo, que quiere evitar el escándalo a toda costa, el sacerdote es llevado aparte de los presos comunes por un guardián. En un alto del camino seco y polvoriento una mujer le ofrece espontáneamente una piña. Durante un momento, Nazarín duda en aceptarla, produciéndose en él la primera y fundamental fisura que puede llevarle a considerar a sus semejantes de tú a tú, sin ningún tipo de coartadas. Finalmente, la acepta con lágrimas de gratitud. Los tambores de Calanda, que resuenan de nuevo tras *La edad de oro* para subrayar esta tremenda crisis de conciencia, cierran la película.

Obra muy personal, *Nazarín* se benefició de unas facilidades de las que raramente pudo disfrutar Buñuel en su etapa mexicana, en la que casi siempre se vio sometido a la «dictadura de las tres semanas», tiempo máximo en que solía rematarse un filme. Frente a ello, dispuso de seis semanas para rodarla y de tres meses para montarla, además de contar con la plena complicidad del operador Gabriel Figueroa, quien ha contado a menudo cómo atajó el director su proverbial esteticismo: «He encontrado el truco para trabajar con Luis —declararía—. No hay más que plantar la cámara frente a un paisaje soberbio, con nubes magníficas, flores maravillosas, y cuando estás listo le vuelves la espalda a todas esas bellezas y filmas un camino lleno de pedruscos o una roca pelada.»

Todas estas cualidades fueron apreciadas por el jurado del Festival de Cannes, que, con John Huston al frente, la premió frente a la película que representaba a México oficialmente, *La cucaracha,* de Ismael Rodríguez. Pero no fue ése el único galardón que se le otorgó, ya que su planteamiento nada esquemático ni maniqueo llevó a la Oficina Católica Internacional de Cine (O.C.I.C.) a considerar muy seriamente su candidatura como exaltadora de los valores cristianos, en un evidente intento de «recuperar» a Buñuel. Éste replicó con su famosa declaración a Jean de Baroncelli: «Gracias a Dios, todavía soy ateo.» Y no tuvo empacho en confesar al preguntársele qué hubiese hecho de haberle otorgado ese premio eclesiástico: «Me hubiera visto obligado a suicidarme.»

LOS AMBICIOSOS/ LA FIÈVRE MONTE À EL PAO, 1959

FICHA TÉCNICA. Producción: Filmex, Films Borderie, Groupe des Quatre, Cité Films, Cormoran Films, Indus Films, Terra Films. Productores: Gregorio Walerstein y Raymond Borderie. Productor Asociado: Oscar Dancigers. Productor Ejecutivo: Vicente Fernández. Guión: Luis Buñuel, Luis Alcoriza, Louis Sapin, Charles Dorat, Henri Castillou y José Luis González de León. Argumento: La novela de Henri Castillou. Fotografía: Gabriel Figueroa. Operador: Ignacio Romero. Decorados: Jorge Fernández y Pablo Galván. Música: Paul Misraki. Montaje: Rafael Caballos (versión mexicana), James Cuenet (versión francesa). Ayudante de Dirección: Ignacio Villarreal. Jefe de Producción: Manuel Rodríguez. Sonido: Rodolfo Benítez y Roberto Camacho (versión mexicana), William-Robert Sivel (versión francesa). Efectos Especiales: Armando Stahl. Vestuario: Ana María Jones y Armando Valdés Peza. Maquillaje: Armando Meyer. Duración: 97 minutos.

FICHA ARTÍSTICA. Gérard Philippe (Ramón Vázquez), María Félix (Inés Rojas), Jean Servais (Alejandro Gual), Víctor Junco (Indarte), Roberto Cañedo (Coronel Olivares), Andrés Soler (Carlos Barreiro), Domingo Soler (Juan Cárdenas), Luis Castañeda (López), Raúl Dents (Teniente García), Miguel Ángel Ferriz (Mariano Vargas), Augusto Benedicto (Sáenz), Armando Acosta (Manuel), Miguel Arenas (El vicepresidente), David Reynoso (Capitán Real), Antonio Bravo (El juez), Enrique Lucero (Vila), Alberto Pedret (Valle), Edmundo Barbero (El fiscal), Pilar Pellicer (La hija de Cárdenas), José Chávez (El chófer), José Muñoz (El encargado del Puerto Miranda), Francisco Jambrina, Carlos León, Emilio Garibay, Ignacio Peón.

La acción de *Los ambiciosos* —coproducción franco-mexicana que en Francia se tituló *La fièvre monte à El Pao*— está ambientada en la pequeña isla de Ojeda, perteneciente a una imaginaria república latinoamericana. Allí se alberga una colonia penitenciaria al frente de la cual ha de ponerse interinamente Ramón Vázquez, el secretario del recién asesinado gobernador Vargas, víctima de un atentado. El nuevo responsable es un hombre ambicioso pero idealista, que trata de rodear a los presos de mejores condiciones de vida. Además, se hace amante de la viuda del difunto, Inés, que seduce al nuevo gobernador del penal, Alejandro Gual, ante sus amenazas de involu-

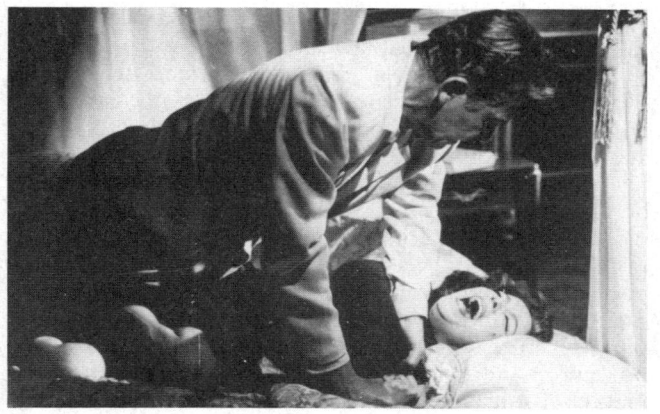

crar a Vázquez con falsos testimonios en el asesinato de Vargas.

Entretanto los prisioneros, irritados por los métodos represivos que Gual ha vuelto a introducir, preparan una revuelta. Vázquez tiene noticias de ella, pero calla y traza un plan que le permitirá ocupar el poder: Inés lleva a Gual al continente con ocasión de una corrida de toros y Ramón consigue sus propósitos, no sin que muera Inés tras haberle abandonado por no estar de acuerdo con sus métodos. La película termina con Vázquez decidido a enfrentarse en solitario al régimen opresivo del presidente Barreiro, al que ha servido inútilmente como reformista.

Buñuel no guardaba buenos recuerdos de este filme, el último en que intervino Gérard Philippe, ya gravemente enfermo de un cáncer de hígado que le afectaba hasta el extremo de tener que suspender en ocasiones el rodaje. La intervención de varios colaboradores en el guión da idea, por otro lado, del rumbo indeciso de una temática que el realizador no pudo controlar en la medida de sus deseos. Nada menos que Alcoriza, Louis Sapin, Charles Dorat y el autor de la novela en que se basaba la película, Henri Castillou, además de Buñuel, intervinieron en su adaptación.

Si el cineasta consideraba *Los ambiciosos* su peor filme francés, la crítica no le ha ido a la zaga, quizá con la excepción del director brasileño Glauber Rocha, que la considera «excelente», por la claridad con que exponía los problemas latinoamericanos. Su cercanía en el tiempo con *Nazarín* convierte a su protagonista, a los ojos de estudiosos como Durgnat, en un «Nazarín de los políticos laicos» (visión del personaje que Buñuel encontraba superficial). En efecto, cabe ir más lejos e intentar profundizar en la frustración que debió suponer para su director no poder encontrar el tono que andaba buscando, y que su trayectoria demandaba imperiosamente. Porque *Los ambiciosos* remata lo que podríamos calificar de «tríptico revolucionario», en prolongación de *Así es la aurora* y *La muerte en este jardín*. Lo que sucede es que, así como hay un cine «alimenticio» mexicano sustentado en el melodrama, hay otro francés que cabe calificar como panfleto de encargo. Su diseño se basa en la mala conciencia que el intelectual europeo siente respecto al Tercer Mundo y en la imagen de rebelde inococlasta del aragonés. Y es comprensible que el realizador se sintiera violento ante un producto tan prefabricadamente «buñuelesco», donde se le servía en bandeja un repertorio de sus supuestas constantes (¡hasta una corrida de toros!) ante las cuales tenía que sentir invadido su íntimo mundo personal.

THE YOUNG ONE (La joven), 1960

FICHA TÉCNICA. Producción: Producciones OLMEC, para Columbia Pictures. Productor: George P. Werker. Guión: Luis Buñuel y H.B. Addis (Hugo Butler). Argumento: La narración *Travelin'man,* de Peter Mathiessen. Fotografía: Gabriel Figueroa. Decorados: Jesús Bracho. Música: Chucho Zarzosa. Canción: Leon Bibb. Montaje: Carlos Savage. Ayudantes de Dirección: Ignacio Villarreal y Juan Luis Buñuel. Jefe de Producción: Manuel Rodríguez. Sonido: James L. Fields, José B. Carles y Galdino Samperio. Maquillaje: Armando Meyer. Duración: 96 minutos.

FICHA ARTÍSTICA. Zachary Scott (Miller), Bernie Hamilton (Travers), Kay Meersman (Evvie), Graham Denton (Jackson), Claudio Brook (Reverendo Fleetwood).

En una isla del sur de los Estados Unidos viven el anciano Pee Wee, su nieta Evvie de catorce años y Miller, el guardabosques de un coto que visitan los cazadores sólo durante la temporada de los ánades. El abuelo de la muchacha muere poco antes de que llegue a la isla Travers, un clarinetista negro que ha huido en una motora para evitar que le linchen por la falsa acusación que sobre él pesa de haber intentado violar a una mujer blanca que se le insinuó y fue rechazada. En ausencia de Miller, que está en el continente, Evvie recibe a Travers con su natural inocencia, duchándose delante de él y proporcionándole un bidón de gasolina para su lancha, que el clarinetista paga religiosamente.

Cuando Miller regresa, su reacción instintiva es salir en busca del intruso blandiendo su rifle. Finalmente, se encuentran y acabarán por entenderse, tras algunos insultos, al hablar de la guerra en la que ambos participaron. El guardabosques ha traído a Evvie un vestido y zapatos de tacón que le quedan grandes y se enfada al ver el billete con que Travers pagó su combustible: «¿Qué le has dado tú a cambio?... Ten mucho cuidado. Todos los hombres no son como yo», la previene. ¿Cómo es Miller? Su caballerosidad se comprueba esa noche. Tras oír a Travers tocar el clarinete, cede su ba-

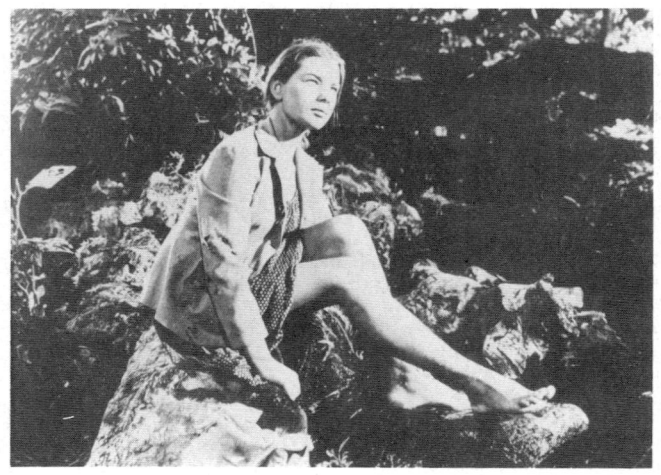

rracón al negro y se acuesta con Evvie. «Ahora ya eres una mujer. Te regalaré una pistolita cromada y un par de medias de nylon», le explica.

Al poco tiempo desembarcan en la isla el pastor protestante Fleetwood y el barquero Jackson. Este último es un fanático racista, mucho más brutal que Miller. Inmediatamente emprende la caza de Travers, tras informar al guardabosques de que al músico se le acusa de violación. Fleetwood intenta atajarle, declarándose antirracista, lo cual no le impide dar la vuelta al colchón donde ha dormido el clarinetista antes de acostarse en él. Impotente para hacer entrar en razón al guardabosque y al barquero, Fleetwood obliga a Miller a aceptar un chantaje al enterarse de que ha abusado de Evvie: debe liberar a Travers y casarse con la muchacha a cambio de su silencio.

La película termina como lo ha previsto el pastor, con una Evvie que, al igual que Viernes en *Robinson Crusoe* —su otra película de habla inglesa— tendrá ahora que enfrentarse a la civilización saliendo de su isla. Como observa Freddy Buache: «De este modo, a través de su amor por una adolescente, Miller se ve obligado a reconsiderar sus prejuicios raciales, o lo que es lo mismo, toda su concepción de la vida, del mundo y de la sociedad... Buñuel narra la historia de *The young one* con una alegre delicadeza y sin caer en ningún momento en los extremos del alegato antirracista o del divertimento con variaciones sobre el lolitismo... Evvie, torpe y grácil con sus zapatos de mujer adulta, es el símbolo maravillosamente matizado que Buñuel ofrece a nuestro deseo para que podamos instaurar, con el amor y contra los enemigos del amor, un orden humano inteligible y radiante.»

La joven, que no disgustaba a su director, es una película de factura muy límpida y clásica, astutamente vertebrada sobre un falso eje de simetría: la violación atribuida a Travers y la real de Miller. Financiada por

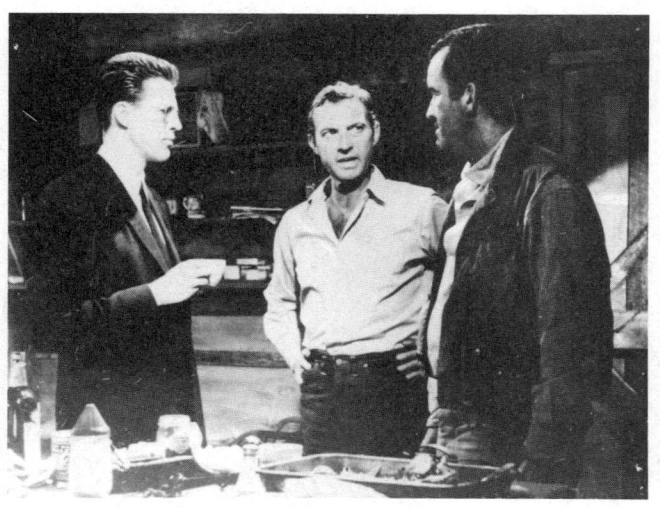

exiliados norteamericanos que huían de la caza de brujas macartista y acogida a una cierta tradición temática del *Deep South* —el actor que interpretaba a Miller, Zachary Scott, había sido también el protagonista de *The Southerner,* de Jean Renoir—, Buñuel se negó, sin embargo, a entrar en el juego maniqueo del blanco malo y el negro bueno. Por pura coherencia, no podía aceptar la compasión por el oprimido; eso hubiera supuesto tácitamente su inferioridad. Y de esa vulneración de los convencionalismos más arraigados en el cine americano se derivó, seguramente, el fracaso de la cinta.

VIRIDIANA, 1961

FICHA TÉCNICA. Producción: Producciones Alatriste, Uninci, Films 59. Productores: Gustavo Alatriste, Pere Portabella. Productor Ejecutivo: Ricardo Muñoz Suay. Guión: Luis Buñuel y Julio Alejandro. Argumento: Luis Buñuel. Fotografía: José F. Aguayo. Decorados: Francisco Canet. Música: Fragmentos del *Mesías* de Haendel, del *Réquiem* de Mozart y de Beethoven, arreglados por Gustavo Pittaluga. Montaje: Pedro del Rey. Ayudantes de Dirección: Juan Luis Buñuel y José Puyol. Jefe de Producción: Gustavo Quintana. Duración: 90 minutos.

FICHA ARTÍSTICA. Silvia Pinal (Viridiana), Francisco Rabal (Jorge), Fernando Rey (Don Jaime), Margarita Lozano (Ramona), Victoria Zinny (Lucía), Teresa Rabal (Rita), José Calvo (Don Amalio), Luis Heredia (El "Poca"), Joaquín Roa (Don Zequiel), José Manuel Martín (El "Cojo"), Juan García Tienda (José "El leproso"), Lola Gaos (Enedina), Sergio Mendizábal (El "Pelón"), María Isbert, Joaquín Mayol, Palmira Guerra, Milagros Tomás y Alicia Jorge Barriga (Mendigos).

Don Jaime, viejo hidalgo español, vive retirado en una hacienda abandonada desde la muerte de su esposa, ocurrida hace treinta años, el mismo día de la boda. Allí recibe la visita de su sobrina Viridiana, novicia en un convento, que se parece extraordinariamente a su mujer y viene a despedirse de su tío antes de profesar definitivamente. Ante un parecido tal, don Jaime se enamora locamente de ella, pero ni sus súplicas ni sus peticiones de matrimonio logran convencerla para que permanezca a su lado. Una noche, la última antes de su partida, don Jaime convence a Viridiana de que se ponga la ropa nupcial de su tía y, ayudado por Ramona, la sirvienta, pone una droga en el café e intenta poseer a la muchacha, pero renuncia en el último momento. Al día siguiente, confiesa a su sobrina lo que ha pasado, y ésta parte horrorizada. Cuando va a tomar el autobús que la llevará al convento, es informada de que su tío acaba de colgarse de un árbol.

Viridiana vuelve a la hacienda de don Jaime; por ahora no regresará al convento. Se siente culpable de la

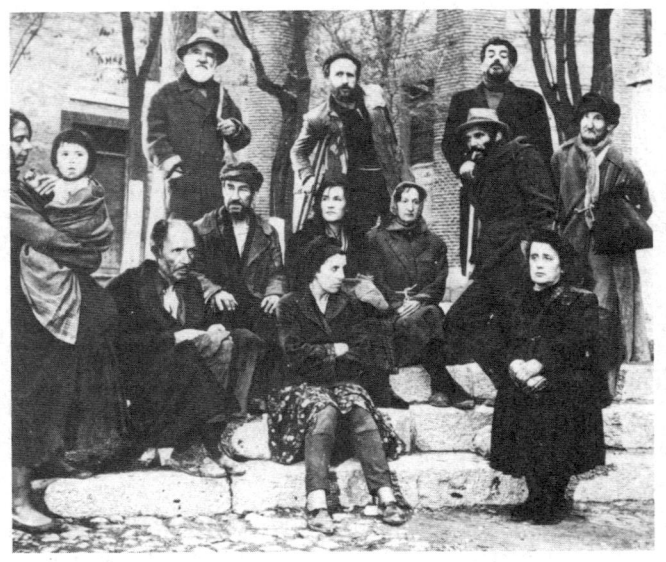

muerte de su tío y quiere expiar su culpa. En la hacienda están también Jorge, hijo natural de don Jaime, y Lucía, la mujer con la que vive. Viridiana se consagra a practicar la caridad, recoge mendigos y los instala en la casona. Jorge quiere arreglar todo, que la hacienda se ponga a producir, que la vida continúe su curso. Pronto hay diferencias entre ellos, por sus distintas maneras de ver la vida. Jorge quisiera expulsar a los mendigos, ya que encuentra todo eso inútil y absurdo, mientras Viridiana los quiere cada vez más y extrema sus sacrificios y su vida de eremita. Las relaciones entre ellos se vuelven tensas, extrañas. Lucía, ante el comportamiento de Jorge, lo abandona, vagamente celosa de Viridiana.

Un día, Jorge y Viridiana deben ir a la ciudad para hacer ciertas gestiones. Los mendigos, creyendo que no volverán hasta el día siguiente, toman la casa por asalto y organizan un gran banquete. Comen, beben, danzan, fornican... El velo nupcial de la mujer de don Jaime sirve de disfraz a uno de ellos, los armarios son vaciados, la casa se convierte en el escenario de una increíble orgía... Jorge y Viridiana vuelven antes de la hora prevista y los mendigos huyen al pueblo. Dos de ellos se quedan, y mientras Ramona va a buscar socorro, intentan violar a Viridiana, después de haber puesto fuera de combate a Jorge. Éste le pide a uno de los mendigos que mate al otro y le ofrece una suma de dinero, logrando así salvar a Viridiana.

Una vez hecha la paz, Jorge juega a las cartas con Ramona, con quien tiene relaciones íntimas. Viridiana intenta, en vano, recomenzar su vida de sacrificios y plegarias. En su lugar, se suelta el pelo y se dirige hacia la habitación de Jorge, llamando a la puerta, tímida e inquieta. Ramona quiere irse, dejarlos solos, pero Jorge lo impide. Invita a Viridiana a sentarse con ellos y los tres juntos reanudan la partida interrumpida, mientras él comenta: «No me lo va a creer, pero la primera vez que

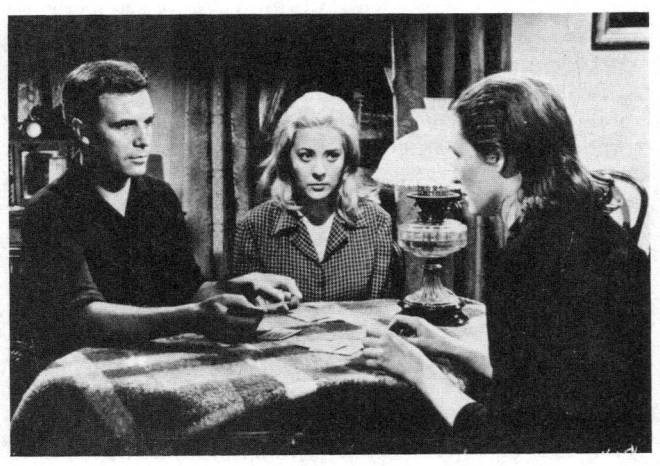

la ví me dije: "Mi prima Viridiana terminará por jugar al tute conmigo".»

Este final fue el único cambio impuesto por la censura en su revisión del guión. En el original, Viridiana llamaba a la puerta de la habitación de Jorge y entraba en su cama, ocupando el puesto de Ramona, que salía. Pero éste, como reconocería el propio Buñuel —agradecido, por una vez, a la censura— lo mejora sustancialmente: «Casi estoy avergonzado de mi primer final: era demasiado grosero, demasiado directo.»

Por lo demás, el director pudo verter con toda libertad sus obsesiones, que arrancaban de muy atrás: «*Viridiana* nace de una imagen, de un recuerdo de mi adolescencia. Cuando tenía trece o catorce años estaba muy enamorado de la reina de España, Victoria Eugenia. Era una belleza de tipo nórdico que siempre estaba presente en mis fantasías. Pero, ¿cómo llegar hasta ella? Había un abismo entre nosotros: yo, un plebeyo; ella, una reina rodeada de cortesanos. Entonces imaginaba que entraba en su habitación, le ponía un narcótico en la leche, ella lo bebía, se dormía y quedaba a mi merced. De esta imagen, al hilo de un recuerdo juvenil, nació Viridiana. Pensé en un hombre de edad avanzada que tenía entre sus manos a una joven narcotizada, completamente dormida, incapaz de resistírsele. Luego he imaginado que el hombre se colgaba por remordimiento. Y luego he pensado que la joven, convertida en heredera, recibía a unos mendigos. Así, las imágenes se encadenaron en mi cabeza, unas tras otras, formando una historia. Pero nunca tuve la intención de escribir un argumento *de tesis* que demostrara, por ejemplo, que la caridad cristiana es inútil e ineficaz. Sólo los imbéciles tienen esas pretensiones.»

Según Buñuel, bautizó a su heroína Viridiana «por el nombre de una santa casi desconocida y que no se encuentra ni en los diccionarios», pero su coguionista, Julio Alejandro, ha matizado que se trata de una religiosa franciscana de la Edad Media que encontraron en el Espasa. También ha señalado algunos de los cambios de rumbo que sufrió el guión: «En *Viridiana,* al principio, se pensó que el papel de Paco Rabal lo hiciese el enanito de Nazarín: el enanito era el primo y ella lo magnificaba en ciertos momentos, lo veía como un galán de la Metro. Trabajamos bastante en esa dirección hasta que nos dimos cuenta de que eso no podía ser, que era malo.»

En cuanto a la historia «externa» de Viridiana es harto complicada y tan escandalosa como no se recordaba ninguna otra a propósito de una película buñuelesca desde *La edad de oro*. Todo había comenzado en el Festival de Cannes de 1960, donde Buñuel presentaba *La joven* y el productor español Portabella *Los golfos,* de Carlos Saura, financiada, al igual que *El cochecito* de Ferreri, por Films 59. Con anterioridad, Ricardo Muñoz Suay le había planteado en México la posibilidad de que rodara en España para Uninci (Unidad Industrial de Cinematografía), muy ligada al Partido Comunista y que se había ocupado casi exclusivamente de producir las películas de Bardem, que era su presidente. Finalmente, Buñuel estaba contratado por el mexicano Gustavo Alatriste y le daba vueltas al citado esbozo de *Viridiana*. De la convergencia de esas tres iniciativas surge su vuelta a España aprovechando una cierta apertura del régimen franquista, que desconfiaba menos del realizador tras los elogios católicos de *Nazarín*.

El proyecto de *Viridiana* suponía hacerle un hueco a Buñuel en el cine español, para que, después de él, Picazo y Carlos Saura filmaran otras películas, ligándole así al Nuevo Cine Español y poniéndolo al frente de las nuevas promociones del Instituto de Investigaciones y Experiencias Cinematográficas. Entre las personas que participarían en la producción de *Viridiana* se encontraba el exfutbolista y cinéfilo donostiarra Elías Querejeta, que velaba sus armas para su relevante papel en el futuro del cine español.

Buñuel trabajó muy a gusto en su país natal, terminando en la primavera de 1961 con el presupuesto increíblemente bajo de cinco millones y pico de pesetas:

«Viridiana —declararía su director— es la película que continúa más estrechamente mi trayectoria de cineasta desde que rodé *La edad de oro* treinta años antes. De toda mi obra, esas dos películas son las que he dirigido con mayor sensación de libertad.» En el transcurso del rodaje murió su hermano menor, Alfonso, como ha recordado Fernando Rey: «Nadie, creo, se enteró. Buñuel había ido y vuelto en una noche a Zaragoza para ver su cadáver. Y al día siguiente se presentó en el rodaje, como si no hubiera pasado nada. Y yo sé el enorme dolor que sentía Luis por la muerte de su hermano.»

Durante su estancia en España, Buñuel se convirtió en un punto de referencia inevitable. Juan García Hortelano todavía recuerda a los responsables culturales del Partido Comunista llevándole a ver a don Luis como «premio» por haber desempeñado sus responsabilidades de resistencia al franquismo con el debido celo. El caso es que en el rodaje de *Viridiana* siempre había gran concurrencia de visitantes, desde el joven Marco Ferreri hasta todo tipo de intelectuales, que Buñuel sobrellevaba como podía, a juzgar por el testimonio de la actriz Victoria Zinny, que interpretaba el papel de Lucía en la película: «A él estas visitas y estas conversaciones de tipo intelectual que sus huéspedes entablaban en el plató no le gustaban lo más mínimo. Cuando ya no soportaba a sus interlocutores, les dejaba discutiendo y me decía: "Vamos a tomar un trago de vino, porque esta conversación es demasiado difícil para mí". Me cogía del brazo y nos alejábamos.»

Aunque Buñuel fue invitado al Festival de Cannes a título personal, al tratarse de una producción española a todos los efectos se convirtió, de hecho, en la representante oficial de nuestro país. Y dado que las mezclas de sonido se habían hecho en París —se terminaron cinco días antes del inicio del Festival—, no hubo tiempo material de reenviarlas a España para su revisión oficial, por lo que se remitieron directamente a Cannes. Cuando el Director General de Cinematografía, Muñoz Fontán, vio la película completa palideció, y pasó muy mala noche. Sin embargo, al otorgársele la Palma de Oro y el Premio de la Crítica —que España nunca había catado— se reanimó e incluso pensó que aquello iba bien, saliendo al escenario a recibirlo sin poder ocultar su satisfacción. Los problemas empezaron cuando *L'Osservatore Romano* lanzó sus anatemas contra *Viridiana*, emparejándola con *Madre Juana de los Ángeles* de Kawalerowicz, considerando que en ellas se incurría en «actitudes antirreligiosas de tan delirante intensidad, de tan atroz crudeza blasfema, que hace catalogar a las dos obras que exaltan tales actitudes entre las más repulsivas que se puedan imaginar y sólo concebibles como el parto de una mente delirante». Así, se llegaba a producir la notable paradoja de que Buñuel, que había sido propuesto por *Nazarín* para el premio de la Oficina Católica Internacional de Cine, era fulminado ahora por el Vaticano.

Muñoz Fontán fue cesado y *Viridiana* dada como inexistente por el Gobierno español. En Italia, donde la Iglesia podía hacer llegar sus presiones con eficacia, también. Pero Alatriste la distribuyó bajo pabellón mexicano a partir de la copia parisina y comenzó una carrera triunfal que no consiguió borrar, de todas formas, el mal sabor de boca dejado por esta gran ocasión perdida para incorporar a Buñuel a nuestra cultura en un momento en que aún hubiera sido posible su traslado a España. Tanto Filmófono como *Viridiana* fueron, en tal sentido, hondas frustraciones. Los exiliados españoles, por otro lado, hubieron de reconocer que se equivocaban al echar en cara a Buñuel su «colaboracionismo» con el régimen.

En *Viridiana* está todo Buñuel. Era uno de sus filmes preferidos y no es difícil entender por qué. Como sucede con su otra película española, *Tristana,* la familiaridad con los objetos —que tanto protagonismo tienen en su cine— y con el lenguaje le supone un alivio respecto a los filmes mexicanos. También está muy por encima de la frialdad de sus producciones francesas, y de la neutralidad mucho más opaca de sus diálogos en ese otro idioma. Emilio García Riera ha podido escribir: «La extraordinaria riqueza y densidad de *Viridiana* es el resultado de su filmación en España, lo cual significa que no hay fisuras en la esencial españolidad y con significados concretos para Buñuel. Podemos entonces entender por qué algunos de sus filmes mexicanos nos dan la impresión de desorientación y convencionalismo: Buñuel trataba de evocar España a través de los rostros y paisajes mexicanos.»

Cuando Buñuel rueda en España parece desaparecer esa tensión «costumbrista» que a menudo se percibe en sus cintas mexicanas. No en vano, el realizador se sintió de nuevo en el Madrid y Toledo de sus años mozos, e incluso pudo volver a contar con algún viejo actor de su época de Filmófono, como Luis Heredia, que tiene una interpretación memorable en el papel de *El Poca*, mendigo que hace de gracioso. A mayor veracidad, alguno de los pordioseros lo era de verdad, sin ningún tipo de experiencia cinematográfica, como Juan García Tienda, que encarnaba a José, *El Leproso*. Especial importancia tendría en el reparto Fernando Rey, que se convertiría para Buñuel en una especie de *alter ego* mediante el cual exorcizar algunos de sus fantasmas de sesentón y setentón. De ahí la dialéctica entre el personaje de Viridiana, que viene a ser una especie de réplica femenina de Nazarín, y don Jaime, que continúa la línea del Francisco de *Él* y Archibaldo de la Cruz.

Todos esos personajes están unidos por una cierta búsqueda de lo absoluto, en una diamantina pureza muy buñuelesca que ha sido malinterpretada por el vigor de la secuencia clave de la película, la orgía de los mendigos, que se desparrama por todo el filme e impide ver sus otros matices. Es lo que le sucede, por ejemplo a uno de los censores españoles, que en su informe sobre *Viridiana* escribía: «Prohibida. Blasfema, antirreligiosa. Crueldad y desdén con los pobres. También morbosidad y brutalidad. Película venenosa, corrosiva en su habilidad cinematográfica de coordinación de imágenes,

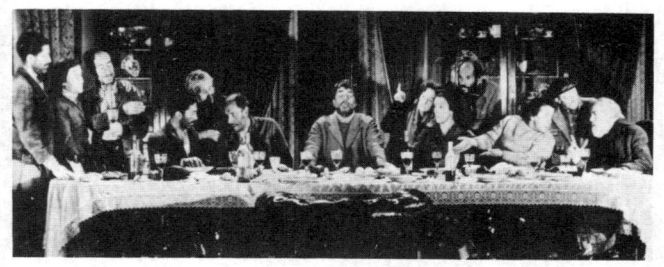

sugerencias y fondo musical.» Y todo porque Buñuel plantea, como en el final de *Nazarín,* que el hombre debe remitirse a sí mismo para resolver sus problemas, sin acudir a puntos de referencia externos. Como ha escrito Andrew Sarris: «Pensando que dos vidas son demasiado precio por su castidad, Viridiana arroja a las llamas su crucifijo y su corona de espinas y se dispone a entregarse a Jorge.»

El factor religioso ha sepultado también otros valores de la película, como su magistral materialización de los vínculos que atan a las personas a través de algunas cuerdas que, sin perder su sustancia concreta y tangible, se cargan de otros alcances más hondos. Es el caso de la secuencia de *Canelo,* el perro que pasa atado al eje de un carro y es liberado por Jorge comprándoselo a su amo, mientras otro chucho pasa en sentido inverso atado a otra carreta. Y no es la única cuerda presente en la película, cuyo hilo conductor es la soga de saltar a la comba de la niña Rita, regalo de don Jaime con la que éste se suicida y que posteriormente sirve para sujetarse los pantalones al mendigo que trata de violar a Viridiana.

Tales cuerdas constituyen la concreción plástica de un recurrente tema buñuelesco que podríamos verbalizar con la expresión «¡Vivan las caenas!» o «El fantasma de la libertad», reflejando la dialéctica libertad/dependencia que acosa a sus personajes, recluidos a menudo en un claustro protector del que han de salir para enfrentarse a la complejidad del mundo exterior. Al haber prescindido de escenas oníricas que revelen el trasfondo de los personajes, son las cosas las que han de hacerse cargo de esa función, llenándose de intensidad. Ello obliga a una gran precisión en los objetos elegidos (como el tan celebrado crucifijo-navaja) y a una seca eficacia en las secuencias claves, como la del intento de violación y la orgía de los mendigos.

EL ÁNGEL EXTERMINADOR, 1962

FICHA TÉCNICA. Producción: Producciones Alatriste, Uninci, Films 59. Productor: Gustavo Alatriste. Productor Ejecutivo: Antonio de Salazar. Guión: Luis Buñuel y Luis Alcoriza. Argumento: Luis Buñuel. Fotografía: Gabriel Figueroa. Decorados: Jesús Bracho. Música: Raúl Lavista, sobre temas de Beethoven, Chopin, Scarlatti, cantos gregorianos y diversos "Te Deum". Montaje: Carlos Savage. Ayudante de Dirección: Ignacio Villarreal. Jefe de Producción: Fidel Pizarro. Sonido: José B. Carles. Vestuario: Georgette Somohano. Duración: 93 minutos.

FICHA ARTÍSTICA. Silvia Pinal (Leticia "La Walkiria"), Enrique Rambal (Edmundo Nobile), Jacqueline Andere (Alicia de Roc), José Baviera (Leandro Gómez), Augusto Benedicto (Doctor Carlos Conde), Luis Beristain (Christian Ugalde), Antonio Bravo (Russell), Claudio Brook (Julio), César del Campo (Coronel Álvaro), Rosa Elena Durgel (Silvia), Lucy Gallardo (Lucía de Nobile), Enrique García Álvarez (Alberto Roc), Ofelia Guilmáin (Juana Ávila), Nadia Haro Oliva (Ana Maynar), Tito Junco (Raúl), Xavier Loyá (Francisco Ávila), Xavier Massé (Eduardo), Ángel Merino (Lucas), Ofelia Montesco (Beatriz), Patricia Morán (Rita Ugalde), Patricia de Morelos (Blanca), Berta Moss (Leonora).

Al regresar de una sesión de la ópera de Donizetti *Lucia di Lammermoor,* el matrimonio Edmundo y Lucía Nobile ofrece a sus amigos una cena en su lujosa mansión. El mayordomo, Julio, pronto ha de hacer frente en solitario a todos los invitados, pues algo extraño parece suceder en la casa: una serie de acciones y diálogos se repiten y la servidumbre deserta de sus funciones y abandona el recinto. Pero, sobre todo, llegado el momento en que los invitados deberían despedirse tras haber escuchado una sonata de Paradisi, se sienten impotentes para salir del salón, sin que medie aparentemente ninguna razón. A la mañana siguiente el mayordomo les trae el desayuno y, tras unirse al grupo, tampoco puede dejar la habitación.

La situación se prolonga durante varios días, mientras la convivencia va degradándose. Uno de los presentes muere y es encerrado en uno de los armarios. Otro de éstos sirve como excusado, y un tercero es aprovechado por Beatriz y Eduardo para amarse. En el exterior de la casa, declarada en cuarentena, se agolpa la gente con curiosidad, mientras en el interior se dan conatos de amotinamiento contra Nobile, a quien algunos culpan de lo sucedido. Hacen su aparición un oso, que no entra en el salón, y unos corderos, que son sacrificados para mitigar el hambre. Cuando la situación se hace insostenible y los descontentos buscan a Nobile para acabar con él, Leticia —a quien apodan «la Walkiria» por su castidad— sale de detrás de unos cortinajes donde parece haber tenido relaciones con Edmundo y hace una propuesta. Pide a todos que se sitúen en la misma posición en la que estaban en el momento de producirse el maleficio, hace interpretar la misma sonata del inexistente músico Paradisi y, de esta forma, logran abandonar el recinto. En agradecimiento por haber salido de su encierro, el grupo se reúne de nuevo en una iglesia para celebrar un «Te Deum». Pero, al acabar la misa, no pueden salir del templo, ante el cual cruza una manada de ovejas mientras se oyen disparos y disturbios en las calles.

El éxito de *Viridiana* permitió a Buñuel rodar *El ángel exterminador* con total libertad, excepto, naturalmente, en lo económico, a propósito de lo cual lamentó tener que haber rodado con las limitaciones mexicanas: «Lo imaginaba más bien en París o en Londres, con actores europeos y un cierto lujo en el vestuario y los accesorios. En México, pese a mis esfuerzos por elegir actores cuyo físico no evocara necesariamente a México, padecí una cierta pobreza en la mediocre calidad de las servilletas, por ejemplo: no pude mostrar más que una. Y ésa era de la maquilladora, que me la prestó... De hacer *El ángel exterminador* como hubiese querido... escogería actores elegantes. Pero estoy acostumbrado a resignarme en lo concerniente a detalles secundarios. Es el precio de la libertad. Desde luego, preferiría trabajar en mejores condiciones. Los críticos que piensan que hago los filmes como quiero se equivocan. Soy de los que admiran a Visconti, por ejemplo. ¡Qué técnica impecable! ¡Qué belleza!»

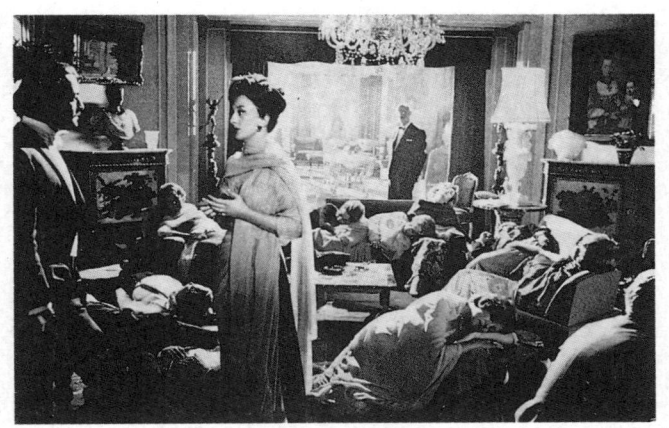

Gustavo Alatriste le produjo la película sin tan siquiera leer el guión, y al verla ya en la pantalla le confesó: «No he entendido nada, pero es maravillosa.» El título fue sugerencia de Bergamín, como ha recordado Buñuel: «El guión, totalmente original, como el de *Viridiana,* mostraba a un grupo de personas que, una noche, al término de una función teatral, va a cenar a casa de una de ellas. Después de la cena pasan al salón y, por una razón inexplicable, no pueden salir de él. Al principio se titulaba *Los náufragos de la calle Providencia*. Pero el año anterior, en Madrid, José Bergamín me había hablado de una obra de teatro que quería titular *El ángel exterminador*. El título me pareció magnífico, y dije: "Si yo veo eso en un cartel, entro inmediatamente en la sala". Le escribí desde México para pedirle noticias de su obra... y de su título. Me respondió que la obra no estaba escrita y que, de todos modos, el título no le pertenecía, que estaba en el Apocalipsis. Podía cogerlo, me dijo, sin ningún problema. Cosa que hice, dándole las gracias.»

En la película hacía eclosión la idea de aislamiento y

situación a la deriva que interesa a Buñuel como óptima para estudiar el desenmascaramiento de las relaciones sociales. Por eso se ha dicho con toda razón que *El ángel exterminador* no es sino la prolongación natural de la secuencia de la fiesta burguesa de *La edad de oro,* en lo que se refiere al planteamiento general. En cuanto a los detalles, abundan las referencias autobiográficas, los sueños que obsesionan al cineasta y otros materiales de relleno. Y, más allá del innegable virtuosismo con que se impone el *tour de force* en que se sustenta la película, ésta acusa la deshilachada construcción del guión, uno de los pocos que escribió en solitario Luis Buñuel.

Hay también alguna intencionada puya contra Salvador Dalí. En un momento determinado, una de las invitadas cuenta a otra un accidente ferroviario cerca de Niza como consecuencia del cual resultaron aplastados los que viajaban en el vagón de tercera: «¡Qué carnicería! —exclama— Debo de ser insensible, pues la desgracia de aquellos pobres no me impresionó demasiado...». A lo que replica su interlocutora: «¿Insensible? ¡Y se desmayó usted al pasar por delante del cadáver del príncipe Lurka!». «¡Oh! —protesta la del accidente—¡Qué comparación! ¿Cómo podía una permanecer insensible ante la grandeza de la muerte... de ese admirable príncipe... que fue nuestro amigo? Y aquel perfil tan noble.»

Aquí Buñuel cita casi textualmente al pintor catalán: «Dalí, como Lorca —ha recordado el cineasta—, tenía un miedo terrible al sufrimiento físico y a la muerte. Había escrito una vez que no conocía nada más excitante que un vagón de tercera lleno de obreros muertos, aplastados en un accidente. Descubrió la muerte un día en que un príncipe que él conocía... se mató en un accidente de automóvil... Dalí se había quedado en Palamós para trabajar. Él fue el primero en ser informado de la muerte del príncipe Mdinavi [sic]. Acudió al lugar del accidente y se declaró totalmente trastornado. La muerte de un príncipe era para él una verdadera muerte. No tenía nada que ver con un vagón llenó de cadáveres de obreros.»

Por otro lado, Buñuel ha recuperado para su película en uno de sus característicos paréntesis visuales la secuencia de la mano mutilada que trata de estrangular a uno de los personajes, escrita en mayo de 1944 con destino a una película de Robert Florey *The beast with five fingers* (1947). Aunque Brian Taves, biógrafo de Robert Florey, ha salido recientemente al paso de quienes han atribuido a Buñuel algún tipo de intervención en *La bestia de cinco dedos,* sus razones no resultan convincentes, pues Taves parece ignorar que la secuencia en cuestión, titulada *Alucinaciones en torno a una mano muerta* fue registrada por Buñuel en la Screen Writers Guild el 14 de noviembre de 1945 con el número 30.454, cediéndomela en 1980 para publicarla en su *Obra Literaria*.

En cuanto a las repeticiones ha declarado que siempre se ha sentido muy atraído por ellas, y el efecto hipnótico que producen, declarando, orgulloso: «En *El ángel exterminador* hay, por lo menos, una decena de repeticiones... Luego he visto que Bergman emplea también la repetición en *Persona*...Yo soy el primero que las ha empleado en el cine.» Afirmación que habría que matizar, puesto que —por citar dos ejemplos anteriores— en *Octubre* Eisenstein muestra a Kerensky subiendo repetidamente las mismas escaleras, al igual que Léger a una mujer en *Ballet mécanique*.

Debido a las muchas alusiones religiosas que contiene la película, se ha intentado dar explicaciones en esta dirección, considerando que la situación básica procede de la primera velada pascual, con los judíos encerrados en sus casas como los náufragos de la calle Providencia, que representan a la burguesía, incluyen a miembros del ejército y terminan implicando en la escena final a la Iglesia, tras haber sumado a su encerrona a un servil mayordomo que no ha abandonado a sus amos y ha estudiado en los jesuitas. Para Maurice Drouzy, sería necesaria una «intervención directa de Dios Padre (Nobile, el anfitrión), el sacrificio de Cristo (el cordero inmolado y comido) y la alianza de la Virgen y el Espíritu (la de la Walkiria con Nobile tras el telón, tan teatral, del gran salón) para que los creyentes puedan entonces dejar su encierro».

Estas interpretaciones «religiosas» han solido insistir en que el encierro, como la muerte y resurrección de Cristo, dura tres días y tres noches. Y ésa es también la razón por la que puede verse como falsilla de su desarrollo la celebración de la misa, ese banquete lleno de repeticiones rituales y formulismos litúrgicos. De ahí que su lógica interna estalle en la secuencia final, al desembocar, amplificada, en la misa de ación de gracias. En cierto modo, *El ángel exterminador* se acogería a una concepción similar a la expuesta por Jean Gênet en su prefacio a *Las criadas:* «El más alto drama moderno se ha manifestado durante dos mil años todos los días en el sacrificio de la misa. Su supuesto básico desaparece bajo la profusión de ornamentos y símbolos que aún nos estremecen. Bajo las apariencias más familiares —un trozo de pan— se devora un Dios. Teatralmente, no conozco nada más eficaz que la elevación.»

Como el propio Buñuel ha recordado, hay otras interpretaciones: políticas (la parálisis de la burguesía que en la escena final se ve acorralada por la revolución de las masas junto a su aliada, la Iglesia), psicoanalítico-sexuales (la virgen-Walkiria Leticia devuelve todo a su orden anterior una vez satisfecha sexualmente) y de otro tipo. Para prevenirlas, el cineasta hizo poner al frente de la versión francesa la siguiente advertencia, muy típica y previsible en él: «Si el filme que van a ver les parece enigmático e incoherente, también la vida lo es. Es repetitivo como la vida y, como la vida, sujeto a múltiples interpretaciones. El autor declara no haber querido jugar con los símbolos, al menos conscientemente. Quizá la explicación de *El ángel exterminador* sea que, racionalmente, no hay ninguna.»

No hay, para él, ninguna explicación sobre las razones que impiden a los invitados salir de su encierro: «Veo un grupo de personas que no pueden hacer lo que quieren hacer: salir de una habitación. Imposibilidad

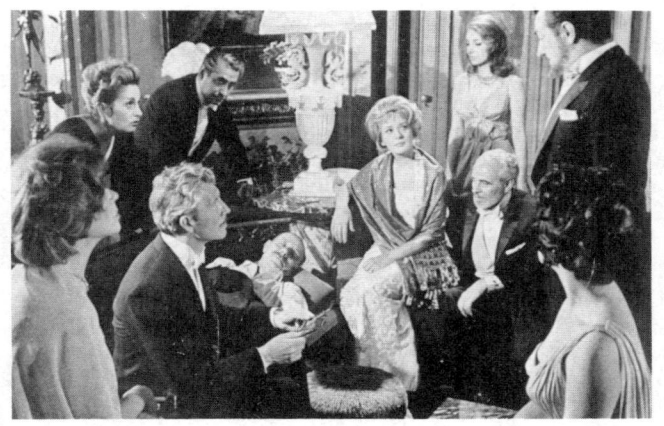

inexplicable de satisfacer un sencillo deseo. Eso ocurre a menudo en mis películas. En *La edad de oro,* una pareja quiere unirse, sin conseguirlo. En *Ese oscuro objeto del deseo,* se trata del deseo sexual de un hombre en trance de envejecimiento, que nunca se satisface. Los personajes del *Discreto encanto* quieren a toda costa cenar juntos y no lo consiguen. Quizá pudieran encontrarse otros ejemplos.»

En efecto, éste es un pensamiento clave en Buñuel, en cuya obra el encierro y la frustración vienen a reflejar su profunda convicción de que la libertad no es más que un fantasma, cautivo como está el hombre, entre otras instancias, por la sociedad. Las secuencias extraordinariamente largas de *El ángel exterminador* cargan toda la película de una violencia sutil pero constante, y Gabriel Figueroa —que la fotografió con gran eficacia— ha dejado constancia de la enorme tensión y dificultad del rodaje. Pero, sobre todo, el realizador ha insistido en que el misterio es el elemento esencial de toda obra de arte y que privar sus películas de ese ingrediente equivaldría a desactivarlas, en aras de una tranquilidad y estabilidad que él atribuye a una mentalidad burguesa, para la cual el Dios como Gran Relojero y explicación última, constituye una excelente coartada para castrar la vitalidad de la duda:

«Hay gente muy inteligente que cree en Dios. ¿Por qué no, después de todo? Está en la naturaleza humana el buscar una esperanza. En cuanto a mí, no puedo dejar de ser como soy. No he recibido la Gracia que da la fe. Me interesa una vida con ambigüedades y contradicciones. El misterio es bello. Morir y desaparecer para siempre no me parece horrible, sino perfecto. La posibilidad de ser eterno, en cambio, me horroriza. Si mi mejor amigo, muerto hace mucho, se me apareciese, tocase mi oreja con sus dedos y la inflamase instantáneamente, yo no creería que venía del infierno; yo no creería por eso ni en Dios, ni en la Inmaculada Concepción, ni en que la Virgen me pudiera ayudar en los exámenes. Pensaría sólo: "Luis, aquí tienes otro misterio que tampoco comprendes".»

JOURNAL D'UNE FEMME DE CHAMBRE (Diario de una camarera), 1964

FICHA TÉCNICA. Producción: Speva Films, Ciné Alliances Filmsonor, Dear Films. Productores: Serge Silberman y Michel Safra. Guión: Luis Buñuel y Jean-Claude Carrière. Argumento: La novela de Octave Mirbeau. Fotografía: Roger Fellous, en franscope. Operador: Adolphe Charlet. Decorados: Georges Wakhevitch. Montaje: Louisette Taverna Hautocoeur. Ayudantes de Dirección: Juan Luis Buñuel y Pierre Lary. Jefe de Producción: Henri Baum. Sonido: Antoine Petitjean. Vestuario: Jacqueline Moreau. Duración: 98 minutos.

FICHA ARTÍSTICA. Jeanne Moreau (Célestine), Michel Piccoli (Señor Monteil), Georges Géret (Joseph), Françoise Lugagne (Señora Monteil), Daniel Ivertiel (Capitán Mauzer), Jean Ozenne (Rabour), Gilberte Geniat (Rose), Jean-Claude Carrière (El cura), Bernard Musson (El sacristán), Claude Jaeger (El juez), Muni (Marianne), Dominique Sauvage (Claire), Françoise Bertin, Madeleine Damien, Geymond Vital, Jean Franval, Marcel Rouze, Jeanne Pérez, Andrée Tainsy, Pierre Collet, Aline Bertrand, Joëlle Bernard, Dominique Zardi, Michelle Daquin, Marcel Le Floch, Marc Eyraud, Gabriel Golbin.

Adaptación de la novela homónima de Octave Mirbeau, —publicada en 1900, el mismo año en que nació Buñuel— *Diario de una camarera* está protagonizada por Célestine, una doncella que tras servir durante muchos años a una condesa en París se dispone a trabajar con los Monteil, familia de la burguesía provinciana. Su nueva señora es una mujer tacaña, religiosa y frígida. Su marido se dedica a la caza por puro tedio y también a perseguir a las criadas para desfogar una lujuria que le está vedada en su lecho conyugal. Su padre, Rabour, es un fetichista cuya fijación son las botas femeninas, que hace calzar a Célestine mientras le pide que le lea algún libro de la biblioteca.

Uno de esos libros contiene una frase de Huysmans que resulta muy elocuente para el entendimiento de la película: «Es necesaria una singular dosis de buena voluntad para creer que las clases dirigentes son respetables y que las clases domesticadas son dignas de ayuda o piedad.» Cita que puede complementarse con ésta del *Diario de una camarera* de Mirbeau: «Un criado no es un ser normal, un ser social... Es alguien dispar, hecho de piezas y trozos que no pueden ajustarse entre sí.... Es algo peor: un monstruoso híbrido humano... Ya no es del pueblo, de donde ha salido; tampoco es de la burguesía, hacia la cual va o tiende... Del pueblo del que ha renegado ha perdido su sangre generosa y su fuerza primitiva... De la burguesía, ha adquirido sus vicios vergonzosos, sin haber podido adquirir los medios para satisfacerlos...»

Si Célestine responde matizadamente a ese retrato, el inquietante cochero Joseph, que actúa como hombre de confianza de la casa, es un ejemplo rotundo de ese «monstruoso híbrido humano», en el que puede apreciarse una metáfora del fascismo como criado de la burguesía. Hosco, brutal y ultraderechista convencido, provoca, sin embargo, en Célestine una mezcla de odio y fascinación. Y es que se trata, ciertamente, de uno de los más logrados retratos de toda la filmografía de Buñuel.

Al poco tiempo, el viejo Rabour muere en medio de uno de sus clímax fetichistas y Célestine piensa en abandonar la casa. Pero cambia de idea al oír que Clara, una niña a la que ofreció su afecto, ha sido violada y muerta en el bosque. Ella sospecha de Joseph desde el primer momento y, convencida de que es el asesino, lo seduce para arrancar un clavo de su bota y dejarlo como prueba comprometedora en el lugar del crimen. El cochero es arrestado y posteriormente puesto en libertad, mientras Célestine se casa con el capitán Mauger, un militar retirado vecino de los Monteil que arroja sus basuras al jardín de éstos, aunque luego jure por su honor ante la policía que no es cierto.

Joseph se instala en Cherburgo, donde abre un café con el significativo nombre de *Al ejército francés,* desde el que continúa alentando las actividades ultraderechistas. En la secuencia final lo vemos jalear una manifestación de sus correligionarios que vitorean al prefecto Chiappe, responsable en 1930 de la prohibición de *La edad de oro*. Como ha hecho notar Buache, esa con-

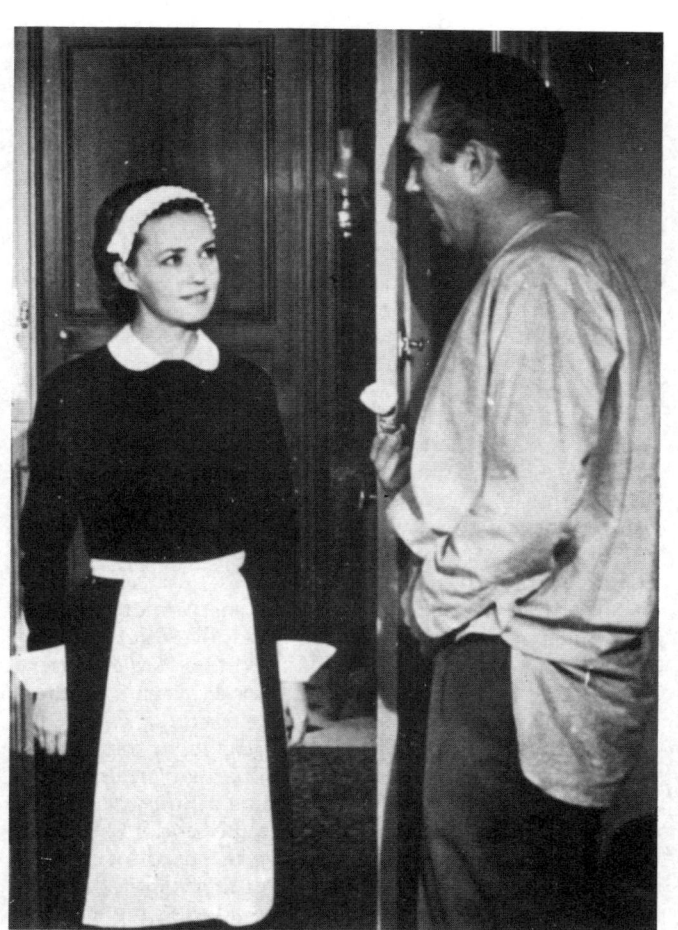

signa en la banda sonora es contestada por un encuadre de la cámara sobre un anuncio del aperitivo *Picon* situado en la fachada de un edificio, y del que sólo aparece la segunda sílaba, *con,* en significativo insulto. Los manifestantes se alejan por la calle y Buñuel los hace avanzar a saltos, sincopando la imagen en claro efecto cómico contra un fondo de tormenta sobre el que se dibuja la palabra FIN a la luz de un relámpago.

Diario de una camarera supone una nueva etapa en la carrera de Buñuel, quien desde mediados de la década de los cincuenta venía intentando ampliar su radio de acción fuera de México, con coproducciones con Estados Unidos, Francia y España. El *affaire Viridiana* abortó esta última salida —quizá la más natural y deseable—, y su anclaje de madurez sería, finalmente, el país vecino. A partir de este momento, plenamente consagrado internacionalmente e incluso con cierta rentabilidad dentro del cine «de autor», va a realizar sus películas con mayores medios y reposo, eficazmente secundado por el productor Serge Silberman y el guionista Jean-Claude Carrière.

Silberman había tenido uno de sus primeros éxitos en Francia como distribuidor importando *Muerte de un ciclista,* de Bardem, a quien coprodujo *Calle Mayor,* apoyándole económica y políticamente, ya que durante el rodaje tuvo que ir a sacar al director de la cárcel. En un principio, *Diario de una camarera* iba a ser dirigida por Jacques Becker, con quien Silberman acababa de hacer *Le trou,* filme que entusiasmaba a Buñuel. Pero su muerte le hizo buscar como sustituto a don Luis. En cuanto a Carrière, se pensó en él por su conocimiento del idioma y la geografía francesa en que debía transcurrir la acción: «No debía darle ideas —ha comentado el guionista— sino simplemente ayudarle a elegir la apropiada entre las diversas que le venían a la cabeza. Tenía la impresión de ser el primer espectador de sus películas: él observaba mis reacciones y las tomaba en consideración...»

De común acuerdo, Buñuel y Carrière dejaron de

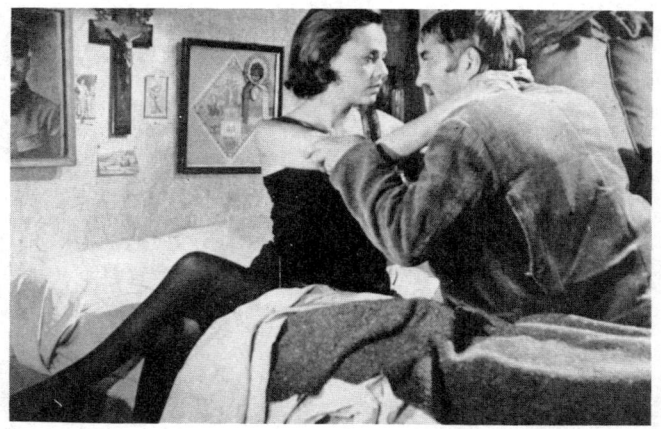

lado la versión previa de Jean Renoir en Hollywood (*The diary of a chamber maid,* 1946), muy diferente de lo que resultaría la suya, y que ninguno de los dos había visto. El realizador trasladó la acción del principio de siglo a los años 30, durante los cuales había residido en Francia. En cierto modo supone un ajuste de cuentas contra ese nacionalismo parafascista suscitado por Maurras y L'Action Française cuya xenofobia hubo de padecer como *métèque* y a través de los ataques infligidos a *La edad de oro*.

La crítica reaccionó muy friamente ante el *Diario,* e «impecable» fue casi el mayor elogio recibido en su día. Es una de sus obras más cuidadas formalmente, con una dirección de actores que arroja resultados muy homogéneos. Jeanne Moreau alcanzó una interpretación memorable, que le valió el premio a la mejor actriz en el Festival de Karlovy Vary de 1964. Y ello llama la atención en una filmografía que, como la de Buñuel, no se caracteriza por haberse beneficiado de las aportaciones de actrices de talento con la frecuencia que hubiera sido de desear.

SIMÓN DEL DESIERTO, 1965

FICHA TÉCNICA. Producción: Producciones Alatriste. Productor: Gustavo Alatriste. Guión: Luis Buñuel y Julio Alejandro. Argumento: Luis Buñuel. Fotografía: Gabriel Figueroa. Operador: Sigfrido García. Música: Raúl Lavista, saetas y tambores de Semana Santa de Calanda. Montaje: Carlos Savage. Ayudante de Dirección: Ignacio Villarroel. Jefe de Producción: Armando Espinosa. Sonido: James L. Fields y Luis Fernández. Maquillaje: Armando Meyer. Duración: 42 minutos.

FICHA ARTÍSTICA. Claudio Brook (Simón), Silvia Pinal (El diablo), Hortensia Santoveña (La madre de Simón), Jesús Fernández (El pastor enano), Luis Aceves Castañeda (Trifón), Enrique Álvarez Félix (Hermano Matías), Enrique García (Hermano Zenón), Eduardo MacGregor (Daniel), Enrique del Castillo (El mutilado), Francisco Reiguera y Antonio Bravo (Monjes), Arnando Coen (Bailador).

La figura de Simón está inspirada en el personaje histórico de San Simeón el Estilita, que vivió entre los años 390 y 459 de nuestra era. En el 422 se retiró al desierto sirio y pasó sus últimos 37 años en una columna de sesenta pies de altura, predicando cerca de Aleppo. Con ello instauró una nueva manera de ascetismo que alejaba al penitente de la tierra y lo acercaba al cielo. En una acertada caracterización, Jacques Goimard lo ha presentado como un auténtico atleta del ascetismo, preocupado por el más difícil todavía en esa especie de *ring* entre cuyas cuerdas libra sus batallas con las tentaciones. Y con él coincide expresivamente Arnold J. Toynbee: «En el siglo II, la gente se burlaba aún de las tendencias ascéticas de los cristianos. Pero dos siglos más tarde, los anacoretas del desierto se habían convertido en verdaderas *estrellas* cuyos nombres eran tan célebres como los de las grandes cortesanas y los campeones de las carerras de carros. En Siria, Simeón el Estilita y sus émulos, que permanecieron encaramados durante años en sus columnas, atraían una multitud de peregrinos y suscitaron toda una industria hotelera.»

La película de Buñuel comienza en el momento en que Simón lleva seis años, seis meses y seis días en su columna y una multitud acude para asistir a su traslado a otra mucho más alta que le ofrece el rico Práxedes Mateo. Mientras pisa la tierra tiene lugar el encuentro con su madre, a través de la cual se formula uno de los temas de fondo: su relación con ella, con la envoltura carnal humana, con la Madre Tierra —la expresión es utilizada por Simón— y el cordón umbilical de la cuerda a cuyo través le suben los alimentos que a la vez que le permiten vivir le atan y vinculan al resto de los humanos y a lo material. Por eso confiesa a su progenitora, que le ha preguntado por qué es tan orgulloso: «¿Orgulloso de mi libertad... o de mi esclavitud, madre?» La continua presencia de la madre a su lado le recordará ese origen y condición humana que él trata de superar. Pocas secuencias son tan significativas al respecto como el momento en que, mientras los monjes invocan al Espíritu Santo, la madre tapa el agujero de su hormiguero a unas hormigas que, perdido su origen y punto de referencia, vagan alocadas y sin rumbo.

Ya en lo alto de su nueva columna, dirige un rezo colectivo del Padrenuestro. Pero a la multitud eso le sabe a poco, y quiere ver un milagro, por lo que le jalean para que cure a un manco al que han cortado las dos manos por robar. Tras una breve oración, las recupera, y lo primero que hace es pegarle a una de sus hijas, que le ha pedido que se las enseñe. No tarda en hacer su primera aparición el diablo tentador bajo la forma de una mujer que lleva su cántaro de agua y, al marchar los monjes y dejar al anacoreta en su soledad, también por primera vez se oyen los tambores de Calanda, que subrayan en el filme sus crisis.

En contraste con sus vertiginosas alturas se encuentra un diminuto pastor, que lleva a triscar sus cabras por las inmediaciones y, más que ningún otro enano de la filmografía buñuelesca, pone de relieve su ligazón a lo terrestre, muy evidente cuando la cámara nos lo presenta en contrapicado con la altísima columna y dice, tocándose la frente: «A mí se me hace que éste está dolido de aquí y ha de ser por darse sus atracones de puro aire.» Igualmente, cuando pide su bendición y Simón se la envía junto a su ganado, el enano —que tiene su dignidad— le replica: «A mí no me bendigas al parejo que mis cabras.»

Cuando Simón vuelve a su ensimismamiento y no ha de mantener la pose para la galería, siente sed, hambre, soledad. Le acometen fuertes deseos de bajar a la madre tierra y correr, correr. Y, en efecto, en una ensoñación le vemos persiguiendo a su madre, correteando alegre tras ella. El diablo se le aparece entonces bajo la forma de una niña vestida de marinero, con aro y todo, cantando desafinadamente en latín: «Desgraciado Simón, pon fin a tus locuras. Lo perdido, dalo por perdido. Y tú, antes que nadie, el primero entre los desgreñados, hijo de la vendedora de conejo... Simón, que no debes tu mérito más que al espesor de tu barba y a tus dientes lavados con orina siria.» Añadiendo, ya en español, poco antes de tentarle enseñándole sus muslos y pechos: «En mi reino, Simón, ni son todos los que están, ni están todos los que son.»

Esa imagen conecta con la de su anciana madre hilando con una rueca y un fondo de gallinas, animal que en su bestiario va ligado tan a menudo a las figuras maternas en su aspecto más inquietante y conflictivo. De nuevo en soledad, vuelven a sonar los tambores de Calanda en la única escena nocturna de la película. En esta segunda crisis de Simón, Buñuel había previsto una importante secuencia que no pudo rodar. Se trataba de una violenta tempestad que obligaba a Simón a agarrarse con fuerza al capitel de su columna. Una voz cavernosa gritaba apocalípticas blasfemias: «La hiena tiñosa... en el vientre de la hija de perra... La Santa Hostia... El copón... Dios y su Santa Madre...» Una custodia aparecía brincando convulsivamente, «como si cabalgara a lomos de un animal salvaje»; un puñal sostenido por una mano velluda atravesaba un pan; y una cruz en llamas, «crepitando horriblemente», caía por tierra con estrépito.

En la parte que llegó a filmarse, algunos de esos ataques a la Eucaristía son proferidos por el monje Trifón mientras está poseído por el diablo. Pero, tras unos espasmos que demuestran su culpabilidad, Trifón queda libre de los demonios que le poseen. «Recójanlo y llévenselo. Luego en la mandra terminaré yo de exorcizarlo... a mi manera», ordena el abad contundente y socarrón. En su paroxismo el poseso Trifón ha dado origen a una graciosa escena, al gritar: «¡Abajo la Sagrada Hipóstasis!» A lo que el abad Zenón replica, fulminantemente: «¡Viva la Sagrada Hipóstasis!», («¡Viiiva!», añaden en su apoyo los demás monjes). «¡Muera la Anástasis!», reincide Trifón. «¡Viva!», le contestan, mientras un monje que va por libre aprovecha para añadir: «¡Viva Nestorio Papa!» «¡Viva la Apocatástasis!», vuelve a la carga Trifón. «¡Muera!», gritan los monjes instintivamente, mientras uno pregunta a otro en un aparte: «¿Qué es eso de la Apocatástasis? Ese diablo sabe más de Teología que nosotros.» Cuando Trifón vocifera, finalmente, un sonoro «¡Muera Jesucristo!» los monjes están ya tan confusos sobre *vivas* y *mueras* que parte de ellos replica «¡Muera!», corrigiendo inmediatamente su error ante la severa mirada de su superior y gritando a coro «¡Viva!».

Esta escena, a pesar de su inconfundible humor, pierde parte de su sentido al no haber podido rodar Buñuel la continuación, y la ya citada secuencia de la tormenta con blasfemias. En el guión que desarrolla íntegramente la historia, esta visita de los monjes tenía por objeto dar la comunión a Simón, y el sordo Anatolius tendía a su compañero Callinicus las Sagradas Especies para que subiese a lo alto de la columna a ponerlas a disposición del anacoreta. Esta piadosa operación resultaba muy arriesgada por lo precario de la tosca escalera de madera, y por llevar una mano ocupada. Callinicus echaba un vistazo a lo alto de la columna y se disculpaba: «La verdad es que a mi edad no estoy para estas escaladas.» Anatolius le pasaba el sagrado lienzo a Urbicius, quien tampoco lo tenía muy claro: «A mí es que la gota me impide doblar las rodillas», pretextaba. El abad cogía entonces el paquete de manos de Anatolius y se lo pasaba a Petrus, que le contestaba: «Con el permiso de vuestra reverencia, renuncio. La altura me produce un vértigo horrible.» Al límite de su paciencia, Zenón exhortaba a sus huestes: «¡Alguien tiene que subir! Hemos venido para dar a Simón la Santa Eucaristía... ¡Padre Marcus! Sé que tú no vas a negarte.» Efectivamente, Marcus —aunque no las tiene todas consigo y está muerto de miedo— sube, mientras Urbicius dice a Anatolius en un aparte: «El abad debería predicar con el ejemplo.» Marcus, a pesar de sus precauciones, no logra su propósito: un peldaño cede y ha de agarrarse con ambas manos para no caer de la escala, soltando así las Santas Especies, que recoge a tiempo, y muy significativamente, la madre de Simón mientras los monjes abandonan su empeño a la espera de refuerzos.

Volviendo a lo filmado, hay un tercer redoble de tambores y gran viento y polvareda. La cámara nos muestra a la madre de Simón acarreando un haz de leña y los pies llagados del anacoreta. El guión preveía una serie de planos fijos de lluvia torrencial similares a la tormenta nocturna no rodada, pero tampoco éstos llegaron a filmarse. Luego aparecía un enjambre de moscas que se posaban en sus llagas, boca y lagrimales, y era a continuación cuando se oían los balidos de ovejas y aparecía de nuevo el diablo tentador, esta vez bajo la iconografía del Buen Pastor. Como penitencia para alejar las tentaciones, Simón se propone un circense «más difícil todavía»: se mantendrá sobre un solo pie en lo alto de su columna. De nuevo le acomete una crisis que subraya una áspera saeta de Calanda, en la que se habla de la soledad de Jesús y su Madre en la pasión. Los planos de Simón alternan con los de su madre en su guariche al pie de la columna.

La escena que sigue, la del Padre Daniel, queda un tanto manca de sentido por no haber podido rodar todo el guión previsto. El joven que le lleva la comida comenta a Simón las guerras que pronto llegarán hasta allí, cabeceando, pesimista: «Y todo por la maldición de lo

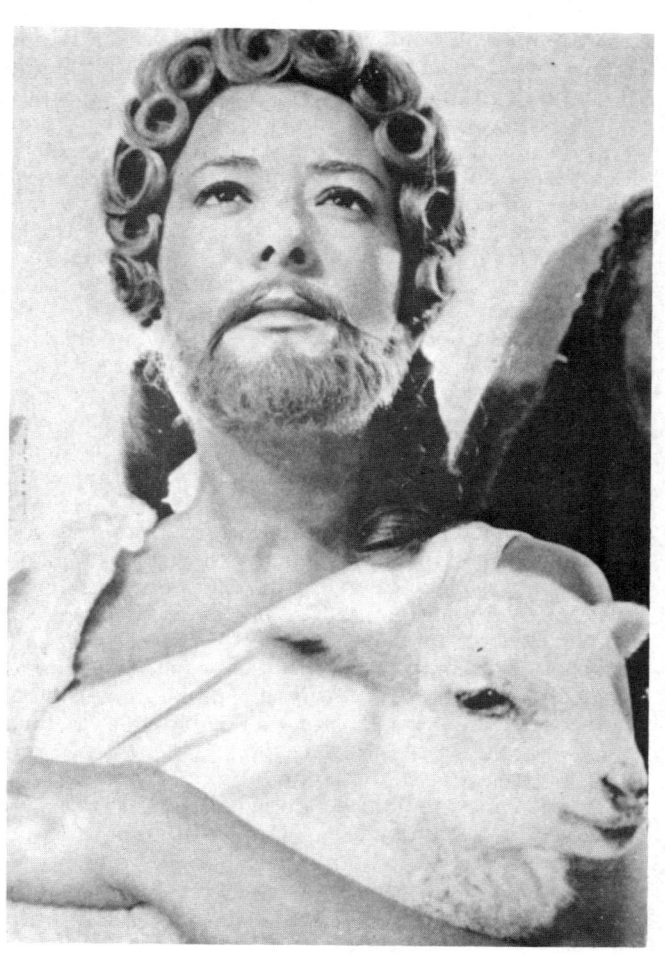

tuyo y lo mío... Los hombres matan por defender lo que creen.» Este parlamento anuncia los conflictos que se iban a producir más adelante por los despojos de Simón (por su *envoltura carnal,* tan despreciada por él) tras morir en olor de santidad. Otra secuencia no filmada se desarrollaba de nuevo en un ambiente nocturno y tormentoso, en la que se veía a la madre tomándose una sopa calentita mientras una nieve espesa caía sobre el desierto y cubría el cuerpo de Simón, que volvía a sentirse tentado y soñaba con el calor del hogar material y, por asociación de ideas, con la Virgen María: «La llama del hogar... Un poco de sopa caliente.. No, no quiero... Angelus nunciavit Maria... Perdóname, Madre Santa... Bueno, esa sopa caliente, ¿viene o no?»

Es entonces cuando —volviendo a lo rodado— aparece un ataúd que avanza arrastrándose por la tierra. De él sale el diablo en forma de mujer y le anuncia un largo viaje. Se oyen los motores de un reactor mientras la columna da paso a las torres de los rascacielos de Manhattan y la cámara se detiene en el primer plano de una guitarra eléctrica en una discoteca del Greenwich Village neoyorquino, donde se baila animadamente. Esta última danza de la muerte se llama *Carne radioactiva,* y Simón la contempla taciturno desde su mesa aseadamente disfrazado de *beatnik,* mientras fuma en pipa. El grito simultáneo del saxofón y el diablo, que se suma gustoso al baile, ponen fin a la cinta.

Simón del desierto, tal y como ha quedado, con sus cuarenta y dos minutos de duración, es un producto truncado a la mitad del desarrollo previsto. En principio debía ser un largometraje normal, de once rollos, pero se quedó en un mediometraje de cinco por falta de dinero, lo que se acusa en la precariedad de medios con que está rodada (se emplearon quince días en las tomas y diez en el montaje). Buñuel modificó el guión en una noche e introdujo ese abrupto final. La continuación debía haber narrado cómo Simón volvía al desierto y tras su muerte dos naciones se declaraban en guerra para conservar sus reliquias. Sadoul habla de otro final:

el diablo tomaría el lugar del anacoreta en la columna para descarriar a los fieles.

Ésta sería la última película rodada por Buñuel en México. Las penosas circunstancias que rodearon su filmación colmaron la paciencia de un director que rondaba los sesenta y cuatro años. Aunque la falta de recursos confiera a Simón cierto encanto primitivo y *naïf*, don Luis ya no estaba para esos trotes, como lo ha resumido bien Francisco Sánchez: «A pesar de ser un hombre paciente, mal se sentiría Buñuel atravesando por tantos desatinos y tantos absurdos. El director que había realizado *Viridiana,* nada menos, era tratado en su país de adopción como si fuera un director aficionado. Si a Alatriste se le acabó el dinero, ¿no hubo en toda la asociación mexicana de productores nadie que le entrara al relevo? ¿El talento de Buñuel no tenía aún crédito en el Banco Nacional Cinematográfico?... En fin, que a las nada cómodas condiciones de rodaje, en los estudios nacionales se vino a sumar la indiferencia de los productores. Buñuel había batallado durante muchos años en un medio abarrotero que le era hostil. Alguna película le había quedado inconclusa, como *Subida al cielo.* Ahora la sucedía lo de *Simón del desierto.* Fue la gota que derramó el vaso. Jamás volvería a filmar en México.»

Viendo *Simón del desierto* cuesta hacerse a la idea de que se haya rodado inmediatamente antes que *Belle de jour* y después del *Diario de una camarera:* tal es la distancia estética y cultural que separa las producciones francesas y mexicanas de Buñuel. En cierto modo, *Simón* se encuentra a medio camino entre *Nazarín* y *La Vía Láctea,* con su cuestionamiento del oficio de santo, de esas «realidades superiores» que mantienen en su simbólica, elitista y robinsoniana columna al encargado de las nociones espirituales mientras en la tierra se afanan los que proporcionan el alimento, acaparan las riquezas o provocan las guerras.

Simón se presenta «acantonado en su símbolo fálico» en una auténtica «masturbación de la santidad», como lo ha definido Kyrou y visualizado Iván Zulueta en su cartel de la película. Si el título no estuviera ocupado por un lienzo de Dalí, cabría, en efecto, haber titulado la película *El gran masturbador:* nada definiría mejor esta actitud onanista hasta la santidad, onanista frente a la humanidad e incluso onanista ante la realidad. En la intención primitiva de Buñuel, ese alejamiento de las cosas de este mundo iba a estar subrayado por sus diálogos en latín, con subtítulos en español que irían en letra gótica. Finalmente, sólo algunos diálogos quedaron en latín, utilizando un poema de Catulo, y los créditos en letra gótica, pero el cineasta se permitiría ese capricho en la secuencia de Prisciliano de *La Vía Láctea*.

BELLE DE JOUR (Bella de día), 1967

FICHA TÉCNICA. Producción: Paris Films Production, Five Films. Productores: Robert y Raymond Hakim. Productor Ejecutivo: Robert Demolliére. Guión: Luis Buñuel y Jean-Claude Carrière, basado en la novela de Joseph Kessel. Fotografía: Sacha Vierny, en Eastmancolor. Operador: Philipe Brun. Decorados: Robert Clavel. Montaje: Louisette Taverna-Hautecoeur. Ayudantes de Dirección: Pierre Lary y Jacques Fraenkel. Jefe de Producción: Henri Baum. Sonido: René Longuet. Vestuario: Hélène Nourry e Yves Saint-Laurent. Maquillaje: Janine Jarreau. Duración: 100 minutos.

FICHA ARTÍSTICA. Catherine Deneuve (Séverine), Jean Sorel (Pierre), Michel Piccoli (Henri Husson), Geneviéve Page (Anaïs), Francisco Rabal (Hypolite), Pierre Clementi (Marcel), Georges Marchal (El duque), Françoise Fabian (Charlotte), Marie Lotour (Mathilde), Francis Blanche (Sr. Adolphe), Macha Meril (Renée), Dominique Dandrieux (Catherine), Bernard Musson (El mayordomo), Iska Khan (El cliente asiático), Marcel Charvey (Henri), François Maistre (El profesor), Muni (Pallas), Briggite Parmentier (Séverine, niña), Bernard Fresson (El hombre con viruela), Marc Eyraud (Barman), Pierre Marcay (Doctor), Michel Charrel (Sirviente), Claude Cerval, Luis Buñuel (Toma café en los jardines del casino).

Un joven matrimonio, los Sérizy, se dispone a celebrar su primer aniversario de boda. Él, Pierre, es cirujano, trabaja en un hospital y es cariñoso y atento con su mujer Séverine. Viven en un lujoso apartamento en la Rue de Messine, en el octavo distrito parisino, y no les falta, aparentemente, nada. Sin embargo, pronto se nos muestra que, debido a un trauma de infancia, Séverine es frígida en la vigilia, aunque se entregue en sus sueños a todo tipo de fantasías eróticas (su personaje está encarnado por Catherine Denueve, que había gustado mucho a Buñuel en una interpretación similar en *Repulsión*, de Polanski).

En una de ellas se ve avanzar un carruaje por el Bois de Boulogne, a bordo del cual Pierre intenta besar a Séverine. Al ser rechazado por ella, manda parar al cochero y ordena a éste y al palafrenero que aten a su mujer a un árbol y la azoten, recibiendo a continuación su permiso para que dispongan de ella como les plazca.

Esta escena es interrumpida por una pregunta de Pierre: «¿En qué piensas?» Y toda la secuencia se convierte en una fantasía diurna de Séverine en su apartamento parisino. La acción se traslada entonces a una estación invernal, donde Séverine y Pierre se encuentran a Husson, un cínico personaje que a Séverine —a la que dirige frases equívocas— le resulta particularmente desagradable.

La esposa de Husson, Renée, comenta algún tiempo después a Séverine el caso de una amiga común que se prostituye, y la idea le fascina de tal manera que no tarda en asaltarle el primer recuerdo infantil, cuando tenía ocho años y fue manoseada por un fontanero. En un encuentro con Husson en el club de tenis, éste deja caer una intencionada alusión a la amiga común que se prostituye, y la pone en la pista de una casa de citas que regenta Madame Anaïs. Mientras Séverine sube las escaleras que conducen al burdel, vuelven sus recuerdos de niñez, evocando en un *flash-back* el momento de su primera comunión en que rechazó la hostia que le ofrecía el sacerdote.

Madame Anaïs la acepta entre sus pupilas con el apodo de *Belle de jour,* ya que sólo trabajará de dos a cinco de la tarde. Sus clientes no tardan en apercibirse de que Séverine da mucho más juego cuando es tratada con mano dura que si se hace con gentileza. La escena que sigue todavía ofrece un inequívoco aire onírico, pero a estas alturas de la película las secuencias empiezan a difuminar su carácter de «reales», evocadas o imaginadas. En una dehesa de Camargue, Pierre y Husson preparan una caldereta, con un diálogo que lo mismo puede referirse a la comida que —metafóricamente— a Séverine. Husson pregunta: «¿Está lista la sopa?» A lo que contesta Pierre: «Está fría. Y no puedo volver a calentarla.» Al fondo desfilan unos toros y Pierre pregunta a su amigo: «¿Tienen nombre los toros, como los gatos?» A lo que Husson replica: «Sí. La mayoría de ellos se llaman Remordimiento... excepto el último, que se llama Expiación.» En ese momento se oye el toque de una campana y los dos adoptan la posición de las figuras que presiden el *Angelus* de Millet. Comienza a llover y Pierre comenta: «Está empezando a expiar.» Llenan un caldero con barro y se dirigen hacia Séverine, atada a un poste con un inmaculado vestido que los dos hombres ponen perdido de barro, mientras la cubren de insultos obscenos.

Jean Sorel, que interpretaba a Pierre, ha contado una divertida ocurrencia de Buñuel que no se mantuvo en el montaje definitivo: «En una secuencia Michel Piccoli y yo debíamos arrojar puñados de barro sobre el rostro y el cuerpo de Catherine Denueve, cubriéndola también de insultos atroces, gritándole obscenidades vulgarísimas, palabrotas que la censura no habría permitido. Entonces Buñuel nos ha hecho gritar en su lugar los nombres de los escritores que aborrece, y durante la escena reía sin parar.»

Uno de los clientes de Séverine es un ginecólogo masoquista que no queda satisfecho con su trabajo; por el contrario, un gigantesco cliente asiático queda encantado y le muestra una misteriosa cajita lacada que al ser abierta emite una especie de zumbido. La siguiente secuencia está situada exactamente en la mitad de la cinta, y presentada de tal manera que ya no puede asegurarse con nitidez si es «real» o imaginada. De nuevo aparece el landó del principio, con sus dos conductores y un aristocrático personaje que propone a Séverine una singular ceremonia en su mansión. El encuentro tiene lugar en la terraza de un café cercano al Bois de Boulogne, y se puede ver a Luis Buñuel sentado en una mesa como un cliente más. El Duque dice una frase que podría suscribir el cineasta: «Soy un hombre de otra época... en la que aún existía el sentimiento de la muerte.»

En el guión original, el Duque asistía a una misa y luego pasaba a contemplar a Séverine cubierta sólo con un velo negro yaciendo en un ataúd, bajo el Cristo de Grünewald, pero los productores cortaron las imágenes del Cristo, quedando el diálogo del Duque con Séverine —a la que se dirige como si fuera su hija muerta— y las sospechosas convulsiones a las que el hombre se entrega bajo el ataúd. Tras la ceremonia, el mayordomo la expulsa sin contemplaciones, dejándola a merced de la lluvia.

Dos nuevos personajes entran en escena en Los Campos Elíseos: el murciano Hipólito (interpretado por Francisco Rabal, que sustituye al sirio de la novela en que está basada la película) y su protegido Marcel. Les vemos introducirse en el ascensor de unas oficinas —son las de los hermanos Hakim, los productores de la película— y atracar a un cobrador. Con dinero fresco, van a gastarlo a casa de Anaïs, donde Marcel se queda prendado de Séverine. Tanto, que no puede soportar que se ausente del burdel, aunque sea para irse de vacaciones con su marido, ni que se acueste con otros.

También Husson aparece por la casa de citas de Madame Anaïs, y está encantado de poder humillar a *Belle de jour,* que tan esquiva se muestra con él en su vida de mujer respetable. En la siguiente ensoñación, Séverine asiste al duelo de Pierre y Husson, pero ambos acaban disparando contra ella. A partir de ahí, los acontecimientos se precipitan. Séverine se despide del burdel, pero Marcel la va a buscar a su casa y amenaza con contárselo todo a su marido. Finalmente, dispara contra éste, dejándolo malherido a la puerta de su casa. Internado en el hospital donde trabaja, Pierre sobrevive, pero queda paralítico y Husson le visita para contarle la doble vida de su mujer.

Cuando Husson se ha marchado, Séverine acude al lado de Pierre, por cuya mejilla se desliza una gruesa lágrima. Pero, al poco, se quita las gafas oscuras, se levanta de su silla de paralítico y pide un whisky a Séverine, repitiendo su pregunta del inicio de la película: «¿En qué piensas?» Como entonces, ella le contesta: «En ti.» El mismo sonido de los cascabeles que servía de fondo al arranque de la cinta empieza a oírse cada vez a mayor volumen, mezclado con maullidos de gatos y cencerros. «¿Oyes eso?», pregunta ella, asomándose al balcón. Y desde él observa el landó que aparecía al

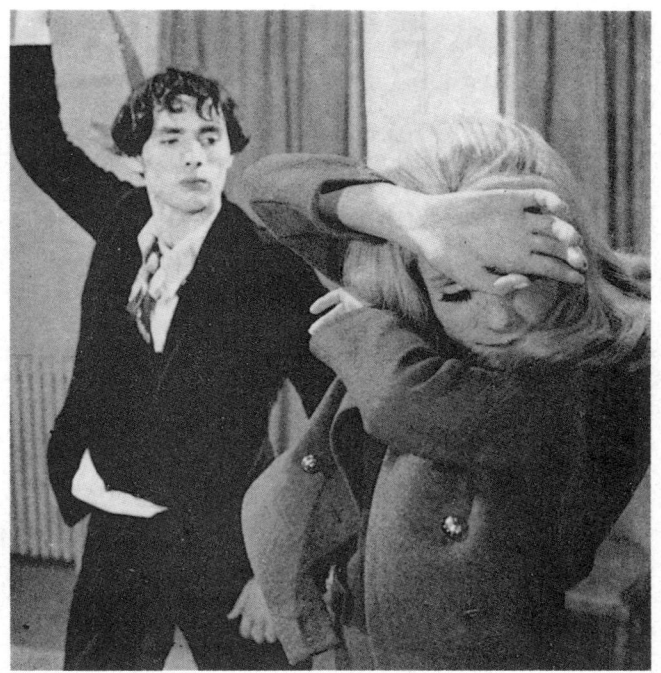

comienzo y a mitad de la película, sólo que esta vez ni ella ni Pierre van en él.

Belle de jour está construida en torno a un eje de simetría —que viene dado por el motivo visual del landó y las repeticiones sonoras de los cascabeles— en torno al cual se distribuye la materia narrativa a base de repeticiones binarias, como ha subrayado Drouzy: dos visitas de Séverine al hospital, dos secuencias en la estación invernal, dos recuerdos infantiles, dos visitas de Husson al apartamento de los Sérizy, etcétera. Todo ello junto a otros elementos, y el código de colores (que oscila entre la fotonovela y el catálogo) permiten seguir la narración en los cuatro planos propuestos: ensoñaciones, recuerdos de infancia, vida matrimonial, escapadas al burdel. Con ello se consigue subrayar el desdoblamiento Séverine/Belle de jour en ese desgarramiento cuerpo/alma tan representativo de la «neurosis cristiana». Pero, sobre todo, se puede acceder a una realidad más rica que la externa y convencional, logrando integrar toda la riqueza de la vida subconsciente en una amplia gama de manifestaciones mentales.

Con ello Buñuel ha logrado dar un nuevo paso adelante en su trayectoria, al menos en su aspecto comercial. En el creativo, tenía todo esto muy superado desde su primera película, pero necesitaba integrarlo en un cine no experimental sin necesidad de recurrir a los *flash-backs* clásicos de *Él* o *Ensayo de un crimen* y a las secuencias oníricas estancas de *Los olvidados* y *Subida la cielo*. Sólo así tendría acceso a los refinamientos posteriores de *La Vía Láctea, El discreto encanto de la burguesía* o *El fantasma de la libertad*. Esa posibilidad era lo que más le interesaba de la novela en la que se basaba el proyecto: «El tema tan manido pienso salvarlo a base de mezclar indiscriminadamente y sin cualquier aviso previo en el montaje los sucesos de la protagonista, lo que pasa en la realidad, con las fantasías e impulsos morbosos que ella imagina. Según va avanzando el filme va aumentando la frecuencia de esas interpolaciones y al final, en la última secuencia, el espectador no puede saber si lo que está pasando pertenece al mundo objetivo o al subjetivo de la protagonista, a la realidad o a sus pesadillas.»

Belle de jour busca, además, la complicidad de ese *voyeur* que todo cinéfilo lleva dentro, al igual que Hitchcock convirtiera *La ventana indiscreta* en una parábola sobre esa actitud radicalmente cinematográfica que es el fisgoneo en las imágenes de la intimidad ajena. Buñuel suele acudir a un personaje mirando por una mirilla para potenciar la carga erótica de ciertas escenas, y ha declarado que en los cines refinados deberían dar en la taquilla a cada espectador, junto con la entrada, un cerradura para ver mejor la película.

Gracias a estas astucias suyas pudo sacar partido de la novela *Belle de jour,* de Joseph Kessel, que había causado un cierto escándalo al editarse en 1929 (el mismo año de *Un perro andaluz),* pero cuya capacidad de impacto había quedado muy mermada por el paso del tiempo. La abundancia de medios le permitió, además, un acabado muy a la francesa que dotó a la película de amplias audiencias, para las que resultaba un filme osado, pero «artístico». *Belle de jour* se mantuvo en cartel durante varios meses en tres de los principales cines parisinos. Buñuel, perro viejo, asistió a este reconocimiento multitudinario con considerable escepticismo, comentando: «Seguramente se trata del mayor éxito comercial de mi vida, lo que atribuyo a las putas de la película más que a mi trabajo.»

Rechazada en el Festival de Cannes por «insuficiencia artística», recibió, sin embargo, el León de Oro en la Mostra de Venecia. Carlos Fuentes ha contado cómo Juan Goytisolo y él —ambos miembros del jurado— se hicieron con la mayoría de votos en un acto que, jocosamente, ha calificado de «terrorismo cultural»: «Había una facción del jurado encabezada por Alberto Moravia que quería darle el premio a Marco Bellocchio por *La Cina é vicina;* luego había otra encabezada por Susan Sontag, que quería dárselo a Jean-Luc Godard por *La chinoise,* y después Goytisolo y yo, que se lo queríamos dar a Buñuel por *Belle de jour*. Entonces, el que iba a romper los empates era el representante soviético, que estaba indeciso. Así que Goytisolo y yo nos fuimos a pasear y le dijimos: "Mire usted, ¿qué le va a pasar cuando regrese a su país —esto sucedía antes de la *perestroika*—, si vota por una película que se llama *China está cerca* o por otra que se llama *La china?* Le van a mandar a usted a Siberia si no vota a Buñuel." Y votó por Buñuel y le dieron el León de Oro.»

LA VOIE LACTÉE (La Vía Láctea), 1969

FICHA TÉCNICA. Producción: Greenwich Film Production, Fraia Film. Productor: Serge Silberman. Productor Asociado: Ully Pickard. Guión: Luis Buñuel y Jean Claude Carrière. Fotografía: Christian Matras, en Eastmancolor y pantalla panorámica. Decorados: Pierre Guffroy. Música: Luis Buñuel. Jefe de Producción: Ully Pickard. Montaje: Louisette Taverna-Hautecoeur. Ayudante de Dirección: Pierre Lary. Sonido: Jacques Gallois. Montaje de Sonido: Dominique Amy. Vestuario: Jacqueline Guyot. Duración: 98 minutos.

FICHA ARTÍSTICA. Paul Frankeur (Pierre), Laurent Terzieff (Jean), Alain Cuny (Hombre de la capa), Edith Scob (María), Bernard Berley (Jesús), François Maistre (El cura loco), Claude Cerval (El brigadier), Julien Bertheau (Richard), Muni (Religiosa jansenista), Ellen Bahl (Mme. Garnier), Michel Piccoli (El Marqués de Sade), Agnes Capri (Directora de Institución Lamartine), Michel Etcheverry (Presidente-Juez-Inquisidor), Pierre Clementi (Ángel de la muerte-un demonio), Georges Marchal (El jesuita), Jean Piat (El conde), Denis Manuel (Rodolfo, estudiante protestante), Daniel Pilon (François, su amigo), Claudio Brook (Obispo), Jean Claude Carrière (Prisciliano), Marcel Peres (Cura de la posada española), Delphine Seyrig (La prostituta), Pierre Lary (Montol Andrés), Paul Pavel, Douglas Read, Jacques Rispal, la voz de Luis Buñuel (simulando la lectura radiofónica de la *Guía de pecadores* de Fray Luis de Granada).

La Vía Láctea es una peregrinación fílmica a lo largo de las herejías suscitadas por el cristianismo. El hilo conductor lo constituyen dos vagabundos, significativamente llamados Jean Duval (más joven e imberbe) y Pierre Dupont (mayor y con barba), que recorren la Vía Láctea o Camino de Santiago. Durante el viaje que, en un principio, transcurre en la época actual, se asiste al desfile de graves cuestiones teológicas, distribuidas en torno a seis grandes problemas o misterios:

—La Eucaristía (escena del cura loco).
—El Origen del Mal (secuencia de Prisciliano).
—Naturaleza de Cristo (restaurante en Tours).
—La Trinidad (obispo exhumado y quemado).
—La Gracia y la Libertad (duelo jesuita-jansenista).
—Los Misterios Marianos (venta del Llopo).

Antes de ponerse en ruta se encuentran con un

severo personaje que da dinero a Pedro tras pedirle que le muestre el que lleva, pero se lo niega a Juan —quien dice no tenerlo—, parafraseando así las palabras de Cristo en el Evangelio de San Mateo. Por otro lado, les anuncia que al llegar a Santiago se encontrarán a una prostituta, a la que deberán hacer dos hijos que se llamarán «Tú no eres mi pueblo» y «No más misericordia», nombres tomados del capítulo primero del profeta Oseas, donde Yavéh simboliza en esa propuesta al pueblo judío, que considera prostituido y para el que no tendrá, por tanto, misericordia. Mientras el adusto mensajero se aleja, se advierte a su lado un enano que suelta una paloma. Esta representación de la Santísima Trinidad se basa en uno de los dichos de Jesús a los apóstoles: «El Padre es mayor que yo» (Juan, 14, 28).

Pedro pregunta a Juan: «Pero, ¿por qué me dio a mí y a ti no?» A lo que el segundo replica: «Seguro que por tu barba. La barba inspira confianza. Es de buen tono.» El primero aprueba las palabras de su compañero, evocando una escena que le contara su madre de niño. Con el acaramelado color característico de la imaginería sansulpiciana, se nos muestra entonces el interior de una carpintería de Nazareth, donde Jesús afila una navaja de afeitar —como Buñuel al comienzo de *Un perro andaluz*—decidido a desprenderse de su barba, como sucedía al final de *La edad de oro*. Pero su madre le pide que no lo haga, pues lo encuentra mucho mejor así.

Tras intercambiar esta confidencia, Pedro y Juan continúan su camino, encontrándose a un niño con los estigmas de la Pasión que detiene un lujoso coche al que les invita a subir. Pero no tardan en ser expulsados por el chófer, que no consiente que empleen el nombre de Dios en vano. Fatigados y hambrientos llegan a un albergue, donde un cura loco discute con un gendarme sobre la Eucaristía. Cuando los enfermeros vienen a llevarse al cura, el posadero comenta refiriéndose a él: «¡Quién lo hubiera creído, parecía tan normal!»

Repuestas las fuerzas, se tropiezan con un hombre vestido a la usanza del siglo IV y que habla en latín, al que Pedro define como «un pastor que habla como un cura». Nos hemos introducido así en la época de Prisciliano, obispo de Ávila —interpretado por el guionista Jean Claude Carrière— en representación de las doctrinas maniqueas, poniéndose en discusión, por tanto, el problema del bien y el mal. Según sus palabras (en latín, con subtítulos), «es necesario humillar el cuerpo, despreciarlo, someterlo sin cesar al placer de la carne», por lo que se entregan en el bosque a una inmediata orgía. Juan Larrea, que había hablado a menudo con Buñuel sobre la figura —para él clave— de Prisciliano, no ha ocultado su disgusto ni sus discrepancias por el tratamiento dado aquí a la figura del obispo de Ávila, muy superficial, en su opinión.

En Tours, célebre por su gastronomía, los dos peregrinos intentan obtener alguna limosna del *maître* de un restaurante donde los camareros discuten con su jefe sobre la naturaleza de Jesús y la existencia de Dios. Es entonces cuando se cita el pasaje de los Salmos del que surge el argumento ontológico de San Anselmo: «Insensato el que dice en su corazón: No hay Dios.» Esta afirmación sirve de enlace con la siguiente escena, en la que el Marqués de Sade, en un calabozo, dice a una joven: «No hay Dios. Todas las religiones parten de un principio falso, Teresa. Todas suponen necesario el culto a un Dios creador, pero ese creador no existe. ¿Hay una sola religión que no lleve el emblema de la impostura y de la estupidez? Pero de entre todas, una merece más especialmente nuestro desprecio y odio, ¿no es esta ley bárbara del cristianismo en la que los dos hemos nacido?»

Aquí Buñuel ha establecido el nexo que sugería ya en *Abismos de pasión* entre los pasajes de la Biblia puestos en boca de los necios (tal el del Libro de la Sabiduría) y el Marqués de Sade. Y, por supuesto, estas palabras tomadas de *Justine* son claves para entender *La Vía Láctea* que, en gran medida, es una condena de todos los fanatismos. Incluso Sade ha sido recluido —casi tanto como Jesús— en su respectivo ámbito,

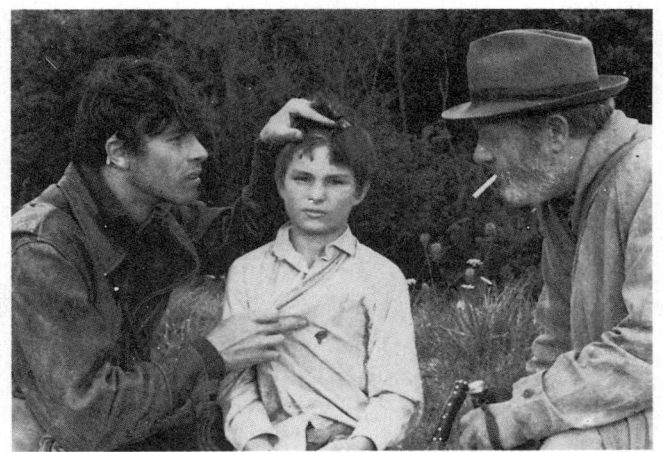

hábito y tópico. Y no deja de resultar curioso que el mismo decorado del calabozo donde el Marqués se ensaña con su víctima sea el utilizado para la escena de la Inquisición.

Aunque caben otras interpretaciones, claro está, ya que los caminos del Señor son impredecibles. El dramaturgo Eugène Ionesco, sin ir más lejos, atribuía a esta secuencia del restaurante su parcial recuperación de la fe: «Yo creo que Buñuel era secretamente un creyente. Esto se ve en *Nazarín,* por ejemplo, y en otra película cuyo título no recuerdo, en la que aparece un restaurante muy bueno, a cuya puerta acuden mendigos que son acogidos por el *maître,* quien se dispone a atender a sus clientes sin poner reparos a la pobre indumentaria ni al aspecto famélico de los huéspedes. "¿Acaso existe Dios?", pregunta una mujer de entre los recién llegados, a lo que responde el *maître:* "Evidentemente, señora". Esa afirmación, dicha con la calma que utiliza Buñuel en el filme, es para mí una evidencia extraordinaria, una realidad irrefutable.»

Volviendo a la película, el *maître* y sus camareros se preguntan por qué Jesús aparece siempre tan digno y solemne, imaginándoselo, en consecuencia, en actitudes más cotidianas: corriendo, jadeando, hambriento, riendo, en el característico estilo de cromo con que ya había sido presentado en la carpintería de Nazareth. Ahora lo vemos en las bodas de Canaam contando ocurrencias. No le vemos, sin embargo, hacer el milagro. Con esta secuencia Buñuel realiza una de sus viejas aspiraciones sobre su «pasión según Buñuel, con guión original de Juan Evangelista», mostrando a Cristo «como tú y como yo».

El *maître* expulsa a los dos vagabundos al advertir su presencia, y éstos se alejan hasta topar con una fiesta campestre en la que les invitan a tomar un bocado mientras una profesora y sus pupilas demuestran desde un escenario lo que han aprendido. Mientras, Juan imagina que unos anarquistas fusilan al Papa. Al sonar la descarga en la imaginación del peregrino, el padre de familia que se sienta a su lado la oye, y pregunta sorprendido: «¿Qué es eso?... ¿Hay un campo de tiro por aquí?» «No, no —responde Juan—. Soy yo. Me imaginaba que fusilaban al Papa». «Pierda usted cuidado —replica su interlocutor—. Verá usted muchas cosas, pero el Papa fusilado, eso... ¡no lo verá jamás!»

Hay que señalar que una fotografía de ese fusilamiento papal era la única imagen de sus películas que el realizador tenía en las paredes de su despacho y que el Pontífice de *La Vía Láctea* tiene un extraordinario parecido con Juan Pablo II, objeto de varios atentados, uno de ellos con pistola. Pero, sobre todo, merece la pena hacer notar que este procedimiento que rompe las barreras entre lo mental y la realidad exterior recuerda el «ruido de los pensamientos» al que se refieren los místicos españoles, y con tal sentido fue utilizado por Carlos Saura —a quien entusiasma esta secuencia de Buñuel— en *Mamá cumple cien años*.

La respuesta condenatoria de las niñas en la fiesta campestre a cada propuesta herética que les recuerda su profesora nos introduce en una escena medieval. Un joven dominico confiesa sus dudas al Inquisidor: «Aquéllos a quienes les hayan quemado los hermanos, quemarán a su vez a otros y viceversa. Unas veces unos, otras otros, todos estarán seguros de poseer la verdad... ¿Para qué habrán servido todos esos millones de muertos?» Palabras en las que se adivinan las propias zozobras de Buñuel, quien ha declarado: «A mis ojos, *La Vía Láctea* no estaba a favor ni en contra de nada. Aparte las discusiones y las disputas doctrinarias auténticas que la película mostraba, me parecía ser, ante todo, un paseo por el fanatismo en que cada uno se aferraba con fuerza e intransigencia a su parcela de verdad, dispuesto a morir o matar por ella. Me parecía también que el camino recorrido por los dos peregrinos podía aplicarse a toda ideología política o, incluso, artística.»

De nuevo en la carretera, Pedro tiene dificultades con sus viejos zapatos, e intenta hacer *auto-stop,* sin que nadie se detenga. Indignado, Juan grita a un conductor que no para: «¡Ojalá te rompas el alma, cabrón!» Y, en efecto, el coche se estrella. Junto a sus restos encuentran a un enigmático personaje que pisotea la medalla de San Cristóbal. De la radio del coche sale la voz de Luis Buñuel leyendo la descripción del infierno de la *Guía de pecadores* de Fray Luis de Granada: «Lágrimas allí no valen, arrepentimientos allí no aprovechan...»

Pedro se calza los zapatos nuevos del conductor muerto y prosiguen su camino hasta una iglesia donde unas monjas se disponen a crucificar a una compañera. Se trata de un convento de religiosas jansenistas, pertenecientes a la secta de las convulsionarias. El episodio evoca uno real sucedido en el siglo XVIII, acompañado, según rumores, de milagros y espasmos. En 1732 aquel lugar, el cementerio de Saint-Medard, fue clausurado por decreto de la Corte y un bromista escribió sobre la puerta: «Por orden del Rey, se prohibe a Dios hacer milagros en este lugar.» Buñuel no podía dejar pasar un plato tan sabroso, al igual que el chusco duelo entre el jesuita y el jansenista, que intercambian golpes de espada y mandobles teológicos.

Ya en España, Juan y Pedro se encuentran con dos estudiantes que les confían un par de burros que más tarde habrán de devolverles. Los dos jóvenes —vestidos a la usanza del siglo XVI— asisten a la condena de un obispo ya fallecido que es acusado por su sucesor de hereje a la vista de sus escritos recién descubiertos. Castigado con la hoguera, su carroña será exhumada y arrojada al fuego. También aquí Buñuel se ha atenido a otro hecho histórico, que se cebó en el arzobispo de Toledo, Carranza. Los estudiantes interrumpen la cremación gritando consignas heterodoxas contra la Trinidad y, escapando de sus perseguidores, ingresan en la época actual sin más trámite que cambiar sus trajes por los de unos cazadores que se están bañando.

Una aparición de la Virgen —tratada de nuevo según la imaginería sansulpiciana— lleva a los estudiantes-cazadores a consultar a un cura en la venta donde coinciden de nuevo con los peregrinos. El sacerdote les cuenta entonces uno de los Milagros de Nuestra Señora de Berceo que reelaboraría Zorrilla bajo el título de *Margarita la tornera:* una monja abandona el convento, pero al volver nadie ha advertido su ausencia, porque durante todo ese tiempo la ha sustituido en su puesto de tornera la Vírgen María.

Ya en las habitaciones, un personaje pronuncia una frase que Buñuel ha considerado, bromeando, su testamento: «Mi horror por la ciencia y mi odio a la tecnología me conducirán finalmente a esta absurda creencia en Dios.» Es su particular reelaboración de una encuesta leída en un periódico, en la que se pasaba revista a la posición de los franceses respecto a Dios. En ella, se llegaba a la conclusión de que «la necesidad de creer en otro mundo que en el de la técnica» impulsaba al 33 por cien de la gente a creer en Dios. No dudó en hacer suya la frase.

Tras varios episodios marianos —y otros no tan edificantes— que suceden en la venta, llegan finalmente a

Santiago de Compostela, donde, tal como les había pronosticado el venerable varón del comienzo, encuentran a una prostituta. Pero la película tiene una coda final, al aparecer unos ciegos que piden a Jesús que los cure. Éste parece hacerlo, aunque insiste en que no ha venido a la tierra para traer la paz, sino la espada y los ciegos tienen serias dificultades para no tropezar en su camino. Consciente de la ambigüedad de su sentido, *La Vía Láctea* incluía una advertencia con destino al espectador: «Todo lo que en este filme se refiere a la religión católica y a las herejías que ésta ha suscitado, particularmente desde el punto de vista dogmático, es rigurosamente exacto, salvo error de nuestra parte. Tanto los textos como las citas se han tomado de las Escrituras (Antiguo y Nuevo Testamento, Epístolas de San Pablo, etcétera), o de obras teológicas y de historia eclesiástica, antiguas y modernas. A lo largo del filme, las apariciones, milagros y relatos de milagros serán tratados con toda seriedad, conforme a las tradiciones de la Iglesia, sin la menor intención de burla. Esto no es, de ninguna manera, un filme de tesis o de polémica, sino un relato al estilo picaresco sobre las aventuras de dos peregrinos que emprendieron un día el Camino de Santiago.»

En efecto, esta película surge en la trayectoria de Buñuel como resultado de la confluencia de varios estímulos, y uno de ellos es la estructura itinerante inspirada en la novela picaresca y en sus derivados, en particular el *Gil Blas de Santillana* de Lesage y *El manuscrito encontrado en Zaragoza,* tanto en la narración original de Potocki recuperada por Roger Caillois como en la extraordinaria película del polaco Wojciech Has, que potencia con enorme habilidad la técnica de «caja china» o «perspectiva en abismo», con un uso del *flash-back* en el que Buñuel tenía que reconocerse.

A ello hay que añadir la *Historia de los heterodoxos españoles,* militante y conservadora obra juvenil de Menéndez Pelayo que Buñuel leía con fruición: «Me enseñó muchas cosas que yo ignoraba —confesaría—, en particular sobre el martirio de los herejes, convencidos de su verdad tanto, si no más, que los cristianos.» Por tanto, se propuso rodar algo así como «un documental sobre las herejías». Por otro lado, el cineasta quería abordar secuencias evangélicas, que le interesaban mucho (como se deduce de su recurrencia sobre la iconografía crística), pero no hasta el punto de dedicar toda una película a la figura de Jesús.

Pero la oportunidad «comercial» llegaría, según Carrière, en la edición de 1967 del Festival de Venecia, al que Buñuel asistía para la presentación de *Belle de jour*. Al ver allí *La chinoise* de Godard, el cineasta comentó a su colaborador: «Si éste es el cine que se lleva ahora, creo que podemos hacer la película sobre las herejías.» Así se inauguraría con *La Vía Láctea* una especie de tríptico final de una gran libertad narrativa, que hallaría su continuación en *El discreto encanto* y *El fantasma de la libertad*, una vez acometido su viejo proyecto de llevar a la pantalla la novela *Tristana*, de Galdós.

TRISTANA, 1970

FICHA TÉCNICA. Producción: Época Films, Talía Films, Selenia Ciematográfica, Les Films Corona. Guión: Luis Buñuel y Julio Alejandro. Argumento: La novela de Benito Pérez Galdós. Fotografía: José F. Aguayo, en Eastmancolor. Decorados: Enrique Alarcón. Montaje: Pedro del Rey. Ayudante de Dirección: José Puyol. Jefe de Producción: Juan Estelrich. Productores Ejecutivos: Joaquín Gurruchaga y Eduardo Ducay. Sonido: José Nogueira y Dino Fronzetti. Maquillaje: Julián Ruiz. Duración: 96 minutos.

FICHA ARTÍSTICA. Catherine Deneuve (Tristana), Fernando Rey (Don Lope), Franco Nero (Horacio), Lola Gaos (Saturna), Jesús Fernández (Saturno), Antonio Casas (Don Cosme), Sergio Mendizábal (El profesor), José Calvo (El campanero), Julio Goróstegui (Don Zenón), Alfredo Santacruz (Don Antonio), José Blanch (Don Práxedes), Vicente Soler (Don Ambrosio), Fernando Cebrián (Doctor Miquis), Juanjo Menéndez (Don Cándido), Mary Paz Pondal (La chica), Cándida Losada (La hermana de Don Lope), Antonio Ferrandis (Don Cosme), José María Caffarel, Joaquín Pamplona.

En el ambiente apacible del Toledo de los años treinta, don Lope es un maduro y ocioso rentista que vive con su criada Saturna, suspirando por tiempos mejores. Al quedar huérfana Tristana, el caballero se hace cargo de ella, llevándola a vivir a su casa, donde no tarda en seducirla y hacerla su amante. Pero un buen día la muchacha conoce a Horacio, un joven y atractivo pintor con el que abandona la ciudad. Pasa el tiempo, y don Lope sale de sus apuros económicos gracias a la sustanciosa herencia que le deja su difunta hermana. Entretanto, Tristana regresa a Toledo presa de una enfermedad que le ocasionará la amputación de una pierna. Horacio, que la visita fugazmente, termina por marcharse, haciéndose cargo de ella don Lope, que accede a acogerla en su casa y la desposa. Mientras el anciano caballero va cediendo en su liberalismo anticlerical y volviéndose amigo de curas y guardias civiles, el carácter de la muchacha se agria rápidamente. Sólo parece tener alguna morbosa relación con Saturno, un muchacho sordomudo hijo de la criada de don Lope, ante el que se exhibe desnuda en un balcón tras despojarse de su pierna ortopédica. Una fría noche de invierno en que cae la nieve, Tristana no duda en abrir la ventana de la habitación donde yace enfermo don Lope, dejándole morir.

Tristana era un antiguo proyecto de Buñuel que se frustró tras el escándalo de *Viridiana*. Pero, ante la noticia de que el productor Eduardo Ducay estaba dispuesto a rodarla en Portugal, se concedieron todos los permisos necesarios tras una entrevista de Buñuel con Fraga Iribarne. Al ser una coproducción hispano-franco-italiana, hubo de incorporar al reparto a Catherine Deneuve y Franco Nero, quienes necesitan de mucha buena voluntad e imaginación para ser vistos como una huerfanita y un bohemio toledanos. Bien distinto fue el caso del reparto español, con unos formidables Fernando Rey y Lola Gaos. El personaje de Saturna interpretado por esta última tiene tal fuerza y convicción, que serviría de arranque a José Luis Borau y Manuel Gutiérrez Aragón para construir el guión de *Furtivos*.

Hay notables cambios respecto a la novela de Galdós, que era de estructura epistolar y respondía a propósitos bien distintos. A través de *Tristana*, escritor y cineasta ventilan cuestiones íntimas completamente diferentes, y donde el primero obtiene una de sus novelas más endebles, el segundo construye una de sus películas más completas, redimiendo, de paso, el relato original, ya que Buñuel no es tan ajeno al mundo galdosiano como pudiera pensarse a primera vista. Ciertos temas resuenan como armónicos en estos dos universos tan aparentemente alejados; pero, además, los personajes del novelista son un buen retrato del ambiente familiar en que creció el realizador, y utilizarlo como punto de partida resulta para él tan natural y de tan lucrativa economía artística como para Max Ernst o su hermano Alfonso Buñuel el uso de grabados decimonónicos para perpetrar sus *collages*.

En el caso concreto de *Tristana*, sólo le gustaba la mutilación de la pierna de la protagonista. La explica-

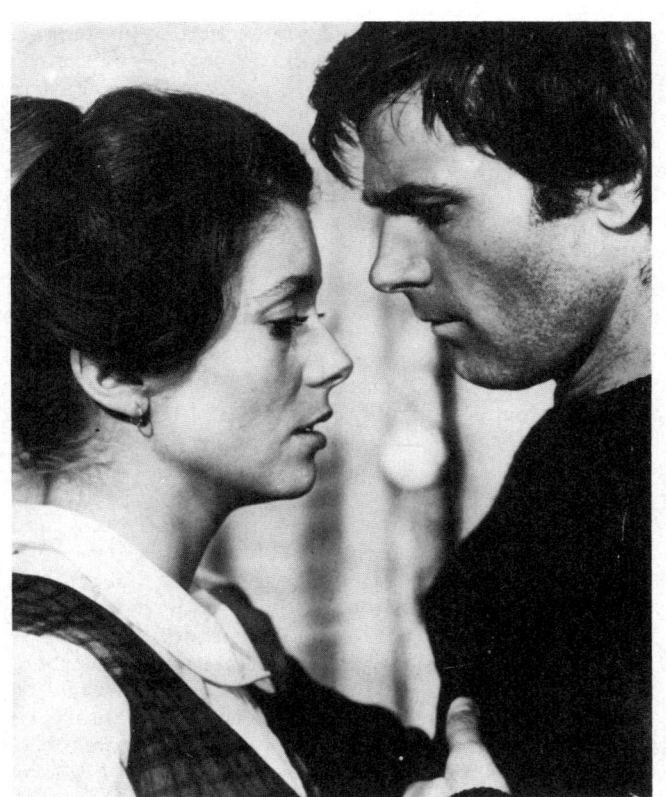

ción última de este interés se encuentra, seguramente, en el famoso Milagro de Calanda, que tan sospechoso fervor suscitaba en Buñuel. De él se da fe en el acta levantada el 2 de abril de 1640 en la villa natal de don Luis por Miguel Andreu, notario público de Mazaleón. Según todos los testimonios, en esa fecha el mozo Miguel Pellicer recuperó su pierna derecha, que le había sido amputada en octubre de 1637. Después de haber estado dos años y pico sin pierna y con muletas, la intercesión de la Virgen del Pilar habría obrado el milagro.

Pero, ¿qué se hizo con la muleta que durante su cojera utilizó Miguel Juan Pellicer? Según una leyenda no menos piadosa, con su madera se habrían confeccionado dos pares de palillos para tocar los tambores de Calanda en la procesión del Viernes Santo, en recuerdo del estruendo y terremoto que siguió a la muerte de Cristo, y exorcismo, en cierto modo, a la espera de la resurrección de la carne. Dichos palillos habrían sido adquiridos por un campesino acomodado del pueblo, de nombre Leonardo Buñuel, antepasado directo de Luis Buñuel, quien los tendría en su poder y dejaría en su testamento un par a cada uno de sus dos hijos.

A la luz de estos antecedentes empiezan a comprenderse las sinrazones de Buñuel para rodar la novela de Galdós. Algo que el fino olfato de Hitchcock intuyó de inmediato cuando vio la película, como ha contado el realizador aragonés: «*Tristana* la iba a hacer en 1952 con Ernesto Alonso y Silvia Pinal. Es una de las peores novelas de Galdós, género *Te amo, pichoncita mía,* muy cursi. Sólo me interesaba el detalle de la pierna cortada. Curiosamente, eso también atraía a Hitchcock. En una comida que me dieron los directores de Hollywood, Hitchcock, sentado a mi lado, exclamaba repetidamente: "¡Ah, la pierna cortada de Tristana!"»

También para Max Aub la auténtica protagonista de la película era la pierna ortopédica, y no Catherine Deneuve. A partir de aquí puede recomponerse el resto: quien ha hecho los ejercicios espirituales con los jesuitas

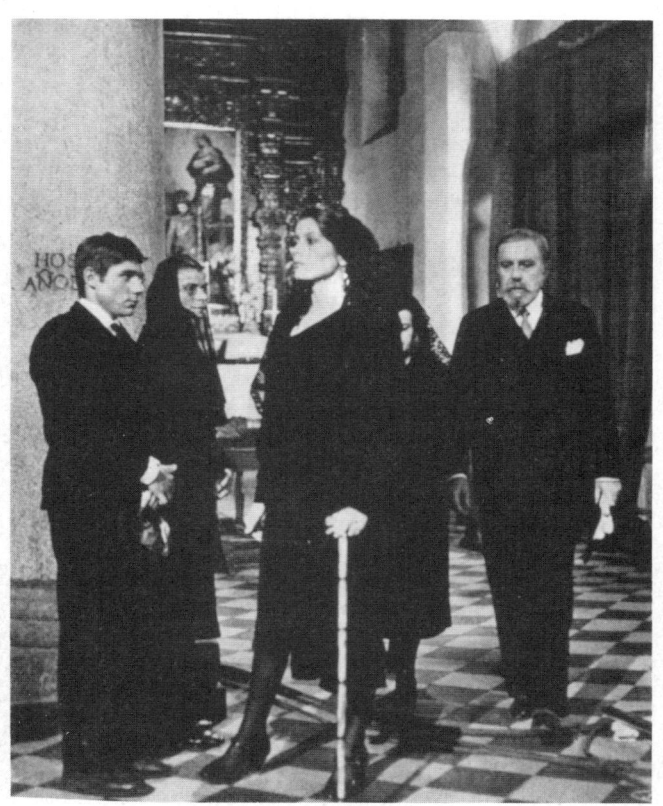

está lo suficientemente impresionado por el dogma de la resurrección de la carne como para que, por un puro efecto de compresión, se produzca una mezcla explosiva que enlace muerte y erotismo. Y de ahí deriva el morbo de la escena del balcón, en la que —litúrgicamente— Tristana se despoja de su prótesis y se exhibe *totalmente* desnuda ante el sordomudo Saturno. Inmediatamente, la cámara encuadra con el mismo contrapicado toda una serie de vírgenes, hasta topar con la del altar mayor de una iglesia donde ella y don Lope se acaban de casar.

Buñuel ha confesado: «Catherine Deneuve no es precisamente mi tipo de mujer, pero coja y maquillada la encuentro muy atractiva. Durante la guerra española yo iba al Café de la Paix, donde tenía cita con alguien para tratar cuestiones políticas. Vi frecuentemente a dos muchachas cojas, de unos 19 ó 20 años, muy espigadas, muy bonitas y pintadas. Se paseaban con sus muletas, no ocultaban que les faltaba una pierna. Eran prostitutas y nunca les faltaban clientes, tenían un éxito tremendo. En la película lo cuento por boca de don Lope.» Recuerdo parisino que coincide curiosamente con éste que nos ha preservado Ramón Gómez de la Serna en su *Automoribundia,* referido a la Gran Guerra: «París se arrastraba en una mayor pobreza y pasaban en la noche de París esas mujeres galantes que evitan que las detengan los gendarmes porque mientras merodean empujan un cochecito de niño, y una coja con visible pata de palo hacía más conquistas que ninguna otra, como si fuese una representante de la invalidez guerrera.»

Podría hacerse una lectura «política» o «histórica» de la película, cuyas acciones nucleares tienen lugar en 1929 (año en que se extingue la dictadura de Primo de Rivera), 1931 (proclamación de la República), 1933 y 1935 (el bienio negro). La escena de la manifestación obrera está ubicada inmediatamente después de la desfloración de Tristana y de que un guardia civil mate a tiros a un perro rabioso, por lo que se ha querido ver en ello una apología de la machadiana y krausista «España de la rabia y de la idea», mutilada en la República y en las garras de una burguesía que, como don Lope, padece tal tipo de contradicciones que por ellas se explican muchos de los trastornos de la España moderna. En un momento dado, este último incluso lee un ejemplar de un periódico en el que se alude a la gangrena que padece España, y no puede evitarse pensar en la mutilación posterior de Tristana.

Tampoco costaría demasiado identificar al sordomudo aprendiz Saturno con un proletariado sin voz, como se ha hecho. Pero las principales razones que movieron al realizador a elegir un determinado emplazamiento espacio-temporal para su película son más bien de orden autobiográfico. Porque la propia ciudad de Toledo en los años treinta de este siglo es el segundo gran motivo íntimo de la película, hasta el punto de que el proyecto se había ido retrasando porque Buñuel estaba decidido a rodarla allí o no rodarla en ningún otro sitio.

Es *su* Toledo, el de las excursiones desde la Residencia de Estudiantes y la Orden por él fundada. El de la estatua yacente del cardenal Tavera, que aparece en una de las escenas decisivas, cuando Tristana da la impresión de que va a besar el mármol del clérigo que el escultor Berruguete representó en plena putrefacción. Ahí se concreta toda la atracción-repulsión por la carne en su mezcla de erotismo y muerte, un tema que —cruzado con *El convidado de piedra* y la leyenda *El beso,* de Bécquer— reaparecerá en el inicio de *El fantasma de la libertad*. Leyenda en la que se alude, por cierto, a «esa endiablada campana gorda, especie de sochantre de bronce, que los canónigos de Toledo han colgado en su catedral» y que protagoniza una de las secuencias de la película y las pesadillas de Tristana, en cuyos sueños aparece como badajo la cabeza degollada de don Lope. Quizá Buñuel tuviera en cuenta la leyenda toledana que recuerda cómo los moros, al tomar la ciudad, usaron para ese cometido las cabezas de los cristianos. O quizá una secuencia muy parecida de *Los misterios de un alma* (1926), la película de Pabst que trata de las teorías de Freud.

En todo caso, el ambiente de la película es irremediablemente hispánico, con un empleo del color y la luz que le dan un aire otoñal, arcaico, en decadencia, con colores pardos y oxidados, con gran abundancia de negros y un cierto toque mortecino y medieval que subrayan las campanas iniciales. Y como el mejor Buñuel suele deducirse de los pequeños objetos cotidianos —las migas del campanero, la ruleta del barquillero, la mesita de condolencias de la funeraria, el chocolate con azucarillos y picatostes—, su familiaridad con las cosas sólo admite parangón con la otra película española, *Viridiana*.

LE CHARME DISCRET DE LA BOURGEOISIE (El discreto encanto de la burguesía), 1972

FICHA TÉCNICA. Producción: Greenwich Film Production. Productor: Serge Silberman. Guión: Luis Buñuel y Jean Claude Carrière. Fotografía: Edmond Richard, en Eastmancolor. Decorados: Pierre Guffroy. Montaje: Hélène Pleniannikov. Ayudante de Dirección: Pierre Lary. Jefe de Producción: Ully Pickard. Sonido: Guy Villette. Duración: 100 minutos.

FICHA ARTÍSTICA. Fernando Rey (Rafael de Acosta, el embajador), Jean-Pierre Cassel (Henri Sénéchal, hombre de negocios), Stéphanie Audran (Alice Sénéchal), Paul Frankeur (François Thévenot), Delphine Seyrig (Simone Thévenot), Bulle Ogier (Florence), Julien Bertheau (Monseñor Dufour, obispo), Gerald Robard (Hubert de Rochecahin), Milena Vukovik (Inés, criada de Sénéchal), Claude Pieplu (El coronel), Michel Piccoli (El ministro de Gobernación), Muni (La campesina), Pierre Maguelon (Jefe de policía), François Maistre (Comisario Deplus), Georges Douking (El jardinero moribundo), María Gabriella Maione (Terrorista), Bernard Musson (Mozo), Robert Le Béal (Sastre).

Rafael Acosta (embajador de la imaginaria República de Miranda), el señor y la señora Thévenot y la hermana de ésta, Florence, llegan a casa de los Sénéchal creyendo haber sido invitados ese día. Pero la señora Sénéchal no les espera: se ha producido un malentendido y habían quedado al día siguiente. Los recién llegados la invitan a cenar a un albergue cercano, pero cuando ya están dispuestos a pedir su cena descubren en la habitación de al lado un velatorio: el dueño ha muerto y su cadáver yace tras una cortina. Perdido el apetito, abandonan el lugar.

Sénéchal, Thévenot y el embajador se reúnen en el despacho de Rafael para hacer cuentas sobre el tráfico de cocaína a que se dedican, pasándola en su valija diplomática. En el exterior, una joven guerrillera de Miranda vende unos conejitos mecánicos, contra los que dispara el embajador con un rifle. Ya aparece aquí una de las obsesiones del último Buñuel, el terrorismo, que volverá en sus dos últimas películas e iba a abordar monográficamente en su guión no rodado, *El canto del cisne,* abandonado en 1980. En esa misma secuencia Rafael explica que el tráfico de drogas se está volviendo peligroso: hace poco atraparon a un diplomático... Cuando se dispone a decir su nombre, un ruido de aviones que pasan por encima del inmueble tapa el diálogo, situación que se repetirá en otras ocasiones a lo largo del filme.

Rafael, los Thévenot y Florence acuden de nuevo a casa de los Sénéchal, esta vez invitados sin lugar a error. Mientras esperan, Thévenot explica cómo preparar un Martini seco, según la fórmula que habitualmente usa Buñuel para poner a punto su combinado favorito. Para demostrar que una buena bebida no está al alcance de un paladar plebeyo, llaman al chófer de Rafael, que la bebe de un trago, sin saborearla adecuadamente. Pero los anfitriones sienten en ese preciso momento un súbito ardor erótico, y al anunciarles la criada la llegada de sus amigos y temer que oigan gritar a la señora Sénéchal en pleno éxtasis, deciden hacerlo en el jardín, escabulléndose por una ventana. La doncella, que los ha visto, comunica a los invitados que los señores han salido precipitadamente y los dos socios temen alguna redada de la policía o alguna complicación por asuntos de droga, decidiendo abandonar la casa a toda prisa.

En su huida, los invitados se cruzan con el obispo de la diócesis, monseñor Dufour, un prelado moderno que quiere trabajar como jardinero, aunque cobrando la tarifa sindical y dentro de la ley. Al igual que hay curas obreros —explica—, él quiere ser un obispo obrero. Monseñor es recibido por la criada, que le indica la casita del antiguo jardinero, donde el obispo se viste con un traje de faena. Cuando los Sénéchal vuelven de su revolcón, el obispo se presenta ante ellos de paisano y, considerando que se trata de una broma, lo echan sin contemplaciones; pero al regresar investido de su uniforme lo atienden cortésmente y le asignan el puesto que solicita.

A continuación aparece por vez primera un *leit motiv* que se repite en otras dos ocasiones: por una carretera solitaria camina el grupo protagonista formado por los Thévenot, los Sénéchal, Florence y Rafael. En un principio Buñuel había pensado en una progresión que los mostrara cada vez más exhaustos, pero temió que ello se prestara a un simbolismo fácil (del tipo: «la burguesía marcha hacia su ocaso», o algo así) y decidió que todo fuera más neutro.

En el siguiente episodio, Florence y las señoras Thévenot y Sénéchal ven frustrados sus deseos de tomar cualquier bebida, pues en en el salón de té donde se hallan no tienen café, té, tisanas ni leche. No falta, sin embargo, un caballeroso teniente que se acerca a las señoras y les pide permiso para contarles su infancia. Mediante un *flash-back* la narración se retrotrae veinte años, cuando, todavía niño, el teniente se dispone a ingresar en la escuela militar y es seca y severamente advertido por su padre sobre la dureza y disciplina que allí le espera. El espectro de su madre, por otro lado, le confiesa que el hombre al que acaba de ver no es su padre verdadero, sino otro que le presenta, con un ojo atravesado por el disparo de su padre putativo. A continuación, le da instrucciones para que mate a este último envenenando su vaso de leche, lo que le ocasiona la muerte en medio de terribles convulsiones y un formidable aparato de truenos.

La narración vuelve al salón de té cuando el camarero indica a las señoras que tampoco les queda leche, lo que, tras la escena de la leche envenenada, cobra un nuevo y macabro sentido (del humor). La señora Thévenot se despide de sus compañeras y acude al apartamento de Rafael, donde se disponen a hacer el amor. Interrumpidos por el señor Thévenot, que llama al timbre, el embajador tiene ocasión de compensar su frustración: mientras observa desde la ventana la marcha de los Thévenot, ve acercarse a la guerrillera de Miranda y cuando llama a su puerta la encañona con una pistola, desarmándola y manoseándola. La hace entrar y discuten sobre la bomba, la contaminación, la revolución, etc. Ella replica furiosa, pero sus palabras —entre las

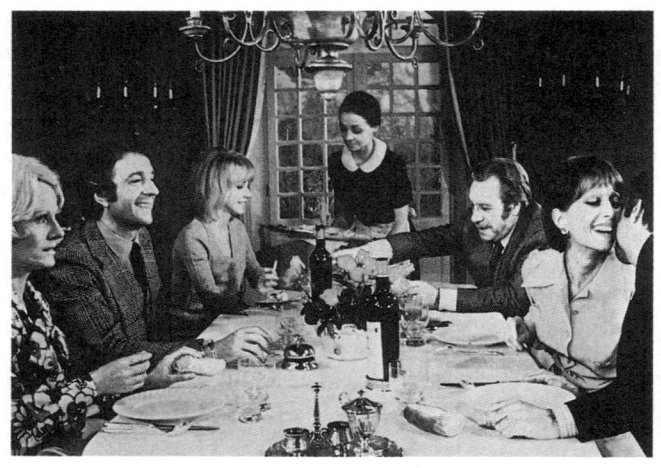

que alcanzan a oirse alusiones a Mao— son tapadas por el sonido de una sirena de fábrica. Finalmente, Rafael la deja libre, no sin hacer señas desde el balcón a unos hombres que esperan en la calle y meten a la chica en un coche.

De nuevo el grupo de amigos se dispone a cenar en casa de los Sénéchal, acompañados esta vez del obispo, quien —tratando de demostrar al embajador que conoce su República— muestra a ciencia y conciencia su ignorancia sobre Miranda. Cuando ya se disponen a cenar un apetitoso asado, irrumpen en la casa un coronel y sus tropas, que están haciendo maniobras en las inmediaciones. Han de repartir con ellos la escasa comida, y a los postres un sargento se levanta y cuenta el sueño titulado «Amor y muerte», que es la transcripción literal de uno de los sueños más frecuentes de Buñuel, como él mismo ha indicado: «El de mi primo Rafael, transcrito casi exactamente en *El discreto encanto*. Es un sueño macabro, bastante melancólico y dulce. Mi primo Rafael Saura ha muerto hace tiempo, lo sé, sin embargo me lo encuentro de repente en una calle desierta y le pregunto, asombrado: "¿Qué haces ahí?". Él responde: "Paso por aquí todos los días". De repente, me encuentro en una casa oscura y revuelta, llena de telarañas, en la que he visto entrar a Rafael. Le llamo, pero no contesta. Salgo y, en la misma calle vacía, llamo ahora a mi madre y le pregunto: "Madre, madre, ¿qué haces perdida entre las sombras?»

Tras ese sueño, piden al sargento que cuente también el sueño del tren, pero el coronel insiste en la urgente llamada que acaban de recibir para que acudan a las maniobras, que se han adelantado. Naturalmente que si Buñuel nos ha presentado *coitus* y *co-eatus interruptus,* ahora no tiene inconveniente en proceder a un *cogitus interruptus,* jugando con la frustración que provoca en el auditorio y el espectador, y que llevará hasta sus últimos extremos en *El fantasma de la libertad.* Aun a riesgo de romper el efecto buscado por la película, hay que decir que el «sueño del tren» es otra de sus más frecuentes pesadillas:

«Lo he tenido cientos de veces. El argumento siempre es igual, pero los detalles, los matices, varían con una sutileza inesperada. Voy en tren, no sé a dónde voy, las maletas están en la red. De repente, el tren entra en una estación y se para. Yo me levanto para estirar las piernas por el andén y tomar una copa en el bar de la estación.

No obstante, soy muy precavido, pues he viajado ya muchas veces en este sueño y sé que en cuanto ponga el pie en el andén el tren arrancará bruscamente. Es una trampa que se me tiende.

Por eso desconfío, pongo lentamente un pie en el suelo, miro a derecha e izquierda silbando para disimular, el tren está quieto, otros viajeros bajan tranquilamente, entonces me decido a poner el otro pie y en aquel momento, ¡zas!, el tren sale disparado como una bala de cañón. Y, lo peor es que se ha llevado mi equipaje. Suelto un buen taco, me he quedado solo en un andén que se ha vaciado de repente y me despierto.

A veces, cuando trabajamos juntos y ocupamos habitaciones contiguas, Jean Claude Carrière me oye gritar a través del tabique. Él ni se inmuta. "Es el tren que se ha ido", piensa. Efectivamente, al día siguiente aún recuerdo ese tren que, una vez más, ha escapado bruscamente en plena noche, dejándome solo y sin equipaje.»

Retirada la tropa del lugar, el coronel vuelve posteriormente para invitar al grupo a su casa, en la calle del Parque. Sus palabras indicando la dirección se oyen sobre el primer plano de una placa de dicha calle, y vemos a los invitados entrar en un inmueble de raro aspecto. El obispo va vestido con sus ropas eclesiásticas, a diferencia de la cena anterior, en la que aparecía de paisano. En el interior de la vivienda les recibe un criado mal encarado que les sienta a una mesa y les sirve con rudeza unos pollos un tanto extraños: uno de ellos se le cae de la bandeja y lo recoge del suelo sin ningún miramiento, sirviéndolo a continuación. Tocándolo, comprueban que es de goma. En ese momento suenan tres golpes como los que se dan para indicar el comienzo de una función, se abre la cortina del fondo y el grupo resulta hallarse en un escenario, delante de un público que silba impaciente. Un apuntador sopla al obispo las palabras que debe decir: «Y, para dar pruebas de su valor, ha invitado a cenar al espectro del Comendador...».

Se trata de una de las escenas del *Tenorio* de Zorrilla, que Buñuel y García Lorca representaban en la Residencia de Estudiantes, interpretando el primero a Don Juan y Lorca al escultor. A ello ha añadido el cineasta otro de sus sueños obsesivos, frecuente entre la gente de teatro y de cine: «Tengo que salir a escena dentro de pocos minutos a representar un papel del que no sé ni una palabra. Este sueño puede alargarse y complicarse mucho. Yo estoy alarmado, incluso horrorizado, el público se impacienta y silba, busco a alguien, al regidor, al director y le digo: "Esto es espantoso, ¿qué hago?" Él me responde fríamente que me apañe, que el telón va a levantarse, que ya no se puede esperar más. Me ahoga la angustia. Traté de reconstruir algunas imágenes de este sueño en *El discreto encanto de la burguesía*».

Efectivamente, también en la película se trata de un sueño, en este caso de Sénéchal, que se despierta bruscamente en su casa al sonar el teléfono y recordarle Thévenot que han quedado a cenar en casa del coronel. Allí están, en efecto, todos sus amigos, que esa noche parecen tener una especial habilidad para exasperar al embajador con preguntas inoportunas sobre la República de Miranda, donde —le dicen— se producen alteraciones del orden público con los estudiantes, hay pobreza y corrupción administrativa, etc. Hasta rematar en una de esas típicas paradojas de Buñuel: el coronel pregunta al embajador por el récord de homicidios mundial que ostenta Miranda y el embajador, desmintiéndolo y ofendido por ello, le pega tres tiros.

Pero se trata de una nueva pesadilla, dentro de la anterior, que ha tenido Thévenot, quien despertándose sobresaltado, advierte: «Primero soñaba que Sénéchal soñaba que habíamos ido todos a un teatro... Después que habíamos sido invitados a casa del coronel... y que éste se peleaba con Rafael...» Y a continuación se inserta una nueva toma del grupo marchando por la carretera.

Un buen día en casa de los Sénéchal, mientras el obispo muestra a la señora algunos de sus proyectos para mejorar el jardín, llega una campesina que reclama al eclesiástico a la cabecera de un moribundo. El prelado se viste con su traje talar y la acompaña a dar la extremaunción a un agonizante que resulta ser el asesino de los padres del obispo, a los que envenenó cuando les servía en calidad de jardinero. Monseñor le da la absolución y a continuación lo mata de un escopetazo. En perfecta simetría con el sueño del teniente, aquí hay tiros para vengar un envenenamiento paterno, donde allí había un envenenamiento para vengar una muerte paterna a tiros. (La escena fue suprimida por la censura española, así como las alusiones a la corrupción en la cena en casa del coronel. Buñuel se irritó sobremanera y juró no volver a rodar en España ante los desmanes de la censura franquista).

El grupo de amigos se reúne de nuevo en otro de sus persistentes esfuerzos por comer juntos, pero cuando ya están a punto de conseguirlo, aparece la policía y los detiene a todos. En la comisaría a la que son conducidos un agente cuenta a otro la estremecedora historia del Brigadier Sangrante. En una época en que la policía pretendía hacerse querer del público, el brigadier era tan severo que echaba a perder sus esfuerzos. Hasta que un 14 de junio fue asesinado en una manifestación. Desde entonces, todos los años en esa fecha vuelve para redimirse. «Sin embargo, pese a todo, era buena persona...», concluye el agente. Y la cámara nos muestra al brigadier amenazando a un estudiante con la tortura de un piano electrificado.

Acabada la evocación, a través de la cual hemos conocido al Brigadier Sangrante, los dos agentes se largan a toda prisa, mientras un reloj da las doce campanadas y empieza a oírse a lo lejos el ruido discordante de un piano aporreado. Aparece el brigadier con el rostro cubierto de sangre y va pasando ante los detenidos, que asisten a la escena aterrorizados. Pero él se limita a abrirles las puertas de las celdas. En ese momento la cámara nos muestra el rostro del comisario Delécluze —que detuvo al grupo en casa de los Sénéchal— gritando: «¡Que no escapen!» El brigadier de la pesadilla aparece lavándose las manos con una toalla y el comisario le explica: «Estaba soñando que usted dejaba en libertad a los detenidos... Oh, los sueños son a veces realmente...»

Los dos se ríen comentando lo inverosímil de la pesadilla, cuando suena el teléfono: es el Ministro del Interior, que ordena la puesta en libertad de los detenidos. El brigadier ha de soltarlos. En pocas películas de Buñuel el Ministro del Interior aparece tan claramente aludido en el doble juego de palabras que implica, como cargo burocrático y como policía de las zonas oscuras de la mente. Así aparecía en *La edad de oro,* y como tal volverá, por duplicado, en *El fantasma de la*

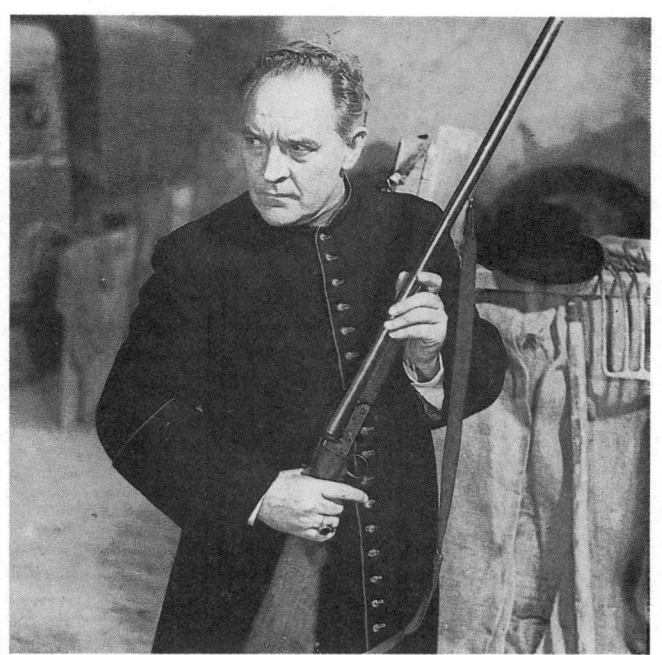

libertad. En el caso de *El discreto encanto,* en el momento en el que el comisario pregunta al ministro las razones por las que ha de liberarlos, el ruido de un avión impide entender sus palabras. De igual modo, cuando el comisario se las transmite al brigadier, el teclear de la máquina de escribir de un agente no deja oír nada: el ejército y la burocracia parecen suficientes «razones de Estado». Buñuel volvió a utilizar un rasgo similar en su último guión, que no llegó a rodar, cuando varios oficiantes públicos echaban mano de los libros canónicos sociales (una Biblia, un Código Civil, etcétera) para apoyar sus afirmaciones y los encontraban cerrados, con sus páginas sin tonsurar.

Esa duplicación de sentidos entre los dos *ministerios*

del interior está reforzada aquí por una interacción entre los corsés internos y externos de un extremado virtuosismo narrativo. Si poco antes nos había ofrecido una función teatral en un sueño (el de Sénéchal) dentro de otro sueño (de Thévenot), ahora acaba de introducir un *flash back* (episodio del Brigadier Sangrante) dentro de un sueño (el del comisario) que a su vez se imbrica en otro sueño (el del embajador, que viene a continuación). Pero no se trata de una vana audacia narrativa ni de una mera desmostración de facultades. Responde a sus convicciones surrealistas que le llevan a integrar la «realidad» convencional y el universo de los sueños, fantasías y deseos. Y, sobre todo, trata de cuestionar muy sutilmente la precariedad de un orden basado en convencionalismos sumamente frágiles.

De ese modo, *El discreto encanto* comienza por ser totalmente verosímil en sus primeros minutos; se vuelve algo «rara» en la escena del salón de té y en la invasión de los militares durante las maniobras —aun así, en ambas secuencias los relatos oníricos del teniente y el sargento son presentados como tales y el color empleado es diferente del resto de la película—; pero luego los sueños comienzan sin previo aviso y con el mismo tono cromático que la «realidad»; y a ciertas alturas de la película ya no sabemos dónde comienza lo uno y acaba lo otro.

En el último intento de cena que nos presenta el filme unos *gangsters* penetran en la casa de los Thévenot y ametrallan a todo el mundo, excepto al embajador. Cuando van a matarlo, Rafael despierta sobresaltado en su habitación y comprobamos que todo es un sueño suyo. Ahora bien, ¿desde cuándo lleva soñando? ¿Es un sueño toda la película? Gracias a su astucia narrativa, Buñuel nos va introduciendo en situaciones cada vez más incongruentes, contadas con una gran desenvoltura, por lo que nos encontramos ya en plenas arenas movedizas en el momento en el que nos apercibimos de la situación. Para entonces las pesadillas ya no son una prolongación o apéndice de la «realidad»: la propia trama de la película son las pesadillas.

El cuestionamiento de la burguesía a través de las desventuras de estos «Seis invitados en busca de anfitrión» lleva implícito, por consiguiente, el de sus códigos narrativos, su dramaturgia y su «puesta en escena» social. Por eso *El discreto encanto* no sólo nos muestra como *tema* una serie de frustraciones, sino que su propia *forma* frustra nuestro consumo de la película, introduciendo al espectador en un continuo trance o tensión que no logra desembocar nunca en un final gratificante y satisfactorio. De hecho, acaba con el *leit motiv* de los personajes en la carretera mientras se oye como ruido de fondo un avión y en la pantalla *no* aparece la palabra FIN.

Ese efecto aludido queda potenciado por la brillante fluidez de la realización y el cuidado y pulido ensamblaje del guión, a través de cinco versiones distintas, lo que llevó al director a bromear: «Acabo de esbozar un guión junto con Carrière... Ahora es tan bueno que sería una lástima rodarlo.» Pero su alergia a los platós y su reticencia a los movimientos de cámara complicados fueron vencidos por las facilidades que le proporcionaba un monitor de televisión conectado a la cámara. Ello le permitía controlar los encuadres cómodamente desde una mesa y, de esa forma, se embarcó en secuencias con *travellings* y *grúas,* que le habían entusiasmado al ver *Frenesí,* de Hitchcock.

El éxito de *El discreto encanto* fue enorme y con ella logró Buñuel un auténtico impacto entre el gran público. Sólo en París fue vista por más de medio millón de personas. Y, claro, llegó también el Oscar, un premio que Hollywood le había regateado el año anterior con *Tristana,* pero que ahora, bajo pabellón francés, era mucho más asequible. A ello contribuyó, además, la comida-homenaje que le fue ofrecida en casa de George Cukor y que, en una suerte de desagravio, reunió en su honor a Robert Mulligan, William Wyler, Robert Wise, Billy Wilder, George Stevens, Alfred Hitchcock, Rouben Mamoulian y John Ford. King Vidor, expresando el sentir general, brindó a su salud, considerándole «el mejor y más humilde de todos nosotros.»

LE FANTÔME DE LA LIBERTÉ (El fantasma de la libertad), 1974

FICHA TÉCNICA. Producción: Greenwich Film Production. Productor: Serge Silberman. Guión: Luis Buñuel y Jean-Claude Carrière. Fotografía: Edmond Richard, en Eastmancolor. Operadores: André Clément y Alain Herpe. Decorados: Pierre Guffroy. Música: Galaxie Musique. Montaje: Hélène Plemiannikov. Ayudantes de Dirección: Pierre Lary y Jacques Fraenkel. Jefe de Producción: Ully Pickard. Sonido: Guy Villette. Efectos Sonoros: Luis Buñuel. Vestuario: Jacqueline Guyot. Maquillaje: Monique Archambault. Duración: 104 minutos.

FICHA ARTÍSTICA. Adriana Asti (Hermana del primer prefecto y dama en negro), Julien Bertheau (Primer prefecto), Jean-Claude Brialy (Foucauld), Adolfo Celi (Médico de Legendre), Paul Frankeur (Dueño de albergue), Michel Lonsdale (Sombrerero), Pierre Maguelon (Gérard), François Maistre (Profesor), Hélène Perdriere (Vieja tía), Michel Piccoli (Segundo prefecto), Claude Pieplu (Comisario de policía), Jean Rochefort (Legendre), Bernard Verley (Capitán de Dragones), Monica Vitti (Mme. Foucauld), Jeeny Astruc (Mujer del profesor), Ellen Bahl (Niñera de los Legendre), Jean Champion (Primer médico), Pierre Lary (Asesino perdonado), Muni (Criada de Foucauld), Bernard Musson (Padre Rafael), Marcel Peres (Un monje), Marie-France Pisier (Mme. Calmette), Claude Jaeger (Coronel de Gendarmes), Serge Silberman, Doctor José Luis Barros, José Bergamín y Luis Buñuel (Condenados a fusilamiento).

Apenas terminado el rodaje de *El discreto encanto de la burguesía,* Buñuel anunció su propósito de hacer «un filme completamente libre». En él los personajes no asomarían a la pantalla más que por espacio de unos pocos minutos, eliminando los elementos temáticos y la continuidad del grupo protagonista que trababa su anterior película. Como dice uno de los personajes a sus compañeros de *El fantasma de la libertad,* se trataría de «una celebración del azar».

Respecto al título, debe tenerse en cuenta que, para el cineasta, una de las principales enseñanzas que obtuvo de su ingreso en el grupo surrealista fue la de que el hombre no era libre: sólo lo era su imaginación. Esa experiencia, muy honda, alienta la génesis última de esta película. «No eres libre como imaginas —se decía a sí mismo Buñuel—. Tu libertad no es más que un fantasma que va por el mundo con un manto de niebla. Cuando tratas de asirla se te escapa sin dejarte más que un rastro de humedad en los dedos». De hecho, ya *La edad de oro* se había titulado, en un primer momento, *¡Abajo la Constitución!*, por unos años en que, en su intención, ese título se refería sobre todo a la española de 1812 y su antecedente francesa, pues Buñuel acababa de escribir tres años antes su primera versión sobre la vida de Goya.

Por eso no debe extrañar que los créditos de *El fantasma de la libertad* desfilen sobre el fondo del cuadro de Goya *El dos de mayo (Los fusilamientos de la Moncloa)* y la acción comience con los soldados de Napoleón fusilando a un grupo de patriotas españoles entre los que se cuentan el propio Buñuel disfrazado de fraile, José Bergamín, el doctor José Luis Barros y el productor Silberman. Antes de caer bajo las balas de los invasores, los condenados gritan «¡Vivan las caenas!», expresión intraducible a otros idiomas, en los que fue sustituida por «¡Abajo la libertad!». Manifestación paradójica de quienes con tanto coraje lucharon para defender la suya y la de su país, pero que realmente utilizaron los partidarios de Fernando VII en la Guerra de la Independencia. Ello da ya buena idea de la complejidad del punto de partida elegido por Buñuel. De hecho, en esta película aborda algunas de sus obsesiones de mayor envergadura, en todos los órdenes. De ahí que haya declarado que si entre todas sus películas siente una especial ternura hacia *El fantasma de la libertad,* es porque en ella abordaba el delicado tema del azar

Tras el fusilamiento de los patriotas, las tropas napoleónicas van a protagonizar una profanación inspirada en *El beso,* una leyenda de Gustavo Adolfo Bécquer. Un capitán de dragones se dirige al sagrario de una iglesia toledana, lo abre y apura las hostias y el vino consagrados. A continuación intenta besar la efigie de una hermosa mujer, esculpida en mármol sobre su tumba y flanqueada por la estatua de un severo caballero, que le impide conseguir sus propósitos propinándole un fuerte golpe en la cabeza con su guantelete de piedra. La leyenda de Bécquer —que no incluía la profanación del sagrario— terminaba ahí, con la muerte del francés, destrozada su cara. A Buñuel hubo de seducirle, sin duda, la necrofilia estatuaria, ya insinuada en *Tristana,* y ha hecho que el capitán, repuesto del golpe, ordene exhumar el cadáver de doña Elvira y se disponga a poseerla. Abierta la tumba, el cadáver aparece lleno de lozanía...

A estas alturas la narración se ha puesto en boca de una voz femenina, una criada que lee la historia a las niñas Verónica y Valeria, hijas del matrimonio Foucauld, mientras juguetean en el parisino Bois de Boulogne. Maliciosamente, Buñuel corta la acción en lo más interesante, enturbiando de forma muy consciente la transparencia del relato y subrayando la dependencia del espectador respecto al realizador que habitualmente se enmascara, poniendo en solfa, en definitiva, nuestra fantasmática libertad. Esto lo repetirá a lo largo de toda la película, pero en esta ocasión lo remacha al tropezarse la criada con la palabra *parafernalia,* que no sabe lo que significa. Cuando se lo pregunta a su compañera, la narración se interrumpe... y ya no se reanuda.

En su lugar vemos a Verónica y Valeria alejarse hacia un tobogán, donde las aborda un hombre con aspecto de sátiro que les muestra y entrega unas postales que —por la inercia del contexto y de nuestros convencionalismos— suponemos pornográficas. Una vez en su casa, las niñas se las enseñan a sus padres, que las examinan escandalizados y despiden de inmediato a la criada. La vista de las postales parece haberles excitado, pero al dejarlas caer podemos ver que se trata de vistas triviales de París: la explanada y el Palacio de los Inválidos, La Madeleine, el Arco de Triunfo, la Torre Eiffel... Las exclamaciones de desagrado del matrimonio llegan a su culminación a la vista de una postal del Sagrado Corazón de Montmartre. Indignada, la señora Foucauld la rompe en pedazos.

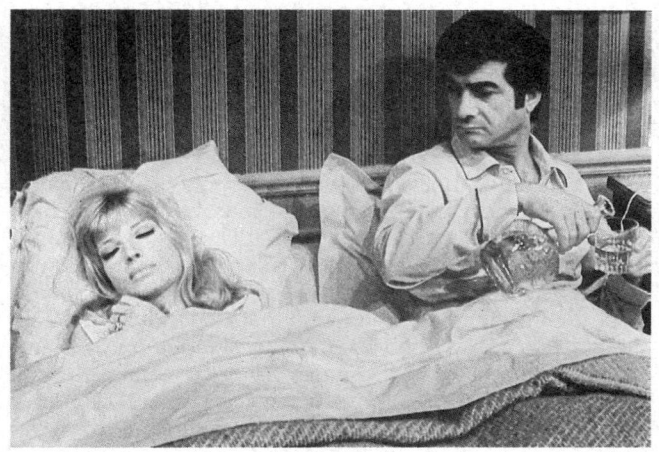

Foucauld sufre pesadillas en las que el tiempo transcurre anormalmente rápido, mientras desfilan ante su cama un gallo, un avestruz y un cartero en bicicleta, que le entrega un sobre. Su mujer le insiste en que se haga un chequeo y, una vez en el consultorio de su médico, para convencerlo de la realidad de sus visiones, le entrega la carta que le ha dado el cartero. Cuando se disponen a leerla, con la natural curiosidad por parte del espectador, la enfermera les interrumpe y pide permiso al doctor para visitar a su padre enfermo. La cámara, ni corta ni perezosa, deja plantados a Foucauld y a su médico, y se dedica a seguir la suerte de la enfermera, en lo que va a ser práctica sistemática de la película, que se ramifica siempre alejándose lateralmente de cualquier argumento troncal.

La enfermera conduce su automóvil por una solitaria carretera, donde se detiene para pasar la noche en un albergue. Mientras espera al hotelero, charla con tres carmelitas descalzos que se calientan ante la chimenea. Cuando todos los huéspedes se han retirado, hay un momento de pausa en que la cámara permanece fija en el descansillo al que dan las distintas habitaciones. Parece como si «meditara» sobre el distinto curso que habrá de tomar la narración según se decida por penetrar en una o en otra. Porque, como sucede con tantos otros lugares de encuentro buñuelescos, este albergue viene a ser una traslación de esas ventas de la novela picaresca donde se entrelazan las más diversas historias de nobles, moriscos, arrieros y bachilleres.

La cámara permanece, pues, al acecho, calibrando lo que desfila por aquel pasillo. La puerta de la habitación de los carmelitas se abre y el padre Rafael se dirige hacia el excusado, urgido por necesidades harto materiales. Al encontrarlo ocupado, ha de volver sobre sus pasos con fastidio. La cámara espera pacientemente, y del retrete sale una bailarina de flamenco que, al igual que el fraile, va ataviada con todos los arreos propios de su oficio. La cámara la sigue cuando abre la puerta de su cuarto, y nos muestra a un guitarrista tocando, pero de momento no parece lo suficientemente interesada como para husmear más a fondo. Se abre otra puerta y de ella sale un caballero muy digno, quien —con aire de estar molesto por la juerga— se dirige a la puerta de la que sale la música y la cierra. Nuestras dudas se han disipado: la narración no va a ocuparse de la suerte de la pareja flamenca, y la cámara vuelve a montar guardia en el rellano.

De nuevo aparece el padre Rafael, que se encamina a la habitación del padre Gabriel. A través de la puerta entreabierta le vemos colgando una prenda de la percha. ¿Nos va a mostrar la cámara esa habitación? No: un fraile se adelanta y cierra. Se abre otra, que da paso a un religioso que se dirige al excusado. Volvemos a la habitación del padre Gabriel: éste sale con una de esas vírgenes que se llevan en un pequeño armario portátil. La cámara le sigue hasta la puerta de la enfermera, a la que habíamos perdido de vista. Llama, la mujer le abre y el carmelita le explica que unos rezos a la imagen pueden ayudar en la curación de su padre. Definitivamente, la cámara ha elegido, y se va a instalar —nos va a instalar— en la habitación de la enfermera.

En ella se reúnen los otros tres frailes con su compañero y todos juntos rezan meditando sobre la agonía de Jesús en el Monte de los Olivos. Un fundido encadenado sobre la imagen de la Virgen nos muestra algún tiempo después sus puertas cerradas y a la enfermera y los monjes jugando animadamente alrededor de una mesa una partida de pócker, bebiendo whisky y fumando sin parar. Como prendas utilizan diversos trebejos religiosos: las medallas de vírgenes valen diez, los sagradocorazones veinticinco y cincuenta los escapularios. El padre Gabriel hace con cierta frecuencia preguntas relacionadas con el Congo y otras colonias.

El claxon de un automóvil reclama al hotelero, que asiste de mirón a la partida. Le vemos abrir, en medio de una fuerte tormenta, a una pareja un tanto discorde: él, François, no pasa de la veintena, mientras que el rostro de ella denuncia los estragos de una edad que ronda los sesenta. En la habitación el joven toma un trago de coñac antes de pedir a su tía que se desnude. Cuando el muchacho retira la sábana que la cubre, vemos un cuerpo totalmente juvenil, que nos recuerda en su yacente disponibilidad a la *Maja desnuda* de Goya, en la que —como en su antecedente, la *Venus del espejo* de Velázquez— Antonio Saura ha percibido una desazonante discordancia entre el rostro y el cuerpo: «La *Maja desnuda*... constituye a nuestro entender uno de los desnudos más inquietantes de la Historia del Arte. La explicación radica, quizá, en el contraste de un rostro presente y un cuerpo recordado, es decir, entre la evidencia de una identidad y la oscuridad del deseo traspuesto en el cuerpo perlado e inaccesible. La comunicación entre estas dos zonas se establece no solamente mediante la continuidad orgánica —al fin y al cabo, este cuerpo es totalmente verosímil—, sino en la acentuación de la diferencia entre la afirmación del rostro y el ofrecimiento del cuerpo...»

La resistencia de su tía lleva a François a tapar su

boca con una almohada para que no grite; pero, un tanto alarmado por su acción, sale al descansillo donde se entrecruzan las historias. Por allí va de paso el personaje que hemos visto antes cerrar la puerta de la pareja flamenca, y que resulta ser Jean Bermans, un sombrerero de Nimes. Lleva una vela en la mano —poco antes se ha ido la luz— con la que alumbra a François, invitándole a su habitación, esa habitación que la cámara no quiso mostrarnos antes, pero en la que ahora nos introduce, presentándonos a la compañera del sombrerero, la señorita Rosenblum. Al llamar a la puerta la enfermera, la invita también a entrar, así como a los cuatro monjes. El sombrerero propone brindar por el azar que los ha reunido allí. ¿Conoceremos el desenlace de la intrigante historia de la tía y su joven sobrino?

El sombrerero y la señorita Rosenblum entran en el cuarto de baño, donde él viste unos pantalones sin fondillos y ella un ceñido vestido de cuero. Mientras, los frailes comentan animadamente la subida y bajada de la cotización de diversos santos, que resultan ascendidos en el escalafón o degradados según los aires que corren en Roma. Y es en medio de esa conversación cuando salen del cuarto de baño los anfitriones, montando una escena sadomasoquista ante el asombro de los invitados. Estupefactos, abandonan precipitadamente la habitación, mientras el sombrerero suplica: «¡Esperen! ¡No se marchen todavía!... ¡Por lo menos... que se queden los monjes!» El fraile más viejo farfulla, blandiendo su recio bastón: «¡Le gustan los latigazos! ¡Yo sí que voy a dárselos!» Pero no concluye ahí la secuencia del albergue, ya que se vuelve a la relación de François con su tía, que se le entrega completamente, en un notable caso de *amour fou* que, por una vez, logra culminar sus objetivos en la filmografía de Buñuel.

A la mañana siguiente la enfermera prosigue su viaje en automóvil, y un hombre maduro le pide que lo lleve a Argenton. Una vez allí, el hombre baja del coche, mientras la enfermera se aleja. Pero la cámara no la sigue a ella, sino a él, que resulta ser profesor de la Gen-

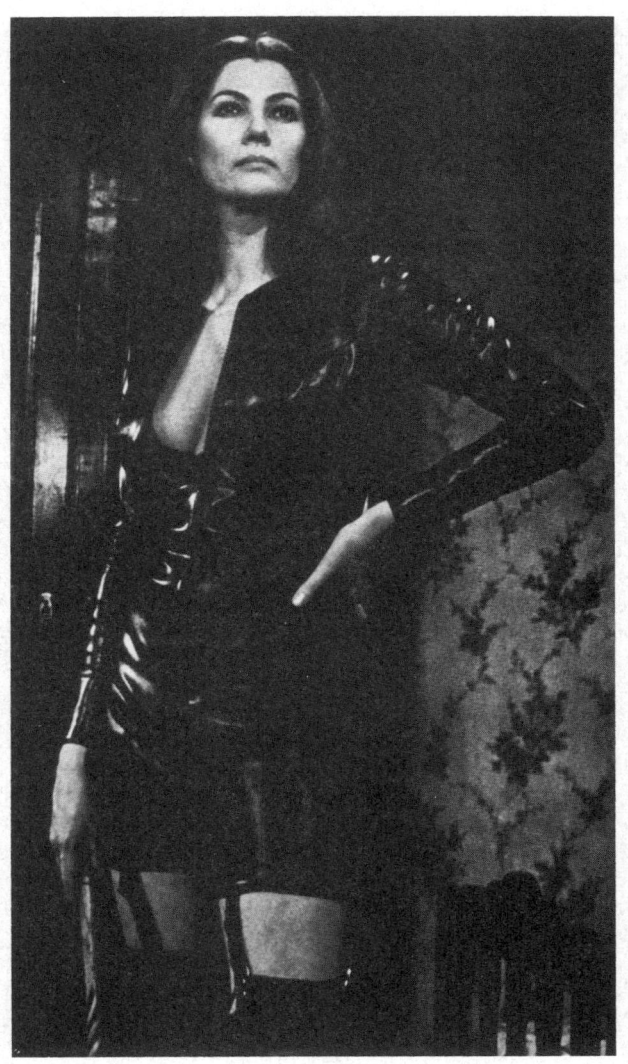

darmería local. Le vemos entrar en el cuartelillo, donde los policías están cantando, bailando y armando jarana: el agente Gérard saca su revólver y destroza una lámpara de un tiro. Cuando ven llegar a su profesor, vuelven a los pupitres, poniendo cara de escolares aplicados. En la pizarra puede leerse: «El coronel es un cornudo. El capitán un soplón», y nadie contesta cuando el recién llegado pregunta por el responsable. El profesor, contrariado, comienza su clase sobre la noción de ley y delito, insistiendo en su relatividad.

Para explicarse mejor, pone un ejemplo, que la cámara ilustra. Él y su mujer habían sido invitados a casa de unos amigos, donde les introducen en una sala provista de una mesita con revistas y varios retretes alrededor. Se sientan, se bajan discretamente faldas y pantalones, hablan de cosas intrascendentes y, al final, tras pasar una criada con una bandeja donde lleva un rollo de papel higiénico del más fino, tiran de la cadena. En su conversación se centran, sobre todo, en los excrementos: si continúa así la explosión demográfica —argumentan— dentro de veinte años la Humanidad producirá diez millones de toneladas de excrementos por día. En ese momento la cámara retorna a la sala de estudio de los gendarmes y el agente Gérard, que está tomando apuntes aplicadamente, pregunta: «¿Cuántas toneladas ha dicho usted?» Vuelta a la sala del *water* comunal, donde los invitados tienen reparo en hablar de comida: a una niña se le riñe por decir que tiene hambre, y el profesor pide perdón por referirse al repugnante olor a comida que despiden las calles de Madrid. A continuación hace un aparte con la criada para preguntarle en voz baja y con extremo pudor por el comedor, que ella le indica: es en un pequeño cuarto donde se encierra para devorar ansiosamente un muslo de pollo acompañado de una botella de Burdeos. Cuando llaman a la puerta, explica, con embarazo: «Está ocupado.»

Terminado este ejemplo, el agente Gérard pide permiso para incorporarse a su servicio, diciendo por toda explicación: «Estamos de servicio en la Ártica Carcomida Molinera.» Gérard no es más que un personaje-puente, que sirve para introducirnos en un nuevo episodio, el de monsieur Legendre, cuyo coche detiene por exceso de velocidad. Él le explica que está citado con su médico y, en efecto, poco después le vemos acudir a la consulta del doctor Pasolini, que se muestra preocupado por su estado de salud. Legendre insiste en que le diga la verdad, y al explicarle que tiene un cáncer, el paciente se muestra tan ofendido que, al ofrecerle un cigarrillo, lo abofetea.

Una vez en su lujoso apartamento parisino, Legendre se entera de que su hija Aliette ha desaparecido en la escuela. Preocupado, habla con la directora y ésta pasa lista; Aliette, que está en la clase, contesta, pero la madre la hace callar: no se debe hablar cuando lo hace la directora, que acaba de darla por desaparecida. Como escribía a este respecto Alberto Moravia, «las convenciones burguesas tienen vida propia, aunque frente a ellas esté la realidad desmintiéndolas.» A la vista de la «desaparición», van a la comisaría junto con la niñera, y ésta certifica que la ha dejado, como todos los días, a la puerta, antes de que desapareciera: «¿No es así, Aliette?», le pregunta. La niña asiente. El brigadier pide al comisario que le dejen llevarse a Aliette con la patrulla que procede a su búsqueda, para poder reconocerla mejor. El comisario le contesta que no es necesario, que basta con que la mire bien. Y, de paso, le llama la atención por la suciedad de sus zapatos.

En la siguiente secuencia vemos al brigadier lustrándoselos en un limpiabotas. Allí coincide con otro cliente, que es a quien sigue la cámara cuando, tras haber subido a lo alto de la Torre Maine-Montparnasse, monta un fusil de mira telescópica y se dedica a matar transeúntes. Atrapado por la policía, un tribunal le condena a muerte, pero a renglón seguido es liberado y felicitado y la gente le pide autógrafos. A quienes le reprocharon lo absurdo de la escena, Buñuel contestó que no inventaba nada: «En Atenas los miembros de un comando palestino han sido puestos en libertad tras una acción de otros piratas aéreos. Como el condenado de la película, se les ha visto, rodeados de periodistas y de *cameramen,* ser felicitados calurosamente por sus admiradores.»

La voz de uno de los informadores sirve en esta ocasión para efectuar el cambio de episodio: «El proceso del asesino-poeta duró catorce meses. Durante ese tiempo, la búsqueda de la niña continuaba...» La forma en que se refiere al francotirador («asesino-poeta») hace explícita la secuencia de la Torre Montparnasse, que no es sino una paráfrasis del célebre aforismo de Breton que postulaba que el acto surrealista más puro consistía en salir a la calle con un revólver y disparar al azar sobre la multitud. *El asesino-poeta* fue el título dado en España a *Personal Column* (1946), nueva versión de Douglas Sirk de una película dirigida en 1939 por Robert Siodmak. En los dos casos, se mostraba a un maníaco homicida que elegía a sus víctimas mediante la columna de anuncios del periódico, casi tan al azar como el francotirador de *El fantasma de la libertad.*

El comentario aludido sobre la búsqueda de Aliette nos conduce al despacho del jefe superior de Policía, quien al explicar a los Legendre cómo habían dado con su hija empieza a leer un informe sobre un atentado en Lisieux. Pero su secretaria lo interrumpe para recordarle una cita. «Mi secretaria les leerá el final», se disculpa. Ésta vuelve a leer lo mismo que el jefe superior, pero ahí se interrumpe la narración, dejando al espectador en la estacada.

El jefe superior entra en un bar, donde coincide con una mujer de negro que le recuerda a su hermana, muerta exactamente cuatro años antes. En su evocación de una calurosa tarde de verano le vemos en la mesa de trabajo, interrumpiendo su lectura cuando escucha las notas del *Carnaval* de Schumann que proceden de la estancia vecina. Es su hermana (la misma actriz que la mujer de negro), sentada desnuda al piano. La censura española quiso suprimir esta escena a la vista de un informe que, prevenía: «Al gobernador lo presenta de un físico muy parecido a Franco, y antes de descubrir su espíritu asesino, Buñuel nos lo presenta impotente e indiferente, al lado de una belleza femenina completamente desnuda ante un piano tocando trozos de Bach que nuestro gobernador acompaña con tenues movimientos de danza.» Ni el jefe superior es un «gobernador», ni se parece a Franco —se trata de Julien Bertheau—, ni la melodía que toca es de Bach, pero ya se sabe que una de las muchas virtudes de que debe estar dotado todo buen censor es ver y oír lo que no hay.

Tras la evocación incestuosa volvemos al bar donde el jefe superior acaba de contársela a la mujer de negro, quien le pregunta por la enfermedad que la llevó a la tumba. En ese momento llaman al teléfono y el camarero indica al jefe superior que es su hermana. A él le parece una broma de mal gusto, hasta que la interlocutora es capaz de recordar la pieza que él le pidió en aquella tarde tan calurosa junto al piano. La voz le invita a visitarla esa noche en su panteón familiar del cementerio, para que comprenda el auténtico misterio de la muerte. Él acude y en el sombrío panteón percibe una larga cabellera que sobresale de un ataúd herméticamente cerrado junto al cual advierte un aparato telefónico modelo sobremesa.

La imagen remite a la secuencia final de la cripta en *Abismos de pasión*. Y es que el origen es el mismo que éste: una visita hecha por Buñuel y la peña del Café Gijón al cementerio madrileño donde estaba enterrado Larra, en la Sacramental de San Martín. Así lo ha recordado: «Cuando se hizo de noche, penetramos en silencio en el viejo cementerio abandonado, al claro de luna. Veo un panteón entreabierto, bajo unas escaleras y, a un tenue rayo de luz, distingo la tapa de un ataúd ligeramente levantada y una cabellera femenina sucia y reseca que asoma por la rendija. Impresionado, llamo a los demás, que acuden también al panteón. Aquella cabellera muerta iluminada por la Luna a la que aludiría en *El fantasma de la libertad* (¿sigue creciendo el pelo en la tumba?) es una de las imágenes más sobrecogedoras que he visto en mi vida.»

Avisados por el guardián, los gendarmes detienen al jefe superior, a pesar de sus protestas: «¡Soy el jefe superior de Policía!» Una vez en la comisaría, se ve en una de las paredes una reproducción del cuadro de Goya con que se inicia la película. El comisario, al que ya conocimos durante el episodio de la «desaparición» de Aliette, informa de lo que sucede telefoneando al «otro» jefe superior de policía (interpretado por Michel Piccoli), que el guión denomina «Segundo», para distinguirlo del «Primero». Cuando los dos jefes superiores se encuentran se saludan con toda cordialidad, como viejos conocidos, y beben unos whiskis mientras hablan de los disturbios que deben reprimir. Según parece deducirse de su conversación, unos jóvenes pretenden abrir las jaulas de los animales en el zoológico de Vincennes, pero ya se han tomado precauciones para evitarlo.

En el zoológico vemos diversos animales enjaulados: rinocerontes, monos, hipopótamos, elefantes, aves de rapiña, osos, leones... con un fondo sonoro de rugidos de fieras, cantos de pájaros, cacareos de gallinas y ráfagas de metralleta. A éstos se añaden ruidos de pasos y grilletes al ser arrastrados por el suelo y el grito de «¡Vivan las caenas!» Perfectamente sincronizados, los dos jefes ordenan cargar. El primero ofrece un cigarrillo al segundo. Los ruidos (gritos, explosiones, cañonazos, toques a rebato, tañidos de campanas...) aumentan mientras la cámara nos ofrece un *zoom* sobre la cabeza de un avestruz que mira, como desconcertado y temeroso, hacia todos lados.

De esta manera, la película termina siendo un encadenado de ramificaciones truncadas, a mayor gloria y beneficio del azar. Sin embargo, cualquier estructura de este tipo llega un momento en que cuanto más cambia, más permacece idéntica a sí misma, con repeticiones tan elocuentes que el guión ha de aludir a un primer y segundo médico o jefe superior de Policía; pero también hay dos profanaciones de tumbas, dos escenas incestuosas, dos citas del cuadro de Goya, etc. Todo el filme, como ha observado Drouzy, tiene un ritmo de *glissando,* deslizándose un episodio hasta desembocar en el siguiente y utilizando de modo sistemático la antífrasis y la reunión de contrarios: *water*/comedor, condenado/liberado, vieja/joven, etc.

La antífrasis denuncia la transparencia del signo y de la narración: «¡Viva la libertad!» no dice nada porque es ya una frase neutra en un contexto que dice admitirla (al menos teóricamente). «¡Vivan las caenas!» es mucho más inquietante y subraya el largo camino de renuncias que lleva del trasfondo animal y natural del hombre a su codificado comportamiento social (del zoo al foro). Desde esta perspectiva, *El fantasma de la libertad* cierra el citado tríptico de películas en el que se exploran tres temas difíciles de deslindar: el azar, el misterio y la libertad. Quizá por eso alcanza el valor de una entrega testamentaria a la que Buñuel lograría acceder persiguiendo una estructura narrativa cada vez más laxa y libre, a través de *La Vía Láctea* y *El discreto encanto de la burguesía.* Su última película, *Ese oscuro objeto del deseo,* rompe esa unidad y supone un apéndice poco deseado que nada añade a su trayectoria como creador.

CET OBSCUR OBJECT DU DÉSIR (Ese oscuro objeto del deseo), 1977

FICHA TÉCNICA. Producción: Greenwich Film Production, Les Films Galaxie, In Cine. Productor: Serge Silberman. Guión: Luis Buñuel y Jean Claude Carrière. Argumento: La novela de Pierre Louÿs *La femme et le pantin*. Fotografía: Edmond Richard, en Eastmancolor. Operador: Jean Harnois. Decorados: Pierre Guffroy y Pierre Bartlet. Música: Fragmentos de *La Walkiria* de Wagner y de flamenco. Montaje: Hélène Plemiannikov. Ayudante de Montaje: Gina Pegnier. Ayudantes de Dirección: Pierre Lary y Juan Luis Buñuel. Jefe de Producción: Ully Pickard. Sonido: Guy Villette. Efectos Especiales: François Sune. Coreografía: Lita Pieró. Vestuario: Sylvia de Segonzac. Maquillaje: Odette Berroyer. Duración: 103 minutos.

FICHA ARTÍSTICA. Fernando Rey (Mateo), Ángela Molina (Conchita), Carole Bouquet (Conchita), Julien Bertheau (Juez Edouard), André Weber (Martin), Milena Vukotic (La dama del tren), Bernard Musson (Inspector de policía), María Asquerino (La madre de Conchita), David Rocha (El "Morenito"), Muni (La portera), Isabelle Sadoyan (La jardinera), Ellen Bahl (Manolita), Jacques Debary (El magistrado), Valérie Bianco (La niña del tren), Claude Jaeger (Dueño del bar), Augusta Carrière (La costurera), Jean-Claude Montalban (Cliente del bar), Lita Peiró (Bailarina), André Lacombe (El guarda), Antonio Duque (Conductor), Isabelle Rattier (La secretaria del juez), Juan Santamaría (Empleado de la agencia de viajes).

La última película de Buñuel recayó en un viejo proyecto basado en una obra de Pierre Louÿs publicada en 1898, *La mujer y el pelele,* que ya le habían propuesto a mediados de los años cincuenta: «Para el protagonista —ha recordado el cineasta— quería a Vittorio de Sica, pero el productor estaba empeñado en que fuese Cary Grant, y para la mujer quizá Brigitte Bardot. Naturalmente, lo mandé a paseo.» La novela contaba ya con cuatro versiones anteriores, dirigidas por Reginald Baker, Jacques de Baroncelli, Josef Von Sternberg y Julien Duvivier (quien en 1959 había sustituido a Buñuel, con Brigitte Bardot en el papel protagonista). Para el papel de Conchita se contaba con María Schneider, muy en boga por aquel entonces debido al escándalo de *El último tango en París,* de Bertolucci.

Pero pronto surgieron problemas con ella y el rodaje hubo de ser suspendido.

Salió del atolladero dividiendo el papel entre dos actrices, Carole Bouquet y Ángela Molina, ya que, para Buñuel, «una mujer no es siempre la misma, tiene muchas caras, muchos momentos». Podría decirse, en términos generales, que Ángela Molina es más carnal y la Bouquet más espiritual, según el arquetipo de la morena pasional y la rubia etérea, esa oscilación entre la mujer como puta o como virgen, que tan mecánica resulta en ocasiones en la misógina novela de Louÿs, y que en la película es mucho más azarosa. El título fue obtenido mediante la inversión de una frase del protagonista de la novela, que confiesa a un amigo: «No he sido un donjuán. Últimamente llevaba la cuenta de las mujeres que he poseído y me asombraba de no haber tenido una amante rubia. Con lo que habría ignorado siempre este pálido objeto del deseo.»

En realidad, no hay nada nuevo en la película de Buñuel, que nos muestra al sempiterno deseo atrapado por la cola, incapaz de alcanzar su objeto, el viejo y la joven, la típica cadena de actos fallidos. No está muy clara la oportunidad de este filme que rompe la perfecta trilogía precedente, y hay que creer a Buñuel cuando dice que sólo la insistencia de Silberman le habría conducido a ofrecer su versión de una obra llevada ya cuatro veces a la pantalla.

La película comienza en la residencia que Mateo ha alquilado en Sevilla, donde le vemos hacer las maletas con su criado Martin tras comprar unos billetes de ferrocarril para París. Al ir a coger un taxi para la estación es testigo del primero de los numerosos atentados terroristas del filme, que funcionan como contrapuntos de todas las frustraciones del protagonista. Cuando un hombre —el productor Silberman— entra en una lujosa *limousine* e indica al chófer que le lleve al banco, explota una bomba.

En la estación, el criado ocupa su coche en segunda clase, mientras Mateo toma asiento en primera, donde le acompañan una vecina suya de París, un magistrado que conoce a su primo, que también es juez, y un enano. En ese momento aparece una joven que pretende subir al tren. Mateo pide al revisor un cubo de agua y se la echa por encima, evocando una broma de la Residencia de Estudiantes inventada por Buñuel, como éste ha recordado: «Yo había instituido también lo que nosotros llamábamos las *mojaduras de primavera* y que consistían, estúpidamente, en echar un cubo de agua a la cabeza de cualquiera. Alberti se habrá acordado de ellas al ver a Fernando Rey regar en el andén de una estación a Carole Bouquet en *Ese oscuro objeto del deseo.*»

Sus compañeros de compartimento se quedan sorprendidos por su actuación, y él les cuenta su historia con esa mujer, Conchita. Entretanto, ella ha montado en el convoy, cosa que sabe el espectador, pero no Mateo, y al final de su narración se la encontrará y le devolverá el jarro de agua. Buñuel mantiene, pues, la estructura de *flash-back,* que domina con maestría y le permite un distanciamiento de la intriga, mientras Mateo va desgranando sus fallidos avances para conseguir a Conchita, pespuntados por las actividades de varios grupos terroristas.

Quizá la secuencia más interesante sea la final, cuando el protagonista se detiene fascinado ante un escaparate donde una mujer zurce en un bastidor un delicado encaje manchado de sangre. La cámara toma a Mateo y Conchita desde el exterior del escaparate, cuyo cristal refleja el rótulo del establecimiento situado enfrente y que, a pesar de estar invertido por el reflejo, puede leerse con toda claridad: «Reprographie». Se puede establecer una relación con el cuadro de *La encajera* de Vermeer que aparecía en *Un perro andaluz,* e incluso una extraña simetría entre la escena inicial de su primera película —el ojo seccionado— y el final de su último filme.

Pero, además, Buñuel ha contado cómo en su primera visita a París en 1924 fue a alojarse en el Hotel Ronceray, situado en el Pasaje Jouffroy, uno de los «san-

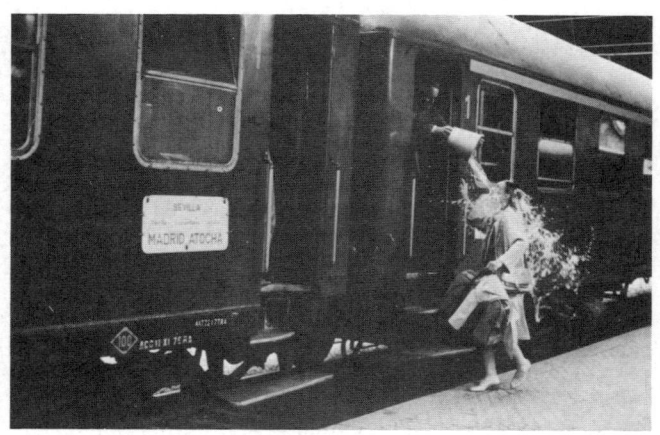

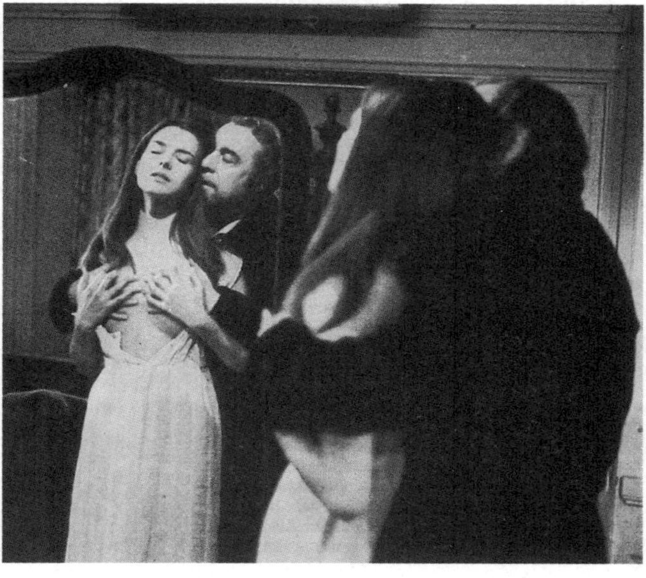

tos lugares» del itinerario surrealista, en el que está situado el Museo Grévin de figuras de cera. Pero no es esa la principal razón que debió mover al realizador a incluirlo en su última entrega fílmica, sino el hecho de que en ese hotel sus padres habían pasado la luna de miel y donde, con toda probabilidad, él había sido engendrado. Pues bien, la secuencia final de *Ese oscuro objeto del deseo* está filmada en el Pasaje Juffroy. Si alguien quiere hacer una lectura irónica del rótulo «Reprographie» que se lee al derecho y al revés, es libre de hacerlo. En cualquier caso, no se busquen descuidos ni improvisaciones: la escena era tan importante para Buñuel que dos semanas después de haberse terminado la película volvió a rodarla porque no le había gustado cómo quedaba. Con esa secuencia —la última vez que Buñuel se puso tras una cámara— su filmografía se cierra sobre sí misma, suturando aquel programático seccionamiento del ojo con el que se abría una trayectoria presidida por el deseo y sus penumbras.

Complemento filmográfico

COLABORACIONES DE LUIS BUÑUEL

Como ayudante de dirección

—1926. MAUPRAT

FICHA TÉCNICA. Producción: Films Jean Epstein. Guión: Jean Epstein, basado en la novela homónima de Georges Sand. Fotografía: Albert Duverger. Decorados: Pierre Kéfer. Jefe de Producción: Marlot. Vestuario: Casa Souplet. Director: Jean Epstein.
FICHA ARTÍSTICA. Sandra Milowanoff, Maurice Schutz, Nino Constantini, René Ferté, Alex Allain, Jean Thiery, Lina Doré, G. Dulong.

—1927. LA SIRÈNE DES TROPIQUES

FICHA TÉCNICA. Producción: Films Francia. Dirección: Henri Etievant y Marius Nalpas.
FICHA ARTÍSTICA. Josephine Baker y Pierre Batcheff.

—1928. LA CHUTE DE LA MAISON USHER

FICHA TÉCNICA. Producción: Films Jean Epstein. Guión: Jean Epstein y J. Lucas. Argumento: Basado en *The fall of the House of Usher, The Oval Portrait* y otros cuentos de Edgar Allan Poe. Fotografía: Georges Lucas y Herbert. Decorados: Pierre Kéfer. Vestuario: Oclise. Director: Jean Epstein.
FICHA ARTÍSTICA. Jean Deboucourt (Sir Roderick Usher), Margueritte Denis (Lady Madeleine Usher), Gance (El amigo viajero), Pierre Hot (El médico), Fournez-Goffert (El criado), Mme. Halma (La posadera).

Como productor ejecutivo y supervisor

—1935. DON QUINTÍN EL AMARGAO

FICHA TÉCNICA. Producción: Filmófono. Guión: Eduardo Ugarte. Argumento: Basado en el sainete de Arniches y Estremera. Fotografía: José María Beltrán. Decorados: José María Torres. Montaje: Eduardo G. Maroto. Música: Jacinto Guerrero, Fernando Remacha. Director: Luis Marquina. Ayudante de Dirección: José Martín. Regidor: Francisco Cejuela. Maquillaje: Mr. Kraft. Sonido: León Lucas de la Peña. Duración: 88 minutos.

FICHA ARTÍSTICA. Ana María Custodio (Teresa), Alfonso Muñoz (Don Quintín), Luisita Esteso (Felisa), Fernando de Granada (Paco), Luis de Heredia (Angelito), José Alfayate (Sefiní), José Marco Davó (Nicasio), Manuel Arbó (Crótido), Porfiria Sánchiz (María), Consuelo Nieva (Margot), Jacinto Higueras (Saluqui), Manuel Vico (Jefe de sala), María Anaya (Tía de Paco), Erna Rosi (Monja), Isabelita Pérez (La niña con la botella), Fernando Freire de Andrade (El «risitas»).

—1935. LA HIJA DE JUAN SIMÓN

FICHA TÉCNICA. Producción: Filmófono. Productor: Ricardo Urgoiti. Guión: Nemesio M. Sobrevila. Director: José Luis Sáenz de Heredia. Fotografía: José María Beltrán. Decorados: Nemesio M. Sobrevila y Mariano Espinosa. Música: Daniel Montorio y Fernando Remacha. Sonido: Antonio Fernández Roces. Montaje: Eduardo G. Maroto. Jefe de Producción: Edgundio Ter. Ayudante de Dirección: Honorio Martínez. Duración: 69 minutos.

FICHA ARTÍSTICA. Angelillo, Pilar Muñoz, Carmen Amaya, Manuel Arbó, Ena Sedeño, Porfiria Sánchiz, Cándida Losada, Emilio Portes, Julián Pérez de Ávila, Fernando Freire de Andrade, Pablo Hidalgo, Angelito Sampedro, Baby Deny.

—1936. ¿QUIÉN ME QUIERE A MÍ?

FICHA TÉCNICA. Producción: Filmófono. Productor: Ricardo Urgoiti. Guión: Eduardo Ugarte. Argumento: Enrique Pelayo y Caballero. Director: José Luis Sáenz de Heredia. Fotografía: José María Beltrán. Decorados: Mariano Espinosa. Música: Fernando Remacha y Juan Tellería. Sonido: León Lucas de la Peña. Ayudantes de Dirección: Domingo Pruna, Honorio Martínez y Edgundio Ter. Duración: 85 minutos.

FICHA ARTÍSTICA. Lina Yegros, José Baviera, José María Linares Rivas, Fernando Freire de Andrade, Luis de Heredia, Carlos del Pozo, Manuel Arbó, Emilio Portes, Raúl Cancio, Pablo Hidalgo,

Juan de las Heras, Luis Ardenillo, Francisco René, Baby Deny, Francisca Ferrari.

—1936. ¡CENTINELA ALERTA!

FICHA TÉCNICA. Producción: Filmófono. Productor: Ricardo Urgoiti. Guión: Eduardo Ugarte. Argumento: Basado en el sainete *La alegría del batallón,* de Carlos Arniches. Director: Jean Grémillon. Fotografía: José María Beltrán. Sonido: León Lucas de la Peña. Música: Fernando Remacha y Daniel Montoro. Ayudante de Dirección: Domingo Pruna.

FICHA ARTÍSTICA. Ángel Sampedro, «Angelillo», Ana María Custodio, Luis Heredia, José María Linares Rivas, Raúl Cancio, Mary Cortés, Pablo Hidalgo.

Como supervisor

—1937. ESPAGNE 1937 (ESPAÑA LEAL EN ARMAS)

FICHA TÉCNICA. Producción: Ciné-Liberté. Fotografía: Roman Karmen, Manuel Villegas López. Montaje: Actualidades y documentos, por J.P. Dreyfus. Director: Jean-Paul Le Chanois. Locutor: Gastón Modot. Música: *Séptima y Octava Sinfonía* de Beethoven. Comentario: Pierre Unik y Luis Buñuel. Duración: 40 minutos.

Como actor en películas no realizadas por él

—1963. LLANTO POR UN BANDIDO

FICHA TÉCNICA. Producción: Ágata Films, Atlántica Cinematográfica, Mediterranée. Productor: José Luis Dibildos. Director: Carlos Saura. Guión: Carlos Saura y Mario Camus. Fotografía: Juan Julio Baena, en cinemascope y eastmancolor. Operador: Hans Burman. Decorados: Enrique Alarcón. Música: Carlos Rustichelli y música popular española, adaptada por Pedro del Valle. Montaje: Pedro del Rey. Ayudante de Dirección: Luis Enciso. Jefe de Producción: Juan de Campos. Duración: 101 minutos.

FICHA ARTÍSTICA. Francisco Rabal (José María «El Tempranillo»), Lea Massari (María Jerónima), Philippe Leroy (Pedro Sánchez), Lino Ventura («El Lutos»), Manuel Zarzo («El Sotillo»), Silvia Solar (Marquesa de los Cerros), Fernando Sánchez Polak (Antonio), Agustín González (Capitán Valdés), Venancio Muro (Jiménez), Luis Buñuel (El verdugo), Antonio Buero Vallejo (El alguacil), Rafael Azqueta (El cura).

—1964. EN ESTE PUEBLO NO HAY LADRONES

FICHA TÉCNICA. Producción: Grupo Claudio, Alberto Isaac. Director: Alberto Isaac. Guión: Alberto Isaac y Emilio García Riera, sobre un cuento homónimo de Gabriel García Márquez. Fotografía: Carlos Carvajal.

FICHA ARTÍSTICA. Julián Pastor, Rocío Sagaón, Gracieta Enríquez, Luis Vicens, Antonio Alcalá, Alfonso Arau, Luis Buñuel (en el papel de cura), Héctor Ortega.

Como guionista

—SI USTED NO PUEDE, YO SÍ

México, 1950. P.: Ultramar Films, Oscar Dancigers. D.: Julián Soler. Guión: Luis Buñuel, Luis Alcoriza, Janet Alcoriza. Esc.: Edward Fitzgerald. F.: José Ortiz Ramos. Ed.: Carlos Savage. M.: Manuel Esperón. I.: Pepe Iglesias, Alma Rosa Aguirre, Fernando Soto «Mantequilla».

—EL MONJE (LE MOINE)

Francia-Italia-Alemania, 1972. P.: Maya Films Comacico, Tritone Cinematográfica, Studio Films. D.: Ado Kyrou. Guión: Luis Buñuel y Jean Claude Carrière, sobre la novela *The Monk,* de Lewis. F.: Sacha Vierny. M.: Ennio Morricone. I.: Franco Nero, Nathalie Delon, Nicol Williamson.

Bibliografía

La bibliografía que implica a Buñuel en uno u otro grado es tan vasta que su transcripción exhaustiva resulta, en la práctica, imposible. La selección que sigue tiene como propósito fundamental proporcionar información complementaria al lector de este libro; se ha optado por organizarla alfabéticamente con exclusión de todo otro criterio. He tenido muy en cuenta las bibliografías de García Riera (1969-1977), Drouzy (1978), Cremonini (1973), Bragaglia (1975), Abruzzese-Masi (1981), Higginbotham (1979), Edwards (1982), Mellen (1978), Jansen (1978) y, sobre todo, el catálogo de la XLI Mostra Internazionale del Cinema (Venecia, 1984) al cuidado de Edoardo Bruno. Para la relativa al área hispana y al primer Buñuel remito a la que proporciono en mi edición de la *Obra Literaria* de Luis Buñuel (Zaragoza, Heraldo de Aragón, 1982).

A.   DE LUIS BUÑUEL

A. 1.   *Escritos de Luis Buñuel*

BUÑUEL, LUIS, *Mon dernier soupir,* Laffont, París, 1982 (Ed. esp., Mi último suspiro, Plaza&Janés, Barcelona, 1982).
BUÑUEL, LUIS, *Obra Literaria* (introducción y notas de Agustín Sánchez Vidal), Ed. Heraldo de Aragón, Zaragoza, 1982.

A. 2.   *Guiones*

—*Alucinaciones en torno a una mano muerta:* en SÁNCHEZ VIDAL, 1982.
—*Belle de jour:* en Londres: Lorrimer/Nueva York: Simon and Schuster, 1971.
—*Cet obscur objet du désir:* (*Quell'oscuro oggetto del desiderio*), Einaudi, Turín, 1974.
—*El ángel exterminador:* en *L'Avant-Scène du Cinéma,* números 27-28, junio-julio de 1963; en Barcelona, Aymá, 1964; en Nueva York: Orion Press, 1969; en Londres: Lorrimer/Nueva York: Simon and Schuster, 1972.

—*El bruto, Robinson Crusoe, Él, Abismos de pasión* (Diálogos), *Spielfilme im deutschen Fernesehen,* ARD, 1974.
—*El monje:* Laertes, Barcelona, 1978 *(Le Moine,* Eric Losfeld, París, 1971, en colaboración con Jean Claude Carrière, sobre la novela *The Monk,* de M. G. Lewis, llevado a la pantalla por Ado Kyrou en 1976).
—*Goya, 1928.* Jacques Damase Ed., París, 1987.
—*Ilegible hijo de flauta* (en colaboración con Juan Larrea): en SÁNCHEZ VIDAL, 1982.
—*L'âge d' or:* en *L'Avant-Scène du Cinéma,* núms. 27-28, junio-julio de 1963; en México, Era, 1971; en Londres: Lorrimer/Nueva York: Simon and Schuster, 1968; en Turín: Giulio Einaudi, 1974; en Bad Ems: Verband der Deutschen Filmclubs, 1965.
—*La Duquesa de Alba y Goya:* en ARANDA, 1969; *Positif,* número 89, 1969, y SÁNCHEZ VIDAL, 1982.
—*La Voie Lactée:* en *L'Avant-Scène du Cinéma,* núm. 110, enero de 1971; en Londres: Lorrimer/Nueva York: Simon and Schuster, 1971; en Barcelona, Aymá, 1971.
—*Le charme discret de la bourgeoisie:* en *L'Avant-Scène du Cinéma,* núm. 135, mayo de 1973; en Barcelona, Aymá, 1973.
—*Le fantôme de la liberté:* en *L'Avant-Scène du Cinéma,* número 151, octubre de 1974; en Barcelona, Aymá, 1975.
—*Le journal d'une femme de chambre:* en *L'Avant-Scène du Cinéma,* núm. 36, 1964; en Barcelona: Aymá, 1977.
—*Los olvidados:* en *L'Avant-Scène du Cinéma,* núm. 137, junio de 1973; en Londres: Lorrimer/Nueva York: Simon and Schuster, 1972.
—*Nazarín:* en *L'Avant-Scène du Cinéma,* núm. 89, febrero de 1969; en Londres: Lorrimer/Nueva York: Simon and Schuster, 1972.
—*Simón del Desierto:* en *L'Avant-Scène du Cinéma,* núms. 94-95, julio-septiembre de 1969; en Nueva York: Orion Press, 1969; en *Cineforum,* núm. 51, enero de 1966.
—*Tierra sin pan/ Las Hurdes:* en *L'Avant-Scène du Cinéma,* núm. 36, 1964.
—*Tristana,* Lorrimer Publishing Ltd., Londres, 1971; Barcelona, Aymá, 1971.
—*Un chien andalou:* en *Revue du Cinéma,* núm. 5, noviembre de 1929; en *La Révolution Surréaliste,* núm. 12, 15-12-1929; en *Premier Plan,* núm. 13, octubre de 1960;

en *L'Avant-Scène du Cinéma,* núms. 27-28, junio-julio de 1963; en Era, México, 1971; en Londres: Lorrimer/Nueva York: Simon and Schuster, 1968; en Turín: Giulio Einaudi, 1974; en Bad Ems: Verband der deutschen Filmklubs, 1965.

—*Viridiana:* en *Paris Interspectacles,* 1962; en *Domaine cinéma,* Tomo 2; en México: Era, 1966; en New York, Orion Press, 1969; en Filméditions de Pierre L'Herminier Éditeur (Préface de Georges Sadoul), París, 1984.

A. 3.   Entrevistas a Luis Buñuel

Alcalá, Manuel, *Film-Korrespondenz,* núm. 6, 1974.
Aranda, J. F., *Filmkritik,* núm. 6, 1963.
Aranda, J. F., *Kosmorama,* núm. 61, 1963.
Arteta, Valentín, *Film Ideal,* núm. 211, 1969.
Aub, Max, *Conversaciones con Buñuel,* Madrid, Aguilar, 1985.
Aubry, Daniel, y Lacor, J. M., *Film Quarterly,* vol. 12, número 2, 1958.
Baby, Yvonne, *Le Monde,* 1 junio 1961.
Baby, Yvonne, *Le Monde,* 11-12 agosto 1965.
Baby, Yvonne, *Le Monde,* 14 septiembre 1972.
Bazin André y Doniol-Valcroze, Jacques, en *Cahiers du Cinéma,* núm. 36, 1954. Recogida en *El cine de la crueldad,* Bilbao, Mensajero, 1977.
Berghahn, Wilfried, *Filmkritik,* núm. 5, 1963.
Bianchi, Pietro, *Il Giorno,* 23 mayo 1971.
Buache, Freddy, *Avant-Scène du Cinéma,* núms. 315-316, 1983.
Carrière, Jean Claude, entrevista en la RAI transcrita en *El País,* 31 octubre 1981.
Castellón Díaz José, *Nuestro Cinema,* núm. 15, 1935.
Chaboud, Charles, *Nuevo Cine,* núm. 50, 1966.
Chaboud, Charles; Alcoriza, Luis, y Fuentes, Carlos, *Positif,* núm. 74, 1966.
Cobos, Juan, y De Erice, Gonzalo, *Griffith,* núm. 1, oct. 1965; *Cahiers du Cinéma,* núm. 191, 1967.
Costillo, Fausto, *México en la Cultura,* núm. 478, 1958.
Dalí, Salvador, *L'Amic de les Arts,* Sitges, núm. 31, 31 marzo 1929.
De Baroncelli, Jean, *Le Monde,* 16 diciembre 1959.
De la Colina, J. - Pérez Turrent, T., *Contracampo,* núm. 16, 1980.

DE LA COLINA, J., *Agon, o el canto del cisne según Luis Buñuel*, Contracampo, núm. 1, abril 1979.
DE LA COLINA, J.-PÉREZ TURRENT, T., *Luis Buñuel, Cinemateca Portuguesa*, Lisboa, 1982.
DE LA COLINA, J.-PÉREZ TURRENT, T., *Positif,* núm. 238, 1981.
DE LA COLINA, JOSÉ y PÉREZ TURRENT, TOMÁS, *Prohibido asomarse al interior,* Joaquín Mortiz-Planeta, México, 1986.
DE MONTFERRAND, FRANÇOIS, *Radio-Cinéma, Télévision,* 20 de junio de 1954.
DUBREUILH, SIMONE, *Les Lettres Françaises,* 11 octubre 1956.
FOGLIETTI, MARIO, *Il dramma,* núm. 5, 1972.
FOGLIETTI, MARIO, *La Rivista del Cinematografo,* núm. 1, 1971.
FOGLIETTI, MARIO, y NATTA, ENZO, *Rivista del Cinematografo,* núm. 7, 1970.
GRAZZINI, GIOVANNI, *Corriere della sera,* 28 mayo 1974.
GUBERN, ROMÁN, *Positif,* núm. 146, 1973.
HUGHES, ROBERT, *The filmaker and the audience,* Nueva York, Filmbook, 1959.
KANESAKA, KENJI, *Film Culture,* núm. 24, 1962, recogida en Andrew Sarris, *Entrevistas con directores de cine.*
LENNON, PETER, *The Guardian,* 7 enero 1964.
MANCEAUX, MICHEL, *L'Express,* 12 mayo 1960.
MICHEL, MANUEL, *Cinéma 65,* núm. 94 y núm. 95, 1965.
MICHEL, MANUEL, *Les Lettres Françaises,* 12 mayo 1960.
MICHEL, MANUEL, y GREGOR, ULRICH, *Wie sie Filmen,* Gütersloh, 1966.
MUÑOZ SUAY, RICARDO, *Cinema Nuovo,* núm. 189, 1967.
NASON, RICHARD, *The New York Times,* 11 octubre 1969.
PONIATOWSKA, ELENA, *Cuadernos de Cine de la Universidad de México,* vol. XVI, 1961.
PROUSE, DEREK, *Newsweek,* 26 marzo 1962.
PROUSE, DEREK, *Sight and Sound,* núm. 3, 1960.
PROUSE, DEREK, *The New York Times,* 18 marzo 1962.
QUEIROLO, PEDRO, *Vie Nuove,* 31 enero 1963.
ROCHA, GLAUBER, *Cinéma 68,* núm. 123, 1968.
RODE, HENRI, *Cinémonde,* junio 1961.
ROMI, YVETTE, *Le Nouvel Observateur,* 28 diciembre 1966.
RONDI, GIAN LUIGI, *7 domande a 4 Registi,* SEI, Roma, 1975.
RONDI, GIAN LUIGI, L. B.: *Per un cinema in cui si vedono le cose, Il Tempo,* 15 enero 1978.
RUIZ CASTILLO, ANDRÉS, *Heraldo de Aragón,* 20 julio 1930.
SADOUL, GEORGES, *Les Lettres Françaises,* 1 junio 1961.

Saint-Jean, Roxane, *Positif,* núm. 162, 1974.
Saura, Carlos, *Nuestro Cine,* enero 1963.
Spinazzola, Vittorio, *Film 1961,* Milán, Feltrinelli, 1961.
Tassone, Aldo, *Chaplin,* núm. 3, 1982.
Tassone, Aldo, *La Repubblica,* 9 agosto 1977.
Tibol, Raquel, «Buñuel es subversivo», Suplemento *México en la cultura* del periódico *Novedades,* México, D. F., 29 noviembre 1953.
Torres, Augusto M., *Ombre Rosse,* primera serie, núm. 3, 1967.
Truffaut, François, *Arts,* 21 julio 1955.
Walter, Renaud, *Télé-Ciné,* junio 1969.

A. 4. *Testimonios*

«A letter by Juan Buñuel on Exterminating Angel», *Film-Culture,* núm. 41, 1966.
AA.VV., «Luis Buñuel, 83 geniales años», *El País Semanal,* núm. 306, 20 febrero 1983.
Alcoriza, Luis, «Visión personal de Luis Buñuel», entrevista de Paco Ignacio Taibo en *83 Buñuel 83,* Filmoteca de la Universidad Autónoma de México, 1983.
Alcoriza, Luis, Entrevista con Luis Miñarro, *Dirigido por,* número 51, feb. 1978.
Allombert, Tony, Entrevista a Michel Piccoli *(Le journal d'une femme de chambre), La Cinématographie Française,* número 3, 1964.
Aranda, J. F., «Buñuel and Tristana», *Sight and Sound,* número 2, 1970.
Arnault, Hubert, «À propos de La Voie Lactée» (entrevista a Jean-Claude Carrière), *La Revue du Cinéma/Image et Son,* núm. 225, 1969.
Arnault, Hubert, «Entretien avec Serge Silberman, producteur du "Journal d'une femme de chambre" et de "La Voie Lactée"», *La Revue du Cinéma/Image et Son,* número 250, 1971.
Arout, Gabriel, «En travaillant avec Luis Buñuel», *Cahiers du Cinéma,* núm. 63, 1956.
Braucourt, Guy, «Stéphane Audran parle du tournage (Le charme discret de la bourgeoisie)», *Écran,* núm. 9, 1972.
Buñuel, Conchita, «Mon frère Luis», *Positif,* núm. 42, 1961, recogido en *Mi último suspiro.*

Buñuel, Conchita, entrevista de Pablo Larrañeta en *El Día de Aragón*, 27 febrero 1983.
Carrière, J. C., Testimonio en el seminario «Luis Buñuel» celebrado en la Universidad Menéndez Pelayo, Barcelona, julio de 1988.
Carrière, Jean-Claude, entrevista de Luisa Gaspar en *El Día de Aragón*, 3 julio 1983.
Cinématographe, núm. 92, 1983. Entrevistas con Michel Piccoli, Muni y Pierre Lary.
Dalí, Salvador, *The secret life of Salvador Dalí*, Nueva York/Londres, 1942. (Traducción española, *Vida secreta de Salvador Dalí*, Dasa, Figueras, 1981).
Dancigers, Oscar, *The easy job*, Kyrou Ado, *op. cit.*
De Loup, Kristine, y Hopf, Florian, «Gestreute Bemerkungen über Buñuel», *Frankfurter Rundschau*, 15 febrero 1973.
Deneuve, Catherine, «En travaillant avec Buñuel», *L'Avant-Scène*, núm. 110, 1971.
Fuentes, Carlos, «Terrorismo cinematográfico», Entrevista con Lluis Pascual, *El País*, 28-11-1988.
García Maroto, Eduardo, *Aventuras y desventuras del cine español*, Plaza y Janés, Barcelona, 1988.
Giuffroy, Pierre, «L'envers du décor», *Positif*, núm. 103, 1969.
Gubern, Román, «El exilio de Buñuel en Nueva York», *Triunfo*, núm. 507, 17 junio 1972. También en *Positif*, número 146, 1973.
Heyman, Claude, «Entretien sur "L'Age d'Or"», *Jeune Cinéma*, núm. 143, 1981.
Ionesco, Eugène, Entrevista con Antonio Papell, *Diario 16*, 20 marzo 88.
J. C. Carrière, «La primera vez que vi a Luis Buñuel», *Griffith*, núm. 1. oct. 1965, págs. 9-11.
Kanesaka, Kenji, «A visit to Luis Buñuel», *Film-Culture*, número 41, 1966.
Lamarque, Libertad, *Fotogramas*, núm. 1.757, nov. 1989, página 45.
Moreau, Jeanne, «Je ne travaille qu'avec des gens que j'admire», *La Cinématographie Française*, núm. 3, 1964.
Peña, José, Entrevista a Laurent Terzieff, *Téléciné*, número 153, 1969.
Pérez Coterillo, Moisés, «Max Aub et Luis Buñuel: le roman d'une génération», *Écran*, núm. 8, 1972. También en *Reseña*, núm. 57, julio-agosto, 1972.

Piccoli, Michel, *Une puissance solitaire,* Kyrou Ado; *Buñuel,* Seghers, París, 1962.
Rabal, Francisco, entrevista con Manuel Hidalgo, *Francisco Rabal... un caso bastante excepcional,* 30 Semana de Cine de Valladolid, 1985, pág. 90.
Rey, Fernando, «La memoria de Fernando Rey», entrevista de José Agustín Mahieu, *Fotogramas,* núm. 1.691, noviembre 1983.
Robles, Emmanuel, «À Mexico avec Buñuel», *Cahiers du Cinéma,* núm. 56, 1956.
Rucar, Jeanne, «Yo fui la cocinera de Luis Buñuel», *La Vanguardia,* 5-9-1989.
Ríos, Julián, *Impresiones de Kitaj (La novela pintada),* Mondadori, Barcelona, 1989, págs. 277 y 430.
Sáenz de Heredia, J. L., en Vizcaíno Casas y Ángel A. Jordán, *De la checa a la meca,* Planeta, Barcelona, 1988.
Sanz de Soto, Emilio, «La fecha exacta de aquel día», *El País,* 6 agosto 1983.
Saura, Carlos, «Le retour en Espagne», *Positif,* núm. 42, 1961.
Silberman, Serge, «I am not a Producer. Working with Buñuel», *Film Quarterly,* núm. 1, 1979.
Silberman, Serge, en Yonnick Flot, *Les producteurs: les risques d'un métier,* 5 Continets-Hatier, 1986, págs. 140-153.

B. Ensayos sobre Buñuel

B. 1. *Libros y folletos monográficos*

AA.VV., «Dossier: Luis Buñuel», *Cinématographe,* núm. 92, 1983.
AA.VV., «Luis Buñue»l, *Filme culture,* núm. 21, 1960.
AA.VV., «Luis Buñuel tra surrealismo e industria culturale», *Cinema e Cinema,* núm. 4, 1975.
AA.VV., «Luis Buñuel», *Cine Cubano,* núms. 78, 79 y 80, 1972-73.
AA.VV., «Luis Buñuel», *Cinema 60,* 23-26, 1962.
AA.VV., «Luis Buñuel», *Cinema 2002,* núm. 37, 1978.
AA.VV., «Luis Buñuel», *Contracampo,* núm. 16, 1980.
AA.VV., «Luis Buñuel», *Griffith,* núm. 1, 1965.
AA.VV., «Luis Buñuel», *Image et Son,* núm. 157, 1962.
AA.VV., «Luis Buñuel», *Image et Son,* núm. 250, 1971.
AA.VV., «Luis Buñuel», *La Méthode,* núm. 7, 1962.
AA.VV., «Luis Buñuel», *La Nouvelle Critique,* núms. 57-58, 1972.
AA.VV., «Luis Buñuel», *Nuevo Film,* núm. 3, 1968.

AA.VV., «Luis Buñuel», *Positif,* núm. 58, 1964.

AA.VV., «Luis Buñuel», *Positif,* núm. 272, 1983.

AA.VV., «Luis Buñuel», *Reseña,* núm. 66, 1973.

AA.VV., «Luis Buñuel. A Symposiun», Trinity and All Saints College, 1983.

AA.VV., «Luis Buñuel: Il fascino discreto», *Associazione Italiana Amici del Cinema d'Essai,* Turín, 1974.

AA.VV., «Luis Buñuel: scritti/testimonianze», *Filmcritica,* número 210, 1970.

AA.VV., «Movietone News», *Seattle Film Society,* núm. 39, febrero 1975.

AA.VV., «Pour Buñuel», *Cercle du Cinéma de l'A.C.E.T.,* Toulouse, 1964.

AA.VV., «Saggi e studi su Buñuel», *Cinema Nuovo,* número 227, 1974.

AA.VV., *Buñuel 83,* Filmoteca México, UNAM, 1983.

AA.VV., *Buñuel's half century,* "Sight and Sound", núm. 1, 1977-78.

AA.VV., *Buñuel,* Buenos Aires, Colección Filmes Kyrios, 1978.

AA.VV., *Luis Buñuel,* Cinemateca Portuguesa, 1982.

AA.VV., *Luis Buñuel,* Venecia, XLI Mostra Internazionale del Cinema, 1984.

AA.VV., *Luis Buñuel. Iconografía personal,* México, Fondo de Cultura Económica-Universidad de Guadalajara, 1988.

ABRUZZESE - MASI, *Il film di Luis Buñuel,* Roma, Gremese, 1981.

AGEL, HENRI, *Luis Buñuel,* París, Ed. Universitaires, 1959.

ALCALÁ, MANUEL, «Buñuel: cine e ideología», *Cuadernos para el Diálogo,* Madrid, 1973.

ARANDA, J. FRANCISCO, *Luis Buñuel, biografía crítica,* Barcelona, Editorial Lumen, 1969 y 1975.

BARBACHANO, CARLOS, *Buñuel,* Barcelona, Salvat, 1986.

BRAGAGLIA, CRISTINA, *La realtà dell'immagine in Luis Buñuel,* Patron, Bolonia, 1975.

BUACHE, FREDDY, «Luis Buñuel», *Premier Plan,* núm. 13, Lyon, Serdoc, 1960 (nº e. 1964).

BUACHE, FREDDY, *Luis Buñuel,* Lausanne, Ed. La Cité, 1970 (Londres, 1973; Madrid, Labor, 1976).

CASIRAGHI, UGO, «Il diabolico Buñuel», *Filmquaderni del Circolo del Cinema di Imola,* 1966.

CATTINI, ALBERTO, «Luis Buñuel», *Il Castoro Cinema,* Florencia, La Nuova Italia, 1979.

CESARMAN, FERNANDO, *El ojo de Buñuel: psicoanálisis desde una butaca,* Barcelona, Ed. Anagrama, 1976.

CIESLAR, JIRI, *Luis Buñuel,* Praga, Filmovy Ustav, 1987.

CREMONINI, GIORGIO, *Buñuel,* Roma, Savelli, 1973.

DROUZY, MARTIN, *Kaetteren Buñuel,* Copenhague, Rhodes Forlag, 1970.

DROUZY, MAURICE, *Luis Buñuel architecte du rêve,* París, L'Herminier, 1978.

DURGNAT, RAYMOND, «Luis Buñuel», *Studio Vista,* Londres, 1967 (Madrid, Fundamentos, 1973, pero sin las 154 fotografías del original inglés).

EDER - JANSEN - PRINZLER, «Luis Buñuel», *Reihe Film 6,* Munich-Viena, Carl Hanser Verlag, 1975 (Kyrios, Buenos Aires, 1978).

EDWARDS, GWYNNE, *The discret art of Luis Buñuel,* Londres/Boston, Marion Boyards, 1982.

ESTEVE, MICHEL, «Luis Buñuel», vol. I y II; *Études Cinématographiques,* núms. 20-21, 1962 y núms. 22-23, 1963.

FERRERO, ADELIO, «Buñuel: continuità di una rivolta», *Quaderni del Circolo Cabassi,* Módena, 1971.

FINK, GUIDO, «Luis Buñuel», *Cinestudio,* núm. 12 *(Quaderni del circolo monzese del Cinema),* 1964.

FINK, GUIDO, «Luis Buñuel. Documenta», *Quaderni del CUC di Genova,* 1966.

GABUTTI, GIUSEPPE, *Luis Buñuel. L'utopia della libertà,* Milán, Ed. Paoline, 1981.

GARCÍA BUÑUEL, PEDRO CHRISTIAN, *Recordando a Luis Buñuel,* Diputación Provincial y Ayuntamiento de Zaragoza, 1985.

GOETZ, ALICE - BANZ, HELMUT, «Luis Buñuel, eine Documentation», *Verband der Deutschen Filmclubs,* Bad Ems, 1965.

GONZÁLEZ DUEÑAS, *Luis Buñuel: la trama soñada,* México, UNAM, 1986.

GÁLVEZ, ANTONIO, *Alegoría a Luis Buñuel,* Ayuntamiento de Córdoba, Ediciones de la Posada del Potro, 1989.

GÁLVEZ, ANTONIO, *Luis Buñuel,* Le Terrain Vague, París, 1970.

HIGGINBOTHAM, VIRGINIA, *Luis Buñuel,* Boston, Twayne Publishers, 1979.

KYROU, ADO, «Luis Buñuel», *Cinéma d'aujourd'hui,* Seghers, París, 1962 (nºe.: 1964, 1970).

KYROU, ADO, *Luis Buñuel: an introduction,* Nueva York, Simon and Schuster, 1963.

LARA, ANTONIO (Ed.), *La imaginación en libertad* (homenaje a Luis Buñuel), Universidad Complutense de Madrid, 1981.

Lefèvre, Raymond, *Luis Buñuel*, París, Edilig, 1984.

Lizalde, Eduardo, «Luis Buñuel: odisea del demoledor», *Cuadernos de Cine,* núm. 2, Universidad Autónoma de México, 1962.

Lundkvist, Arthur, «Luis Buñuel», en *Bok; samarbete med Svenska Filminstitutet,* Estocolmo, Bokförlaget Pan/Norstents, 1967.

Malmikiaer, Poul, «Buñuel», *Statements og antistatements,* Copenhague, Danske Filmmuseum, 1968.

Mellen, Joan (Ed.), *The world of Luis Buñuel: essay in criticism,* Oxford University Press, Nueva York, 1978.

Moullet, Luc, «Luis Buñuel», *Collection encyclopédique du Cinéma,* núm. 5, Bruselas, Club du livre du cinéma, 1957.

Oms, Marcel, «Luis Buñuel», *Positif,* núm. 42, 1961.

Oms, Marcel, *Don Luis Buñuel* (Préface J. C. Carrière), París, Les Editions du Cerf, 1985.

Ramsey, Cynthia, *The problem of dual consciousness: the structures of dream and reality in the films of Luis Buñuel,* Ann Arbor, Florida University, 1983.

Ramírez, Gabriel, «Dedicado a Buñuel», *Nuevo Cine,* números 4-5, 1961.

Rebolledo, Carlos - Grange, Frédéric, *Luis Buñuel,* París, Ed. Universitaires, 1964.

Rotellar, Manuel, y Sánchez Vidal, Agustín, *Aragón en homenaje a Luis Buñuel,* Diputación General de Aragón, 1983.

Salvatori-Mechini (a cura di), "Buñuel" en *Rossellini-Antonioni-Buñuel* (Atti del "Premio Fiesole" ai Maestri del Cinema), Venecia, Marsilio, 1973.

Sarano, Paul, *Diversions of pleasure: Luis Buñuel and the crisis of Desire,* Columbus, Ohio State University Press, 1987.

Schwarze, Michael, *Luis Buñuel,* Hamburgo, Taschenbuch Verlag GMBH, 1981. Traducción al español en Barcelona, Plaza y Janés, 1988.

Sánchez Vidal, Agustín (Ed.), *Luis Buñuel. Obra Literaria,* Zaragoza, Ediciones Heraldo de Aragón, 1982.

Sánchez Vidal, Agustín, *Luis Buñuel. Obra cinematográfica,* Madrid, Ediciones JC, 1984.

Sánchez Vidal, Agustín, *Vida y opiniones de Luis Buñuel,* Teruel, Instituto de Estudios Turolenses, 1985.

Tinazzi, Giorgio, *Il cinema di Luis Buñuel,* Palermo, Palumbo, 1973.

Trebouta, Jacques, *Luis Buñuel, sa vie, son oeuvre en Espagne*

et en France, París, Institut des Hautes Études Cinématographiques, 1958-59.
TURRIN, PAOLA - VAZZOLER, RENZO, «Luis Buñuel», *Quaderni di Cinema,* núm. 10, Pordenone, 1974.
WILLIAMS, LINDA, *Figures of Desire. A Theory and Analysis of Surrealist Film,* University of Illinois Press, 1981.

B. 2. *Publicaciones parcialmente dedicadas a Buñuel*

AA.VV., «Le cinéma des surréalistes», *Les Cahiers de la Cinémathèque,* núms. 30-31, Perpignan, 1980.
AA.VV., *Rossellini, Antonioni, Buñuel,* Venecia, Marsilio Editori, 1973.
AGEL, HENRI, «Au coeur de l'insolite: Luis Buñuel», en *Miroirs de l'insolite dans le cinéma français,* París, Ed. du Cerf, 1958.
ARMES, ROY, «Buñuel and Surrealism», *Film and reality,* Londres, Penguin Books, 1974.
ASCOT, J. J., *Retrato de Luis Buñuel,* Cuadernos de Cine de la Universidad de México, núm. 4, 1958.
AYALA BLANCO, JORGE, *La aventura del cine mexicano,* México, Era, 1968.
AYFRE, AMÉDÉE, *Conversion aux images,* París, Ed. du Cerf, 1964.
BAZIN, ANDRÉ, *El cine de la crueldad. De Buñuel a Hitchcock,* Bilbao, Mensajero, 1977 (1.ª ed., Flammarion, París, 1975).
BERTETTO, PAOLO, *Il cinema dell'utopia,* Salerno, Rumma, 1970.
BROCHIER, JEAN JACQUES, «Luis Buñuel», en *Dossier du Cinéma, Cineastes I,* París, Casterman, 1971.
BRUNIUS, JACQUES B., *En marge du cinéma français,* París, Arcanes, 1947 y 1954.
BRUNIUS, JACQUES B., en MANVELL, ROGER (Ed.), *Experiment in the film,* Londres, Grey Wall Press, 1959.
BRUNO, EDOARDO, *Tendenze del cinema contemporaneo,* Roma, Samonà e Savelli, 1965.
CAPPABIANCA, A.; MANCINI; SILVA, *La costruzione del labirinto,* Milán, Mazzotta, 1974.
CHIARINI, LUIGI, *Cinema e film. Storia e problemi,* Roma, Bulzoni, 1972.
CONNOLLY, CYRILL, *The unquiet grave,* Hammish Hamilton, 1945; Grey Arrow, 1961.
COWIE, PETER, «Luis Buñuel», en *International Film Guide,*

Londres, Tantivy Press, 1965; Nueva York, A.S. Barnes & Co., 1964.

FARBER, MANNY, «Luis Buñuel 1969», en *Negative Space*, Londres, Studio Vista, 1971.

FIESCHI, JEAN-ANDRÉ, «Luis Buñuel», en Rond Richard (Ed.), *Cinema: a critical dictionary*, Nueva York, Secker & Warburg, 1980.

GARCÍA RIERA, EMILIO, *Historia documental del cine mexicano*, México, Era, 9 vols., 1969-1977.

GUBERN, ROMÁN, *Cine español en el exilio*, Barcelona, Lumen, 1976.

HUNT, ALBERT, en HANCOURT, PETER, y WHANNEL, PADDY (Ed.), *Film teaching*, Londres, B.F.I., 1965.

KYROU, ADO, *Amour, érotisme et cinéma*, París, Ed. Le Terrain Vague, 1957.

LEIRENS, JEAN, *Le cinéma et la crise de nôtre temps (Le domaine de l'alienation)*, París, Ed. du Cerf, 1960.

LEIRENS, JEAN, *Le cinéma et le sacré*, París, 1957.

LOVELL, ALAN, *The Anarchist Cinema*, Londres, Peace News, B.F.I., 1963.

MATTHEWS, J. H., *Surrealism and Film*, Ann Arbor, University of Michigan Press, 1971.

MAURIAC, CLAUDE, «Luis Buñuel», *L'amour du cinéma*, París, Ed. Albin Michel, 1954.

PECHTER WILLIAM S., «Buñuel», en *Twenty-four Times a Second*, Nueva York, Evanstan, 1971; Harper & Row, Londres, 1971.

PORNON, CHARLES, *La rêve et le fantastique dans le cinéma français*, Ed. La Nef, París, 1959.

ROBINSON, DAVID, *World Cinema*, Eyre Methuen, Londres, 1973.

RUSSEL TAYLOR, JOHN, «Luis Buñuel», en *Cinema eye, Cinema ear*, Nueva York, Hill and Wang, 1964.

SÁNCHEZ VIDAL, AGUSTÍN, *Buñuel, Lorca, Dalí: el enigma sin fin*, Barcelona, Planeta, 1988.

SARRIS, ANDREW, *Confessions of a Cultist: On the Cinema, 1955-1969*, Nueva York, Simon and Schuster, 1970.

SCHILLACI PETER B., «Luis Buñuel and the Death of God», en Wall James M (Ed.), *Three European Directors*, William B. Eerdmans Publ., Grand Rapids, 1973.

TINAZZI, GIORGIO, «Il cammino di Buñuel», en Ferrero Adelio (Ed.), *Storia del cinema*, vol.III, Padua, Marsilio, 1978.

VILLEGAS LÓPEZ, MANUEL, «Luis Buñuel», en *Los grandes nombres del cine,* Barcelona, Planeta, 1973.
YOUNG, VERNON, «Thoughts after attending another film society. Buñuel'series», en *On film,* Nueva York, 1972.

B. 3.   *Ensayos y artículos de carácter general*

AA. VV., «Luis Buñuel», *El País,* 6-8-1983.
AA.VV., «Especial Buñuel», *ABC,* 31-7-1983.
AA.VV., «Luis Buñuel. 83 geniales años», *El País Semanal,* 20 enero 1983.
ACERETE, JULIO, «Luis Buñuel», *Dirigido por,* sept. 1975.
ALMENDROS, NÉSTOR, «Buñuel, hombre de cine», *Cuadernos,* París, julio 1963.
ALMENDROS, NÉSTOR, «Luis Buñuel, cinéaste hispanique», *Objectif,* Montreal, junio-julio 1963.
ARANDA, J. F., «Back from the wilderness», *Film and Filming,* noviembre 1961.
ARANDA, J. F., «Buñuel», *Cinema Universitario,* núm. 4, Salamanca, 1959.
ARANDA, J. F., «Der Tod eines Ministers. Neuer Kurs in Spanien», *Filmkritik,* núm. 10, 1961.
ARANDA, J. F., «Spaniens und bequeme Regisseure», *Filmkritik,* núm. 10, 1961.
ARANDA, J. F., «Surrealistic and Spanish giant», *Film and Filming,* octubre 1961.
ASCOT, J. J., *Retrato de Luis Buñuel,* Cuadernos de Cine de la Universidad de México, núm. 4, 1958.
AUB, MAX, «Largo pie para una fotografía de Luis Buñuel por las calles de México», *Ínsula,* núms. 320-321, julio-agosto 1973.
AUBRY, D., y LACOR, J. M., «Luis Buñuel», *Film Quarterly,* número 2, 1958.
BACHMANN, GIDEON, «The film of Luis Buñuel», *Cinemages,* núm. 1, 1955.
BAZIN, ANDRÉ, «Il fondo della realtà», *Cinéma 60,* números 23-26, 1962.
BELLOW, SAUL, «Buñuel's unsparing vision», *Horizon,* número 2, 1962.

Borde, Raymond, «À propos de Buñuel et de l'exégèse chretienne», *Positif,* núm. 27, 1958.
Bory Jean-Louis, «Pour et contre Buñuel», en *Des yeux pour voir,* París, 1971.
Brega, Gian Piero, «Buñuel», *Filo Rosso,* núm. 10, 1965.
Bruno, Edoardo, «La poetica di Buñuel», *Filmcritica,* número 130, 1963.
Burg Vinzenz, B., «Ein Viktorianner?», *Film-Korrespondenz,* núm. 2, 1975.
Collet, Jean, «Le monde tranché de Luis Buñuel», París, *Études,* diciembre 1967.
Coluccelli, Lucia, «Il pianeta Buñuel», *Cinema e Cinema,* número 1, 1974.
Conrad, R., «A magnificent and dangerous weapon: the politics of Luis Buñuel's later films», *Cinéaste,* núm. 4, 1976-77.
Corbucci, Gianfranco, «Il recupero della tenerezza attraverso la storia», *Cinema nuovo,* núm. 211, 1971.
Cornand, A.; Gardies, R.; Kyoru, A., y Segal, A., Mesa redonda, *La Révue du Cinéma/Image et Son,* núm. 250, 1971.
Cremonini, Giorgio, «Dialettica del divieto e costruzione del linguaggio», *Cinema Nuovo,* núm. 227, 1974.
De la Colina, José, «El cuchillo espectral», *Contracampo,* número 16, 1980.
Demeure, Jacques, «Luis Buñuel poète de la cruauté», *Positif,* núm. 10, 1954.
Díaz Torres, Daniel, y Colina, Enrique, «El melodrama en la obra de Luis Buñuel», *Cine Cubano,* núms. 78-79-80, 1972-73.
Durgnat, Raymond, *Erotism in Cinema,* "Film and Filming", núm. 7, 1962.
Eder, Klaus, «Die Anarchistiche Liebe», *Filmsehen-Film,* número 3, 1971.
Egea, J. L., «Buñuel se escribe con ñ y tiene setenta años», *Cine Cubano,* núms. 71-72, 1971.
Fantuzzi, V., «Luis Buñuel o lo spirito di negazione», *La civiltà cattolica,* núm. 2.995, 1975.
Fernández Santos, Ángel, «La edad del barro», *El País,* 1 diciembre 1983.
Flasher, John, y Radcliff-Umstead, Douglas, «The derisive humor of Luis Buñuel», en *Perspectives in contemporary literature,* vol. VII, USA, 1981.
Fofi, Goffredo, «Buñuel e il sottosviluppo», *Quaderni piacentini,* núm. 22, 1965.

Fofi, Goffredo, "Introduzione a Luis Buñuel", *Sette film,* Turín, Einaudi, 1974.

Frezzato, Achille, «Elementi costanti nella formazione culturale e nell'opera di Luis Buñuel», *Controcampo,* número 9, 1967.

Fuentes, Carlos, prólogo al libro de F. Cesarman *El ojo de Luis Buñuel,* Barcelona, Anagrama, 1976.

Fulchignoni, Enrico, «Appassionante e scettico, l'inafferrabile Buñuel», *Corriere della sera,* 26 mayo 1963.

Furhammar, Leif, «Fragment au Buñuel», *Svenska Dagbladet,* mayo 1966.

García-Abrines, Luis, «Rebirth of Buñuel», *The art of cinema,* Yale French Studies, 1956.

Gardies, René, «L'ouvert et le clos», *La Revue du Cinéma/Image et Son,* núm. 250, 1971.

Genoun, Pierre, «Quotidien et tradition ibériques chez Buñuel», *La Révue du Cinéma/Image et Son,* núm. 250, 1971.

Gerteis, Mario, «Buñuel Rebel», *Filmklub-Cinéclub,* número 24, 1960-61.

Goldmann, Lucien y Annie, «Structures of absence in the films of Godard, Buñuel and Pasolini», *Australian journal of screen,* núm. 1, 1976.

González Ballesteros, Teodoro, «El largo purgatorio de Luis Buñuel con la censura española», *El País,* 20-8-1983.

Gregor, Ulrich, «Buñuel, Prévert und der amerikanische Film», *Filmforum,* núm. 12, 1955.

Gregor, Ulrich, «Luis Buñuel», *Filmkritik,* núm. 4, 1961.

Haudiquet, Philippe, «Pour saluer Buñuel», *La cinématographie française,* núm. 3, 1964.

Hell, Henry, «Buñuel, le plus violent des metteurs en scène, est un homme simple qui n'aime pas le films noirs», *Arts,* 9 junio 1954.

Hogue, P., «The commercial life of Luis Buñuel», *M'tone News,* núm. 51, 1976.

Hollmann, Reimar, «Der mibverstandene Romantiker», *Film (Velber),* núm. 6, 1965.

Juktevic, S., «Ein realist streng und mitleidlos», *Film und Fernesehen,* núm. 2, 1980.

Juktevic, S., «Opyt o Burzua», *Iskusstvo Kino,* Moscú, número 11, 1973.

Kast, Pierre, «À la recherche de Luis Buñuel», *Cahiers du Cinéma,* núm. 7, 1951.

KAST, PIERRE, «Une fonction de constat. Notes sur l'oeuvre de Buñuel», *Cahiers du Cinéma,* núm. 7, 1951.

KNIGHT, ARTHUR, «The films of Luis Buñuel», *Saturday Review,* julio 1954.

KOCHENRATH, HANS-PETER, «Satanische Elementen bei Luis Buñuel», *Filmstudio,* núm. 55, Frankfurt, 1968.

KOCK, V., «Mladi Buñuel», *Ekran,* núms. 5-6, 1979.

KOTULLA, THEODOR, «Verbrecher und Heiliger bei Buñuel», *Filmkritik,* núm. 6, 1968.

KRAUTZ, ALFRED, «Zu einigen gesellschaftskritischen Aspekten in Luis Buñuel schaffen, *Film - Wissenschaftliche Mitteilungen,* núm. 3, Berlín DDR, 1963.

KYROU, ADO, «La grande tendresse de Luis Buñuel», *Positif,* núm. 10, 1954.

KYROU, ADO, «Un itinéraire exemplaire», *L'Avant-Scène du Cinéma,* núms. 27-28, 1963.

LACLOS, MICHEL, «L'homme à scandale du cinéma», *Télémagazine,* octubre 1961.

LANGE, HARTMUT, «Buñuel, die Blüte des Spatbrgerlichen Films, en Die Revolution als Geisterschiff», Rowohlt, Reinbek, 1973.

LAUDE, ANDRÉ, «Le Vatican contre Buñuel», *France-Observateur,* julio 1961.

LEUTENEGGER, MAX, y GERTEIS, MARIO, «Die Revolte gegen ein standardisiertes soziales Brwusstsein», *Filmklub-Cinéclub,* núm. 24, 1960-61.

MADSEN, AXEL, «Jag filmar, ser, konstaterar», *Chaplin,* número 120, 1973.

MARCABRU, PIERRE, «Un Espagnol nommé Buñuel», *Allons au cinéma,* París, Gallimard, París, 1964.

MARTIN, MARCEL, «L'oeuvre de Luis Buñuel», *L'Avant-Scène du Cinéma,* núm. 36, 1964.

MAURIAC, CLAUDE, «Buñuel d'hier et d'aujourd'hui», *Le Figaro Littéraire,* 3 diciembre 1960.

MICHEL, MANUEL, «L'homme sans chaines», *Cinéma 61,* enero 1961.

MICHEL, MANUEL, «Voix Off: Luis Buñuel»,*Cinéma 61,* núms. 94-95, 1965.

MONTEZUMA DE LA VILLA, «La crítica perdurable», *Cine,* número 19, 1979.

MORANDINI, MORANDO, «Luis Buñuel, le idee e le ossessioni di un anarchico visionario», *Film 1962,* Milán, Feltrinelli, 1962.

Mortimer, Roger, «Buñuel, Sáenz de Heredia and Filmófono», *Sight and Sound,* núm. 3, 1975.

Murray, S., «Erotic moments in the films of Luis Buñuel», *Cinema Papers,* julio 1974.

Oms, Marcel (Ed.), «Mémorial pour Don Luis», *Les Cahiers de la cinémathèque,* núms. 38-39, 1984.

Oms, Marcel, «La terre de la mort sans yeux», *Positif,* número 42, 1961.

Parrag, L., «Buñuel problémavilàga», *Filmkultura,* núm. 6, 1979.

Patalas, Enno, «Wien: Gluck mit Buñuel», *Filmkritik,* número 5, 1969.

Paz, Octavio, «El cine filosófico de Luis Buñuel», *Opus International,* núms. 19-20, 1970. Recogido en *La búsqueda del comienzo,* Madrid, Fundamentos, 1974.

Paz, Octavio, «Le poète Buñuel», *L'Âge du Cinéma,* núm. 3, 1951.

Peña, José, y Salachas, Gilbert, «Luis Buñuel», *Téléciné,* agosto-septiembre 1962.

Peret, Benjamin, «L'oeuvre cruelle et révoltée de Luis Buñuel», *Arts,* París, 23-8-1952.

Philippe, Jean-Claude, «Luis Buñuel du Chien andalou à Nazarín», *Télérama,* 18 diciembre 1960.

Ponzi, Maurizio, «Diari di Luis Buñuel», *Filmcritica,* número 146, 1964.

Poulle, François, «Buñuel: la rhétorique comme plaisir», *Jeune Cinéma,* núm. 154, 1983.

Rambaud, Charles, «Luis Buñuel», *L'écran et la vie,* núm. 10, 1962.

Richardson, Tony, «The films of Luis Buñuel», *Saturday Review,* julio 1954.

Riera, Emilio G., «The eternal rebellion of Luis Buñuel», *Film Culture,* núm. 21, 1960.

Risi, Nelo, «Buñuel o il sogno della ragione», *L'Europa letteraria,* núms. 15-16, 1962.

Rodríguez Monegal, Emir, «El mito Buñuel», *Tiempo de cine,* núms. 14-15, Buenos Aires, 1963.

Rondolino, Gianni, «Luis Buñuel, un pagano del XX secolo», *Filmselezione,* núms. 13-14, 1962.

Roos, Hans-Dieter, «Das Rätsel Buñuel. Leben und Werk des Regisseurs», *Die kleine Filmkunstreihe,* núm. 18, 1961.

Rufus, Segar, *Buñuel, reality and illusion, Anarchy,* número 6, 1958.

Sadoul, Georges, «Hommage à Buñuel», *Les Lettres Françaises,* 17 mayo 1956.

Sadoul, Georges, «Mon ami Buñuel», *L'Écran Français,* diciembre 1951.

Sanz de Soto, Emilio, «Divagaciones con Luis Buñuel al fondo», *El País,* 22-2-1983.

Schlappner, Martin, «Luis Buñuel - ein christliches Argernis», *Film (Velber),* núm. 5, 1965; también en *Filme und ihre Regisseure,* Berna-Stuttgart, Hurber, 1967.

Schmidt, Dietmar, «Buñuel und die Christen», *Kirche und Film,* núm. 4, 1966.

Seguin, Louis, «En attendant Buñuel», *Positif,* núm. 47, 1962.

Siljunas, V., «Smeh i otcajanie Luisa Buñjuelia», *Iskusstvo,* número 5, 1982.

Sorgi, Claudio, «Marxismo, surrealismo e cattolicesimo in tre film di Luis Buñuel», *Rivista del Cinematografo,* 5 mayo 1969.

Thirard, Paul Louis, «Buñuel e la religione», *Quaderni piacentini,* núm. 22, 1965.

Thurley, Geoffrey, «Give: Sympathize: Control: Bergman-Bresson-Buñuel», *Motion,* núm. 6, 1963.

Tinazzi, Giorgio, «Buñuel: dal fascino al desiderio», *Cinema e Cinema,* núm. 15, 1978.

Trebouta, Jacques, «Une scandaleuse tendresse», *Cinéma 56,* núm. 13, 1956.

Truffaut, François, «Buñuel le Constructeur» (Cineclub de la Victorine, 1971), en *Les Films de ma vie,* París, Flammarion, París, 1975.

Velázquez, J. Ignacio, «Buñuel y la imaginación como ética», *Ínsula,* núm. 430, septiembre 1982.

Weiss, Peter, «El cine de Luis Buñuel», *Índice,* núm. 256, 15 octubre 1969.

Weiss, Peter, «Luis Buñuel», *Filmkritik,* núm. 6, 1981.

Young, Vernon, «Buñuel and Antonioni», *The Hudson Review,* núm. 2, 1962.

B. 4.   *Artículos sobre periodos o películas concretas*

4. 1.   Del Surrealismo a Filmófono (1928-1936)

AA. VV., «Le cinéma des surréalistes», *Les Cahiers de la Cinématheque,* núms. 30-31, 1980.
AA. VV., «Le Surréalisme», *Ciné-Club,* núm. 1, 1948.
AA. VV., «Special Surréalisme», *L'Age du Cinéma,* núm. 4-5, 1951.

AA. VV., «Surréalisme et cinéma», *Jeune Cinéma,* núm. 134, 1981.
AA. VV., Manifiesto de los surrealistas a propósito de *L'Age d'Or,* 1931 (reproducido en *L'Avant-Scène du Cinéma,* núms. 27-28, 1963. Nadeau, Maurice, *Histoire du Surréalisme,* París, Seuil, 1964; falta en la edición de Barcelona, Ariel, 1972, (que carece del apéndice documental original).
Adams Sitney, Paul, «Cinéma graphique et cinéma subjectif», en *Cinéma dadaiste et surréaliste,* París, Museo Nacional de Arte Moderno, 1976.
Aranda, J. F., «Buñuel espagnol», Cinéma 57, núm. 23, 1957.
Aranda, José Francisco, *Cinema de vanguardia en España,* Lisboa, Guimaraes, 1953.
Arconada, César M., «Luis Buñuel y Las Hurdes», *Nuestro Cinema,* núm. 2, 2.ª época, febrero 1935.
Aron Robert, «Films de révolte», *La Revue du Cinéma,* 15 noviembre 1929.
Baer, Volker, «L'Age d'Or», *Der Fagesspiegel,* 7 enero 1971.
Bernardi, Auro, *L'arte dello scandalo (L'age d'or di Luis Buñuel),* Bari, Dedalo, 1984.
Bertetto, Paolo, *Il cinema d'avanguardia,1910-1930,* Venecia, Marsilio, 1983.
Bodin, Richard Pierre, «L'Age d'Or», *Le Figaro,* 7 diciembre 1930.
Brochier, Jean Jacques, «L'Age d'Or», en *Dossiers du Cinéma/ Films I,* París, Casterman, 1971.
Brunius, Jacques B., «Un chien andalou», *La Revue du Cinéma,* 15 octubre 1929.
Castro, Antonio, «La edad de oro», *Dirigido por,* núm. 54, mayo 1978.
Causas, Víctor, «Las Hurdes: Tierra sin pan», *Cine Cubano,* núms. 78-80, 1972-73.
Chavance Louis, «Les influences de L'Age d'Or», *La Revue du Cinéma,* 1 febrero 1931.
Company, Juan M. y Pérez Perucha, J., «Dalí y el cine. Luis Buñuel», *Contracampo,* núm. 33, verano-otoño 1983.
Coulteray, Georges de, Le Sadisme au cinema, París, Le Terrair Vague, 1964.
Dalí, Salvador, «Comments on the making of *Un Chien andalou»*, *Cinemages,* núm. 1, Nueva York, 1955.
Dreyfus, Jean-Paul, «L'Age d'Or», *La Revue du Cinéma,* diciembre 1930.
Feldmann, Sebastian, «Auf Wiedersehen du Hund. Neue Zügange zu Buñuels Frühwerk», *Filmkorrespondenz,* número 1, 1975.

FERRERO, ADELIO, «La rivoluzione surrealista e il primo Buñuel», F.A. (Ed.), *Storia del cinema,* vol. I., Venecia, Marsilio, 1978.

FERRERO, ADELIO, «Le avanguardie francesi (1910-1930): dal mito del "film senza soggetto" al cinema dell'immaginario», en AA. VV., *Cinema e industria culturale (dalle origini agli anni trenta),* Roma, Bulzoni, 1980.

FORTINI, FRANCO, *Il movimento surrealista,* [trad. esp. *El movimiento surrealista,* UTHEHA, México, 1962].

FUENTES, VÍCTOR, «Buñuel y las vanguardias», *Revista de Bellas Artes,* enero 1983.

GOULD, MICHAEL, «Luis Buñuel», en *Surrealism and the cinema,* Londres, The Tantivy Press, 1976.

HAREDURT, PETER, «Luis Buñuel: Spaniard and Surrealist», en *Six european directors,* Londres, Penguin Books, 1974.

KOCK, V., «Buñuel and realist», *Ekran,* núms. 7-8, 1979.

KOVACS, YVES (Ed.), «Surréalisme et Cinéma», vol. I-II, núms. 38-39 y núms. 40-42, *Études Cinématographiques,* París, 1965.

KRAL, PETER, «L'Age d'or aujourd'hui», *Positif,* núm. 247, 1981.

KUROWSKI, ULRICH, «Surrealismus», en *Lexicon Film,* Hanser, Munich, 1972.

KYROU, ADO, «L'Age d'Or, centre et tremplin du cinéma surréaliste», *L'Age du Cinéma,* núms. 4-5, 1951.

KYROU, ADO, «Luis Buñuel», en *Le surréalisme au cinema,* París, Arcanes, 1953.

LARREA, JUAN, «Ilegible hijo de flauta. Complementos circunstanciales», México, *Vuelta,* núm. 40, marzo 1980.

LARREA, JUAN, Del Surrealismo a Machupichu, México, J. Mortiz, 1967.

LAURENT, FRANÇOIS, «Las Hurdes», *Image et Son,* núm. 77, 1954.

LEHNER, GEORG, «L'Age d'Or», *Suddeutsche Zeitung,* 3 agosto 1970.

LERG, WINFRIED B., «Vivisektion des Auges», *Filmforum,* números 8-9, 1960.

«Les inédits de Buñuel», *Positif,* núm. 75, 1966.

MAGNY, NÖEL, «L'Age d'or», *Cinéma 81,* núms. 271-272, 1981.

MALERBA, LUIGI, «Un Chien andalou», *Cinema,* núm. 19, 1949.

MARESCHAL, GILBERT, «Le rasoir émoussé», *Film Klub-Ciné-Club,* núm. 12, Zurich-Ginebra, 1957-58.

MARINERO, «Un chien andalou», *Film Ideal,* núm. 208, 1969.

MARROQUÍN, FRANCISCO, «La pantalla» y «El telón» (artículos publicados en 1934 en *ABC* y recogidos en libro en Madrid, Ed. Cénit, 1935).

MARTIN, MARCEL, «L'Age d'Or», *Cinéma 61,* núm. 59, 1961.

MARTIN, MARCEL, «Las Hurdes», *Les Lettres Françaises,* número 910, 1962.
MILANI, RAFFAELLE, *Tendenze dell'avanguardia cinematografica,* Centro Cinema Cittá di Cesena, 1981.
MILLER, HENRY, «Divine orgie», *The new Review,* París, Putnam, 1931.
MILLER, HENRY, «The Golden Age», en *The Cosmological Eye,* Nueva York, New Directions, 1939.
MITRY, JEAN, *Le cinéma experimental,* París, Seghers, 1974.
MONDRAGON, «Comment j'ai compris Un Chien andalou», *Ciné-Club,* núms. 8-9, 1949.
MONTERDE, J. E., y RIAMBAU, E., «Cine y surrealismo», en *Dirigido por,* núm. 64, junio, 1979.
MORRIS, C. B. Morris, *Surrealism and Spain,* 1920-1936, Cambridge University Press, 1972.
MORRIS, C. B., *The Dream-House (Silent films and Spanish poets),* University of Hull, 1977.
MORRIS, C. B., *This Loving Darkness. The Cinema and Spanish Writers,* 1920-1936, Hull-Oxford University Press, 1980.
MOUSSINAC, LÉON, «L'Age d'Or», *L'Humanité,* 7 diciembre 1930.
MOUSSMAN, TOBY, «Early Surrealist Expression in the Film», *Film Culture,* núm. 41, 1962.
NAU, PETER, «Das goldene Zeitalter des Tonfilms», *Filmkritik,* núm. 6, 1971.
OMS, MARCEL, «Las Hurdes», *L'Avant-Scène du Cinéma,* número 36, 1964.
PAOLELLA, ROBERTO, «Il film maledetto, L'Age d'Or: Luis Buñuel», *Filmcritica,* núm. 146, 1964.
PIAZZA, FRANÇOIS, «Considérations psychanalitiques sur le Chien andalou», *Psyché,* enero-febrero 1949.
PLUTA, EKKEHARD, «L'Age d'Or», *Fernsehen und Film,* número 3, 1971.
REJAC, PAUL, «L'Age d'Or», *Cinémonde,* 11 diciembre 1930.
RONDOLINO, GIANNI, *L'occhio tagliato,* Turín, Martano, 1972.
ROTELLAR, MANUEL, «Buñuel», en *Filmófono,* «Andalán», Zaragoza, núms. 286, 289 y 291, septiembre y octubre 1980.
ROTELLAR, MANUEL, "El cine español de Luis Buñuel", en *Aragón en el cine,* Ayuntamiento de Zaragoza, 1973.
SABARDELLA, AMERICO, *Il surrealismo e il cinema,* Roma, Filmstudio, 1985.
SÁNCHEZ VIDAL, AGUSTÍN, *Ecología de algunos temas surrealistas, Cruz Ansata,* Puerto Rico, Universidad Central de Bayamon, 1981.

SÁNCHEZ VIDAL, AGUSTÍN, «Dalí y el cine», *Primer Plano,* núm. 2, Madrid, diciembre 1988.
SÁNCHEZ VIDAL, AGUSTÍN, «El cine de los surrealistas españoles», Madrid, *Ínsula,* núm. 515, noviembre 1989.
SÁNCHEZ VIDAL, AGUSTÍN, «Sobre perros y burros andaluces», *El Día de Aragón,* 14 junio 1984.
SÁNCHEZ VIDAL, AGUSTÍN, "Cine surrealista español: la búsqueda de una concreción", *Surrealismo, el ojo soluble,* Revista «Litoral», Málaga, 1987, págs. 89-99.
SÁNCHEZ VIDAL, AGUSTÍN, "De Su Majestad el Yo al éxtasis de los objetos", en V. G. DE LA CONCHA (Ed.), *El surrealismo,* Madrid, Taurus, 1982.
SÁNCHEZ VIDAL, AGUSTÍN, "Dubbi e certezze intorno al cinema surrealista spagnolo", págs. 215-227 de *Trent'anni di avanguardia spagnola,* a cargo de Gabriele Morelli, Milán, Jaca Book, 1987.
SÁNCHEZ VIDAL, AGUSTÍN, "El viaje a la Luna de un perro andaluz", págs. 141-163 en *Valoración actual de la obra de García Lorca/ Lectures actuelles de García Lorca,* Coloquio Hispano-Francés, Madrid, Casa de Velázquez, Universidad Complutense, 1988.
SÁNCHEZ VIDAL, AGUSTÍN, "La cultura española de vanguardia", págs. 42-54 y 54-61 de *Spanish Masterpieces of the 20th Century,* Tokio, Museo Seibu de Arte, 1989.
SÁNCHEZ VIDAL, AGUSTÍN, "Sobre un ángel exterminador", en VÍCTOR G. DE LA CONCHA (Ed.), *El surrealismo,* Madrid, Taurus, 1982.
SCHEUGL, HANS, y SCHMIDT, ERNST JR., «Surrealismus», en *Eine Subgeschichte des Films. Lexicon der Avantgarde, Esperimental und Undergroundfilms,* Frankfurt, Suhrkamp, 1974.
SORIANO, MARC, «Le Surréalisme au cinéma», *Formes et couleurs,* núm. 6, 1946.
SPITZ, JACQUES, «La poésie au cinéma», *La Revue du Cinéma,* 1 enero 1931.
STAUFFACHER, FRANK, «Notes on the making of Un chien andalou», *Cinema,* San Francisco, Museo de Arte Moderno, 1947.
TALENS, JENARO, *El ojo tachado. Lectura de «Un chien andalou» de Luis Buñuel,* Madrid, Cátedra, 1986.
TONI, SANDRO, «Metafora e mistero (La poetica di Luis Buñuel)», en Anceschi Luciano (Ed.), *L'idea di teatro e la crisi del naturalismo,* Bolonia, Calderini, 1971.
TROIANO, FELICE, «Surrealismo e psicanalisi nelle prime opere di

Buñuel», Universidad de Parma, Centro Studi e Archivio delle Comunicazioni, *Quaderni di Storia dell'Arte,* número 13, 1983.
VERDONE, MARIO (Ed.), *Poemi e scenari cinematografici d'avanguardia,* Roma, Officina, 1975.
VERDONE, MARIO, *Le avanguardie storiche del cinema,* Turín, SEI, 1977.
VIRMAUX, ALAIN Y ODETTE, «Les surrealistes et le cinéma», París, Seghers, 1975.
WEISS, PETER, «Avantgarder Film», *Akzente,* núm. 2, Munich, 1962.
ZURBUCH, WERNER, «Das Wunderbare in Phantastichen», *Faz,* 29 abril 1972.

4. 2. Buñuel en México (1945-1955)

AA. VV., *Catálogo de la exposición El exilio español en México,* Madrid, Ministerio de Cultura, 1983.
AA. VV., *Positif,* núm. 10, 1954.
ANDERSON, LINDSAY, «Las aventuras de Robinson Crusoe», *Sight and Sound,* núm. 2, 1954.
ARANDA, J. F., «Altolaguirre y el cine», *Ínsula,* Madrid, núm. 154 (1959), pág. 11.
ARISTARCO, GUIDO, «Le allegre vacanze di Monsieur Cocteau», *Cinema Nuovo,* núm. 11, 1953.
BARNES, PETER, «El bruto», *Films and Filming,* núm. 8, 1955.
BAZIN, ANDRÉ, «Los Olvidados», *Esprit,* 15 enero 1952; también en *Qu'est-ce que le cinéma,* vol.3, París, Ed. du Cerf, 1961.
BENAYOUN, ROBERT; CIMENT, MICHEL, y DEMEURE, JACQUES, «Les inédits de Luis Buñuel», *Positif,* núm. 75, 1966.
BOLDUC, ALBERT, «Subida al cielo», *Positif,* núm. 4, 1952.
BORAU, JOSÉ LUIS, «Robinson Crusoe», *Heraldo de Aragón,* 28 junio 1955.
BRUNO, EDOARDO, «Buñuel al di là dell'apparenza», *Filmcritica,* núm. 146, 1964.
BRUNO, EDOARDO, «El río y la muerte», *Filmcritica,* núms. 39-40, 1954.
BRUNO, EDOARDO, «Le avventure di Robinson Crusoe», *Filmcritica,* núms. 39-40, 1954.
CALVINO, ITALO, «Gli amori difficili dei romanzi con i film», *Cinema Nuovo,* núm. 43, 1954.
CASTELLO, GIULIO CESARE, «Venezia ha bisogno del bisturi. I film della XV Mostra», *Cinema,* serie tercera, núm. 141, 1954.

CATTIVELLI, GIULIO, *Cinema Nuovo*, núm. 174, 1965.
CEGRETIN, M., «Los Olvidados», *Image et Son*, núms. 153-154, 1962.
CHABOUD, CHARLES (Ed.), «Buñuel et le nouveau cinéma mexicain», *Positif*, núm. 74, 1966; también en *Filmkritik*, número 6, 1966.
CHARDERE, BERNARD, «Los Olvidados», *Positif*, núm. 1, 1952.
CHELLI, NINO, «El bruto», *Bianco e nero*, núm. 10, 1956.
CHEVALLIER, JACQUES, «Las aventuras de Robinson Crusoe», *Image et Son*, núm. 77, 1954.
CHIARINI, LUIGI, «La Mostra di Venezia (Cronaca e appunti)», *Rivista del cinema italiano*, núms. 8-9, 1954.
CIACCIO, G., *Rivista del cinematografo*, núm. 11, 1964.
CIMENT, MICHEL, «Abismos de pasión», *Positif*, núm. 56, 1963.
CORNAIRE, PIERRE, «À propos de Él», *Philm*, marzo 1954.
DELMAS, JEAN, «Buñuel, le Mexicain», *Jeune Cinéma*, número 12, 1966.
DEMONSABLON, PHILIPPE, *Cahiers du Cinéma*, núm. 76, 1957.
DI GIAMMATTEO, FERNANDO, Pagato a Hiroshima il salario della paura», *La rassegna del film*, mayo 1953.
DONIOL-VALCROZE, JACQUES, «Fiers comme des hommes (Las aventuras de Robinson Crusoe)», *Cahiers du Cinéma*, núm. 38, 1954.
DONIOL-VALCROZE, JACQUES, «Par de lá la victime (Los Olvidados)», *Cahiers du Cinéma*, núm. 7, 1951.
DONIOL-VALCROZE, JACQUES, *Cahiers du Cinéma*, núm. 37, 1954.
DONIOL-VALCROZE, JACQUES, La foi qui sauve (Los Olvidados), "Cahiers du Cinéma", núm. 13, 1952.
DORSDAY, MICHEL, «Dialogue (El bruto)», *Cahiers du Cinéma*, núm. 28, 1953.
DORSDAY, MICHEL, «Ou révolutionnaire ou moraliste», *Cahiers du Cinéma*, núm. 37, 1954.
DORSDAY, MICHEL, «Soleils de Buñuel», *Cahiers du Cinéma*, núm. 20, 1953.
DORSDAY, MICHEL, Susana, *Cahiers du Cinéma*, núm. 20, 1953.
DURAND, PHILIPPE, «Lettre d'une Espagne à retrouver», *Image et Son*, núm. 157, 1960.
DURGNAT, RAYMOND, *Films and Filming*, núm. 7, 1962.
EDER, KLAUS, «Subida al cielo», *Fernsehen und Film*, número 3, 1971.
FIESCHI, JEAN-ANDRÉ, «L'ange et la bête», *Cahiers du Cinéma*, núm. 176, 1966.

GARCÍA-RIERA, EMILIO, «Historia documental del cine mexicano», vol. III-IV-V, México, Era, 1971-72-73.
GOZLAND, GÉRARD, «Los Olvidados», *Les Lettres Françaises,* número 853, 1960.
GRAFE, FRIEDA, *Filmkritik,* núm. 7, 1970.
KYROU, ADO, *Bizarre,* núm. 1, 1953.
KYROU, ADO, *Filmcritica,* núm. 30, 1953.
LAMBERT, GAVIN, «El bruto», *Monthly Film Bulletin,* número 256, 1955.
LAURA, ERNESTO G., *Bianco e nero,* núms. 11-12, 1964.
LEFÈVRE, RAYMOND, *Image et Son,* núm. 187, 1965.
LO DUCA, «Le film justifie les moyens (Los Olvidados)», *Cahiers du Cinéma,* núm. 7, 1951.
MABIRE, MARTINE, «Los Olvidados», *Idhec-Fiche,* núm. 168, 1953.
MADDISON, JOHN, «Los Olvidados», *Sight and Sound,* número 4, 1952.
MAGNAN, HENRI, *Les Lettres Françaises,* núm. 690, 1957.
MARDORE, MICHEL, «Le parano a de l'humeur», *Le Nouvel Observateur,* 29-6-1984.
MARINERO, *Film Ideal,* núms. 205-207, 1969.
MARTIN, MARCEL, «Abismos de pasión», *Cinéma 63,* núm. 79, 1963.
MARTIN, MARCEL, «Los Olvidados», *Cinéma,* núm. 65, 1962.
MAURIAC, CLAUDE, «Buñuel et la liberté de création (Los Olvidados)», *Le Figaro littéraire,* 7 enero 1961.
MICCICHÉ, LINO, «Trasgressione e esasperazione nel Buñuel messicano», *Cinema e Cinema,* núm. 4, 1975.
MICHEL, MANUEL, «Mexican Cinema. A Panoramic View», *Film Quarterly,* núm. 4, 1965; también en *Filmstudio,* número 51, 1966.
MILNE, TOM, «The Mexican Buñuel», *Sight and Sound,* núm. 1, 1965-66.
MILNE, TOM, *Monthly Film Bulletin,* núm. 409, 1968.
OLIVER, «Los olvidados», *Film Ideal,* núms. 205-207, 1969.
PATALAS, ENNO, «Subida al cielo», *Filmkritik,* núm. 2, 1971.
PATALAS, ENNO, *Filmkritik,* núm. 8, 1961.
PAZ, OCTAVIO, «Cannes 1951. Los olvidados», *El País,* 29 septiembre 1983.
PAZ, OCTAVIO, «Los Olvidados», *L'Age du Cinéma,* núm. 3, 1951 (recogido en Las peras del olmo).
PÉREZ TURRENT, TOMÁS, «Buñuel ante el cine mexicano», *Revista de la Universidad de México,* junio 1972.
PIALAT, HENRI, «Los Olvidados», *Téléciné,* núm. 31, 1952.

Ramírez, Juan Antonio, "Dalí: lo crudo y lo podrido, el cuerpo desgarrado y la matanza", *La balsa de la Medusa,* número 12, 1989.

Rubia Barcia, José, «Luis Buñuel's Los Olvidados», *The Quarterly of Film, Radio and Television,* núm. 4, 1953.

Sadoul, Georges, «Cruauté, tendresse, pitié (Los Olvidados)», *Les Lettres Françaises,* 22 noviembre 1951.

Sánchez Vidal, Agustín, «Juan Larrea y Luis Buñuel: convergencias y divergencias en torno a Ilegible, hijo de flauta», págs. 121-145 de *Al amor de Larrea,* (J. M. Díaz de Guereñu Ed.), Valencia, Editorial Pretextos, 1985.

Sánchez Vidal, Agustín, «Los exilios de Luis Buñuel», págs. 151-165 de *Destierros aragoneses,* Zaragoza, Institución Fernando el Católico, 1988.

Sánchez Vidal, Agustín, *El Día de Aragón,* 9 febrero 1984.

Seguin, Louis, *Positif,* núm. 26, 1958.

Semolue, Jean, «La tragique dans Los Olvidados», *Études Cinématographiques,* núms. 22-23, París, primavera 1963.

Silberman, Jean-Claude, *L'Écran,* enero 1958.

Tinazzi, Gianfranco, «L'approccio brechtiano nel periodo dei film messicani», *Cinema Nuovo,* núm. 227, 1974.

Tranchant, François, *Image et Son,* núm. 106, 1957.

Trebouta, Jacques, *Cinéma 57,* núm. 22, 1957.

Valobra, Franco, *Cinema 60,* núm. 46, 1964.

Vas, Robert, *Monthly Film Bulletin,* núm. 323, 1960.

Weyergans, François, «Abismos de pasión», *Cahiers du Cinéma,* núm. 146, 1963.

Wright, Basil, *Sight and Sound,* núm. 2, 1955.

4. 3.   Francia-México-España (1955-1965)

«Cela s'appelle l'aurore»

Borde, Raymond, *Carré rouge,* núm. 4, 1958.

Doniol-Valcroze, Jacques, *France-Observateur,* núm. 514, 1956.

E. B., *Filmcritica,* núm. 67, junio 1957.

Labarthe, André, «Seul le cristal», *Cahiers du Cinéma,* número 60. 1956.

Morandini, Morando, *Bianco e nero,* núm. 9, 1957.

Rohmer, Eric, *Arts,* núm. 568, 1956.

Sadoul, Georges, «Hommage à Buñuel», *Les Lettres Françaises,* núm. 620, 1956.

Seguin, Louis, *Positif,* núm. 16, 1956.
Seguin, Louis, *Positif,* núm. 17, 1956.
Trebouta, Jacques, *Image et Son,* núm. 101, 1957.

«La mort en ce jardin»

Dyer, Peter John, *Films and Filming,* núm. 3, 1958.
Dyer, Peter John, *Films and Filming,* núm. 3, 1958.
Gobetti, Paolo, *Cinema Nuovo,* núm. 136, 1958.
Kyrou, Ado, *Positif,* diciembre 1956.
Moullet, Luc, *Cahiers du Cinéma,* núm. 64, 1956.
Nidale, B., *Image et Son,* núm. 108, 1958.
Patalas, Enno, *Filmkritik,* núm. 5, 1958.
Sadoul, Georges, *Les Lettres Françaises,* núm. 27, 1956.

«Nazarín»

Aranda, J. F., «La passion selon Buñuel», *Cahiers du Cinéma,* núm. 93, 1959.
Arecco, Sergio, *Filmcritica,* núm. 198, 1969.
Argentieri, Mino, *Cinema 60,* núm. 72, 1969.
Aub, Max, «Galdós et Nazarín», *Les Lettres Françaises,* 15 diciembre 1960.
Benayoun, Robert, «Nazarín ou les points sur les i», *Positif,* núm. 31, 1959.
Carlini, Fabio, «La regola e il mistero», *Cinema e Film,* números 11-12, 1970.
De Baroncelli, Jean, «Le soleil et Buñuel font monter la temperature du Festival de Cannes», *Le Monde,* 13 mayo 1959.
De Baroncelli, Jean, *Le Monde,* 3 diciembre 1960.
Domarchi, Jean, «Nazarín ou Eros contre Christ», *Arts,* 7 diciembre 1960.
Dubreuilh, S., «Nazarín de Luis Buñuel, l'envers du Journal d'un curé de campagne», *La cinématographie française,* 11 mayo 1959.
Esteve, Michel, «Nazarín et le Journal d'un curé de campagne: La passion refusée et inaceptée», *Études cinématographiques,* núms. 10-11, 1961.
Ferrero, Adelio, *Cinema Nuovo,* núm. 201, 1969.
Flipo, R. P., «La gloire de Dieu c'est l'homme vivant», *La cinématographie française,* 14 mayo 1959.
Fofi, Goffredo, «La prigione cristiana», *Ombre rosse,* serie primera, núm. 7, 1969.

GAUTHIER, GUY, *Image et Son*, núm. 157, 1962.
GILSON, RENÉ, «L'Évangile selon Saint Luis», *France-Observateur*, 1 diciembre 1960.
GOW, GORDON, *Films and Filming*, núm. 1, 1963.
GOZLAN, GÉRARD, «Les lettres du générique sont en forme de croix», *Positif*, núm. 42, 1961.
KOTULLA, THEODOR, *Filmkritik*, núm. 6, 1965.
LABARTHE, ANDRÉ, «Un deséspoir actif», *Cahiers du Cinéma*, núm. 115, 1961.
LACHIZE, SAMUEL, «Encore un film à controverse», *L'Humanité*, 12 mayo 1959.
LAMBERT, GAVIN, *Film Quarterly*, núm. 3, 1960.
LAURA, ERNESTO G., «Cannes'59», *Bianco e nero*, núm. 6, 1959.
LEFÈVRE, RAYMOND, *Image et Son*, núm. 138, 1961.
MARTIN, MARCEL, *Cinéma 61*, núm. 52, 1961.
MAURIAC, CLAUDE, «Buñuel d'hier et d'aujourd'hui», *Le Figaro Littéraire*, 3 diciembre 1960.
MILNE, TOM, *Monthly Film Bulletin*, núm. 357, 1963.
NOWELL-SMITH, GEOFFREY, *Sight and Sound*, núm. 4, 1963.
PAZ, OCTAVIO, «Dans la grande tradition des fous espagnols», *Les Lettres Françaises*, 24 noviembre 1959.
PAZ, OCTAVIO, *Film Culture*, núm. 21, 1960.
PHILIPPE, JEAN-CLAUDE, y SALACHAS, GILBERT, *Téléciné*, número 96, 1961.
RUF, WOLFGANG, *Film*, núm. 4, 1970.
SADOUL, GEORGES, «Un nouveau Don Quichotte», *Les Lettres Françaises*, 15 diciembre 1960.
SÁNCHEZ VIDAL, AGUSTÍN, *El Día de Aragón*, 16 febrero 1984.
THIRARD, P.; SEGUIN, L.; MARTIN, M., y KYROU, A., «Sur Nazarín», *Positif*, núm. 33, 1960.
TOROK, JEAN-PAUL, *Positif*, núm. 38, 1961.

«La fièvre monte à El Pao»

ARGENTIERI, MINO, *Vie nuove*, 15 julio 1961.
AUBRIANT, MICHEL, *Paris-Presse*, 9 enero 1960.
BARNES, PETER, *Films and Filming*, núm. 11, 1960.
BRUNO, EDOARDO, *Filmcritica*, núm. 111, julio 1961.
CAPDENAC, MICHEL, *Les Lettres Françaises*, núm. 807, 1960.
DE BARONCELLI, JEAN, *Le Monde*, 8 enero 1960.
DONIOL-VALCROZE, JEAN, *France-Observateur*, 14 enero 1960.
DYER, PETER JOHN, *Monthly Film Bulletin*, núm. 319, 1960.

Gay-Lussac, Bruno, *L'Express,* 14 enero 1960.
Gozlan, Gérard, *Positif,* núm. 34, 1960.
Lefèvre, Raymond, *Image et Son,* núm. 186, 1965.
Mauriac, Claude, «Un Buñuel sans maléfice», *Le Figaro Littéraire,* 16 enero 1960.
Michel, Jacqueline, *Le Parisien Libéré,* 8 enero 1960.
Moullet, Luc, *Cahiers du Cinéma,* núm. 104, 1960.
Pellizzari, Lorenzo, *Cinema Nuovo,* núm. 158, 1962.
Rocha, Glauber, *Cinéma 68,* 1968, núm. 123, pág. 151.
Sengissen, Paul, «Un essai politique qui emprunte la trame du mélodrame», *Radio-Cinéma- Télévision,* 17 enero 1960.
Tranchant, François, «Cinéma 60», núm. 43, 1960.

«The young one»

Baby, Yvonne, *Le Monde,* 12 julio 1961.
Capdenac, Michel, *Les Lettres Françaises,*. núm. 887, 1961.
Chiantore, Oscar, «Il bianco e il prete», *Ombre rosse,* primera serie, núm. 7, 1969.
Domarchi, Jean, *Cahiers du Cinéma,* núm. 108, 1960.
Douchet, Jean, «Une oeuvre de tendresse humaine», *Arts,* 5 julio 1961.
Fabre, Jacqueline, «Buñuel sans bauvre», *Libération,* 7 mayo 1960.
Farber, Helmut, *Filmkritik,* núm. 3, 1966.
Finetti, Ugo, *Cinema Nuovo,* núm. 195, 1968.
Flacon, Michel, *Cinéma 60,* núm. 47, 1960.
Gregor, Ulrich, *Filmkritik,* núm. 3, 1966.
Humbert, Michel, y Delosne, Daniel, *La Révue du Cinéma/ Image et Son,* núm. 233, 1969.
Laura, Ernesto G., *Bianco e nero,* núms. 5-6, 1960.
Mardore, Michel, *Cinéma 61,* núm. 59, 1961.
Michel, Jacqueline, «Un candidat sérieux à la Palma d'Or», *Le Parisien libéré,* 7 mayo 1960.
Moullet, Luc, *Cahiers du Cinéma,* núm. 123, 1961.
Pogel, Frank, *Jugend Film Fernesehen,* núm. 4, 1968.
Ponzi, Maurizio, «The young one, un film di Buñuel sul problema bianco», *Cinema 60,* núm. 46, 1964.
Quaglietti, Lorenzo, *Cinema 60,* núm. 69, 1968.
Sadoul, Georges, *Les Lettres Françaises,* 12 mayo 1960.
Schober, Siegfried, *Filmkritik,* núm. 7, 1968.
Strick, Philip, *Films and Filming,* núm. 5, 1962.
Von Hengershausen, Joachim, *Film,* núm. 7, 1968.

Weiss, H., *Contrechamp,* núm. 2, 1962.
Zambetti, Sandro, *Rivista del cinematografo,* núm. 11, 1968.

«Viridiana»

AA. VV., «Festival di Cannes», *Il nuovo spettatore cinematografico,* núms. 22-23, 1961.
AA. VV., «Mostri o Don Chisciotte?», *Il nuovo spettatore cinematografico,* núm. 2, 1963.
Agel, Henri, «La passion de Christe comme thème cinématographique», *Études cinématographiques,* 1962-63.
Aranda, J. F., «Précision espagnole», en *Viridiana,* Domaine Cinéma, Interspectacles, 1962.
Argentieri, Mino, *Vie Nuove,* 17 junio 1961.
Benayoun, Robert, «Festival», *Positif,* núm. 40, 1961.
Benayoun, Robert, *Positif,* núm. 44, 1962.
Bory, Jean-Louis, *Arts,* 4 abril 1962.
Bruno, Edoardo, *Filmcritica,* núm. 130, enero 1963.
Calendoli, Giovanni, «Cannes'61: gli angeli e i demoni», *Bianco e nero,* núms. 7-8, 1961.
Casiraghi, Ugo, «Cannes, la carne e il diavolo», *Cinema Nuovo,* núm. 151, 1961.
Castro, Antonio, «Viridiana 16 años después», *Dirigido por,* núm. 44, 1977.
Charensol, Georges, *Les Nouvelles Littéraires,* 12 abril 1962.
Chazal, Robert, *France-Soir,* 7 abril 1962.
Ciaccio, Giacinto, *L'Osservatore Romano,* 31 mayo 1961.
Cortade, René, *Le Nouveau Candide,* 5 abril 1962.
De Baroncelli, «Buñuel en liberté», *Le Monde,* 19 mayo 1961.
De Baroncelli, Jean, *Le Monde,* 7 abril 1962.
Douchet, Jean, *Cahiers du Cinéma,* núm. 120, 1961.
Fabre, Jacqueline, «Buñuel et son crucifix à cran d'arrêt», *Libération,* 18 mayo 1961.
Fiddian, Robin y Evans, Peter, *Challenges to Authority: Fiction and Film in Contemporary Spain,* Londres, Tamesis Book, 1988, págs. 61-70.
Finetti, Ugo, «Poesia e umanità in Viridiana di Buñuel», *Cinema Nuovo,* núm. 161, 1963.
Fuentes, Carlos, «Viridiana e i venti anni di oscurità», Cinema Nuovo, núm. 155, 1962.
García Riera, Emilio, *Film Culture,* núm. 24, 1962.
Gergely, François, «Précisions pour servir à l'histoire de Viridiana», en *Viridiana,* Domaine Cinéma, Interspectacles, 1962.

Giroud, François, *L'Express,* 5 abril 1962.
Gregor, Ulrich, *Filmkritik,* núm. 5, 1962.
Hull, David, *Film Quarterly,* núm. 2, 1961-62.
Kauffman, Stanley, *A World on Film,* Nueva York, 1966.
Lefèvre, Raymond, *Image et Son,* núm. 152, 1962.
Lenning, Arthur (Ed.), *Classics of the Film,* Wisconsin Film Society Press, Madison, 1965.
Marcabru, Pierre, *Combat,* 7 y 14 abril 1962.
Mardore, Michel, *Cahiers du Cinéma,* núm. 127, 1962.
Martin, Marcel, *Cinéma 62,* núm. 65, 1962.
Mauriac, Claude, «Du souffet au geste de bénir», *Le Figaro littéraire,* 10 junio 1961.
Mauriac, Claude, *Le Figaro Littéraire,* 21 abril 1962.
Mesnil, Michel, «Viridiana ou le printemps noir de Luis Buñuel», *Esprit,* 1962.
Michel, Jacqueline, «Un film espagnol risque de bouleverser le palmarés», *Le Parisien libéré,* 18 mayo 1961.
Morth, Michel, *Carrefour,* 11 abril 1962.
Peña, José; Salachas, Gilbert, *Téléciné,* núm. 106, 1962.
Puig, Armando, *Les Lettres Françaises,* núm. 868, 1961.
Riccioli, Giovanni, *Cinema 60,* núm. 35, 1963.
Robinson, David, *Sight and Sound,* núm. 3, 1962.
Rossetti, E., «L'importanza di chiamarsi Buñuel», *La fiera del cinema,* núm. 6, 1961.
Rotha, Paul, *Films and Filming,* núm. 9, 1962.
Sadoul, Georges, «Viridiana et quelques autres», en *Viridiana,* Domaine Cinéma, Interspectacles, 1962.
Sadoul, Georges, *Les Lettres Françaises,* 5 abril 1962.
Sadoul, Georges, *Les Lettres Françaises,* 25 mayo 1961.
Sarris, Andrew, «The Devil and the Nun: Viridiana», *Movie,* núm. 1, 1962.
Seguin, Louis, «Viridiana et les critiques», *Positif,* núm. 47, 1962.
Vas, Robert, *Monthly Film Bulletin,* núm. 340, 1962.
Von Cramer, Heinz, «Versuch über die Blasphemie», en Szczesny Gerhard (Ed.), *Klub Voltaire. Jahrbuch für Kritische Aufklarüng 2,* Rowohlt Paper, Munich, 1965.

«El ángel exterminador»

AA. VV., *Il nuovo spettatore cinematografico,* núm. 32, 1962.
ARLORIO, PIERO, y BERTETTO, PAOLO, «La frusta dei filistei», *Ombre rosse,* primera serie, núm. 7, 1969.
BARTHES, ROLAND, «Entrevista con Michel Delahaye y Jacques Rivette», *Contracampo,* núm. 2, mayo 1979.
BENAYOUN, ROBERT, *France-Observateur,* 24 mayo 1962.
BENAYOUN, ROBERT, *Positif,* núm. 47, 1962.
BRUNO, EDOARDO, «La messa di Buñuel», *Filmcritica,* núm. 192, 1968. y en «La chiusura come definizione di spazio in Buñuel», en *Il filme e l'oggetto,* Roma, Bulzoni Editore, 1984.
CASIRAGHI, UGO, *L'Unità,* 17 mayo 1962.
CHAUVET, LOUIS, *Le Figaro Littéraire,* 16 abril 1962.
CHIARETTI, TOMMASO, *Mondo Nuovo,* 4 junio 1962.
DE BARONCELLI, JEAN, *Le Monde,* 4 mayo 1963.
DOUCHET, JEAN, «Cannes'62», *Cahiers du Cinéma,* núm. 132, 1962.
EDER, KLAUS, Der Würgeengel, *Film,* núm. 12, 1966.
FERRINI, FRANCO, «Il mito della fine e la fine del mito», *Cinema e Film,* núms. 7-8, 1969.
FINK, GUIDO, *Cinema Nuovo,* núm. 199, 1969.
FLACON, MICHEL, *Cinéma 63,* núm. 77, 1963.
GAUSSEN, FRÉDÉRIC, *Téléciné,* núm. 112, 1963.
GILLET, JOHN, *Sight and Sound,* verano 1962.
GRAFE, FRIEDA, *Filmkritik,* núm. 3, 1970.
KOTULLA, THEODOR, *Filmkritik,* núm. 11, 1966.
KYROU, ADO, «Buñuel et l'Ange Exterminateur», *Positif,* números 50-51-52, 1963.
LEFÈVRE, RAYMOND, *Image et Son,* núm. 164, 1963.
MARCABRI, PIERRE, *Arts,* 29 mayo 1963.
MARINERO, MANOLO, *Film Ideal,* núm. 209, 1969.
MILNE, TOM, *Monthly Film Bulletin,* núm. 391, 1966.
MORANDINI, MORANDO, «Cannes'62: la parola di Santa Giovanna», *Bianco e nero,* núm. 5, 1962.
MOULLET, LUC, *Cahiers du Cinéma,* núm. 145, 1963.
PAOLELLA, ROBERTO, *Bianco e nero,* núm. 5, 1967.
PURDY, STROTHER, *Film Heritage,* núm. 4, 1968.
RAFFAELLI, SERGIO, *Cineforum,* núm. 79, 1968.
RIAMBAU, ESTEVE, «El ángel exterminador», *Dirigido por,* número 108, 1984.
SADOUL, GEORGES, «Cannes, fiducia alla parola data», *Cinema Nuovo,* núm. 157, 1962.

SADOUL, GEORGES, *Les Lettres Françaises,* núm. 2, 1963.
SÁNCHEZ VIDAL, AGUSTÍN, *Alucinaciones en torno a una mano muerta,* Catálogo de la exposicón *El objeto surrealista,* Museo Provincial de Teruel, 1990.
SÁNCHEZ VIDAL, AGUSTÍN, *El Día de Aragón,* 7 agosto 1983 y 23 febrero 1984.
SCHICKEL, RICHARD, *Second Sight,* Nueva York, 1972.
TAVES, BRIAN, «Whose Hand? Correcting a Buñuel myth», Sight and Sound, Verano 1987, vol. 56, núm. 3, págs. 210-211.
TINAZZI, GIORGIO, *Bianco e nero,* núms. 1-2, 1969.
TORRI, BRUNO, «L'entomologo visionario», *Cinema e Film,* números 7-8, 1969.
TORRI, BRUNO; MANFELLOTTO, B., *Cinema 60,* núm. 70, 1968.

«Le journal d'une femme de chambre»

ARGENTIERI, MINO, *Cinema'60,* núm. 46, 1964.
BENAYOUN, ROBERT, *France-Observateur,* 5 marzo 1964.
BORY, JEAN-LOUIS, *Arts,* 11 marzo 1964.
CHAUVET, LOUIS, *Le Figaro Littéraire,* 6 marzo 1964.
CONRAD, RANDALL, «Diaries of two Chamber-maids», *Film Quarterly,* núm. 2, 1970-71.
DORIGO, FRANCESCO, *Cineforum,* núms. 38-39, 1964.
DURGNAT, RAYMOND, *Films and Filming,* núm. 1, 1965.
FERRERO, ADELIO, *Cinema Nuovo,* núm. 172, 1964.
GRAZZINI, GIOVANNI, «Karlovy Vary: un globo per i Cechi», *Bianco e nero,* núms. 8-9, 1964.
KYROU, ADO, *Positif,* núm. 60, 1964.
MAQUA, JAVIER, *Film Ideal,* núm. 209, 1969.
MARTIN, MARCEL, «Celà s'appelle le crépuscule», en *Le journal d'une femme de chambre,* París, Seuil, 1971.
MARTIN, MARCEL, *Cinéma 64,* núm. 85, 1964.
MAURIAC, CLAUDE, *Le Figaro Littéraire,* 11 marzo 1964.
MERCIER, MARIE-CLAUDE, *Image et Son,* núm. 259, 1972.
MILNE, TOM, «The two Chamber-maids», *Sight and Sound,* número 4, 1964.
MOHRT, MICHEL, *Carrefour,* 11 marzo 1964.
PONZI, MAURIZIO, *Filmcritica,* núm. 130, junio 1964.
RIPKENS, MARTIN, *Filmkritik,* núm. 9, 1964.
SADOUL, GEORGES, *Les Lettres Françaises,* 5 marzo 1964.
SCHMIDT, ECKART, *Film,* núm. 10, 1964.
TARARE, CLAUDE, *L'Express,* 11 marzo 1964.

Torok, Jean Paule, «Les bottines de Buñuel», *Positif,* núm. 58, 1964.
Turconi, G., *Primi Piani,* núms. 9-10, 1964.

«Simón del desierto»

Abruzzese, Alberto, Dreyer e Buñuel, *Cinema 60,* núm. 56, 1966.
Baby, Yvonne, *Le Monde,* 29-30 agosto 1965.
Baker, Peter, *Films and Filming,* núm. 2, 1965.
Billard, Pierre, *Cinéma 65,* núm. 99, 1965.
Bory, Jean-Louis, *Le Nouvel Observateur,* 24 marzo 1969.
Bruno, Edoardo, *Filmcritica,* núms. 159-160, 1965.
Burgess, Jackson, *Film Quarterly,* núm. 2, 1965-66.
Burvenich, Jos, *Cineforum,* núm. 51, 1966.
Castro, Antonio, *Dirigido por,* núm. 54. mayo 1978.
Chevassu, François, *Image et Son,* núm. 228, 1969.
Christie, Ian Leslie, *Sight and Sound,* núm. 3, 1969.
Ciment, Michel, *Image et Son,* 1965.
Cournot, Michel, *Le Nouvel Observateur,* 1 septiembre 1965.
Ferrero, Adelio, «Conferma esemplare di una quarta età del cinema», *Cinema Nuovo,* núm. 177, 1965.
Ferrero, Nino, «Le razionali stazioni di Simon lo Stilita», *Filmcritica,* núms. 159-160, 1965.
Fieschi, Jean-Claude; Techine, André, *Cahiers du Cinéma,* octubre 1965.
Fink, Guido, «Tempi duri per il diavolo», *Occhio critico,* número 1, 1966.
Goimard, Jacques, «Quelques réflexions sur Buñuel et le Christianisme (à propos de Simon du désert)», *Positif,* número 108, 1969.
Gregor, Ulrich, *Filmkritik,* núm. 10, 1965.
Klee, Pauline, «Saintless», *The New Yorker,* 15 febrero 1969; también en *Going Steady,* Boston-Toronto, 1970.
Marcorelles, Louis, *Le Monde,* 25 marzo 1969.
Martialay, Félix, *Film Ideal,* núm. 211, 1969.
Martin, Marcel, *Cinéma 69,* núm. 136, 1969.
Murphy, Brian, *Films and Filming,* julio 1969.
Pérez, Michel, *Combat,* 24 marzo 1969.
Pierre, Sylvie, *Cahiers du Cinéma,* núm. 212, 1969.
Seguin, Louis, *Positif,* diciembre 1965.
Siclier, Jacques, *Télérama,* 6 abril 1969.
Strick, Philip, *Monthly Film Bulletin,* núm. 424, 1969.

VERDONE, MARIO, «Molti autori e 'mezzi' film», B*ianco e nero,* núms. 10-11, 1965.
WENDT, ERNST, *Film,* núm. 10, 1965.

4. 4.   Tristana y la última etapa francesa (1965-1977)

«Belle de jour»

AA. VV., «Antologia critica», *Occhio critico,* núm. 7, 1967.
BIANCHI, PIETRO, *Il giorno,* 6 septiembre 1967.
BILLARD, PIERRE, L'Express, 29 mayo 1967.
BINI, LUIGI, *Letture,* octubre 1967.
BURVENICH, JOS, *Cineforum,* núm. 69, 1967.
CHAGNARD, PATRICE, *Téléciné,* núm. 135, 1967.
CHAPIER, HENRI, *Combat,* 9 y 10 septiembre 1967.
DAWSON, JAN, *Monthly Film Bulletin,* núm. 407, 1967.
DE BARONCELLI, JEAN, «Le Monde», 28-29 mayo 1967.
FERRERO, ADELIO, «Una bella di giorno e pochi sovversivi operanti», *Cinema Nuovo,* núm. 189, 1967.
FIESCHI, JEAN ANDRÉ, *Cahiers du Cinéma,* núm. 192, 1967.
FOFI, GOFFREDO, «Il migliore dei mondi», *Ombre rosse,* primera serie, núm. 2, 1967.
GOW, GORDON, *Films and Filming,* núm. 1, 1968.
GRAZZINI, GIOVANNI, *Corriere della sera,* 6 septiembre 1967.
KERNAN, MARGOT, S., *Film Quartely,* núm. 1, 1969.
KLIESS, WERNER, en *Film* 1967, Hannover, Friederich, 1967.
MARINERO, MANOLO, *Film Ideal,* núm. 209, 1969.
MARTIN, MARCEL, *Cinéma 67,* núm. 118, 1967.
MAURIAC, CLAUDE, *Le Figaro Littéraire,* 5 y 11 junio 1967.
MICCICHÉ, LINO, *Avanti!,* 6 septiembre 1967.
MILNE, TOM, *The Observer Review,* 10 septiembre 1967.
MORAVIA, ALBERTO, *L'Espresso,* 8 octubre 1967.
NEGARVILLE, MASSIMO, «Un leone che morde», *Ombre rosse,* primera serie, núm. 3, 1967.
PATALAS, ENO, *Konkret 1967,* núm. 10, 1967.
RONDI, GIANLUIGI, *Il Tempo,* 9 septiembre 1967.
RUSELL TAYLOR, JOHN, *The Times Saturday Review,* 9 diciembre 1967.
SADOUL, GEORGES, *Les Lettres Françaises,* 1 junio 1967.
SARRIS, ANDREW, «Belle de jour», *Village Voice,* 9 mayo 1968; también en *Confession of a Cultist,* Nueva York, 1971.
SEGUIN, LOUIS, y BENAYOUN, ROBERT, *Positif,* núm. 87, 1967.

Solmi, Angelo, *Oggi,* 21 septiembre 1967.
Spila, P., «Belle de jour come coscienza dell'irrealtà», *Cinema e Film,* núm. 4, 1967.
Stein, Elliot, «Buñuel's Golden Bowl», *Sight and Sound,* número 4, 1967.
Stempel, Hans, *Filmkritik,* núm. 11, 1967.
Tornabuoni, Lieta, *Europeo,* 21 septiembre 1967.
Verdone, Mario, «Cinema di idee», *Bianco e nero,* núms. 1-2, 1968.
Von Mengershausen, Joachim, *Film,* núm. 11, 1967.

«La Voie Lactée»

Amengual, Barthélemy, «Presenza di Luis Buñuel sulla Via Lattea», *Cinema Nuovo,* núm. 210, 1971.
Arnault, Hubert, «Entretien avec Jean Carrière, sur La Voie Lactée», *L'Avant-Scène du Cinéma,* núms. 94-95, 1969.
Baconnier, Fernand, *Téléciné,* núm. 153, 1969.
Bianchi, Pietro, «Autostop nel tempo», *Il giorno,* 5 marzo 1969.
Billard, Pierre, «Le nouveau testament de Luis Buñuel», *L'Express,* 17 marzo 1969.
Bory, Jean-Louis, *Le Nouvel Observateur,* 10 marzo 1969.
Brega, Gian Piero, «La perdizione religiosa sulla Via Lattea», *Cinema Nuovo,* núm. 198, 1969.
Bruno, Edoardo, *Filmcritica,* núm. 195, 1969.
Brustellin, Alf, «Die befreinde Welt der Dichtung», *Film,* número 8, 1969.
Capdenac, Michel, «Buñuel, l'hérésiarque serein», *Les Lettres Françaises,* 25 marzo 1969.
Capdenac, Michel, *Les Lettres Françaises,* 19 marzo 1969.
Carancini, Caetano, «Nella Via Lattea le ossessioni di Buñuel», *La voce repubblicana,* 8 marzo 1969.
Carlini, Fabio, «I giorni della creazione», *Cinema e Film,* número 9, 1969.
Carriére, Jean Claude, *Les Lettres Françaises,* núm. 1.274, marzo 1969.
Casiraghi, Ugo, *L'Unità,* 5 marzo 1969.
Castro, Antonio, *Dirigido por,* núm. 48, nov. 1977.
Chapier, Henri, *Combat,* 14 marzo 1969.
Charensol, Georges, *Les nouvelles littéraires,* 20 marzo 1969.
Chazal, Robert, *France-Soir,* 16 marzo 1969.
Chevassu, François, *Jeune Cinéma,* núm. 38, 1969.

Chevassu, François, *La Revue du Cinéma/Image et Son,* número 228, 1969.
Christie, Ian Leslie, *Monthly Film Bulletin,* núm. 431, 1969.
De Baroncelli, Jean, *Le Monde,* 16 y 17 marzo 1969.
Delmas, Jean, *Jeune Cinéma,* núm. 38, 1969.
Durand, Michel, *Le canard enchaîné,* 19 marzo 1969.
Durgnat, Raymond, *Film Comment,* núm. 4, 1974.
Fieschi, Jean-André, *Quinzaine littéraire,* 15 abril 1969.
Fofi, Goffredo, «La prigione cristiana», *Ombre rosse,* primera serie.
Langlois, Georges, *Les Lettres Françaises,* núm. 1.255, 1968.
Malcom, Derek, *Sight and Sound,* núm. 1, 1969-70.
Mancini, Michele, «Premessa», *Filmcritica,* núm. 195, 1969.
Manfellotto, B., *Cinema 60,* núm. 71, 1968.
Martin, Marcel, *Cinéma 69,* núm. 136, 1969.
Maruriac, Claude, «La culture dans un fauteuil», *Le Figaro Littéraire,* 9 marzo 1969.
Micciché, Lino, «Il valore dell'eresia», *Avanti!,* 5 marzo 1969.
Moravia, Alberto, «Gesù non perde il filobus», *L'Espresso,* 20 marzo 1969.
Oudart, J.P.; Pierre, S.; Narboni, J., *Cahiers du Cinéma,* número 212, 1969.
Pala, J. M., *Film Ideal,* núm. 211, 1969.
Ricciuti, Vittorio, *Il mattino,* 23 marzo 1969.
Rochereau, Jean, *La croix,* 24 marzo 1969.
Rondi, Gianluigi, *Il Tempo,* 5 marzo 1969.
Savioli, Aggeo, «Eresia e Vangeli secondo Buñuel», *L'Unità,* 5 marzo 1969.
Seguin, Louis, *Positif,* núm. 106, 1969.
Simon, John, *Movies into Film,* Nueva York, 1971.
Tarratt, Margaret, *Films and Filming,* núm. 3, 1969.
Walter, Renaud, «En suivant La Voie Lactée», *Téléciné,* número 153, 1969.

«Tristana»

AA. VV., *Filmcritica,* núm. 210, 1970.
Alonso Ibarrola, J. Manuel, «Don Benito Pérez Galdós y el cine», *Cuadernos Hispanoamericanos,* núms. 250-252, octubre 1970-enero 1971.
Arecco, Sergio, *Nuovi Argomenti,* núm. 21, 1971.
Arecco, Sergio, *Nuovi Argomenti,* núm. 21, 1971.

Benayoun, Robert, *Positif,* núm. 117, 1970.
Bonitzer, P.; Aumont, Pierre S.; Oudart, J. P., *Cahiers du Cinéma,* núm. 223, 1970.
Bruno, Edoardo, *Filmcritica,* núm. 210, octubre 1970.
Cappabianca, Alessandro, *Filmcritica,* núm. 210, octubre 1970.
Cattini, Alberto, «Gli atti di Tristana», *Cinema Nuovo,* número 21, 1971.
Comuzio, Ermanno, *Cineforum,* núms. 97-98, 1970.
Contini, G., «Da Buñuel a Pérez Galdós», *Corriere della sera,* 3 enero 1971.
Dongan, Christian, «Tristana et le discours libertaire», *Les cahiers de la Cinémathèque,* nn. 38-39, 1984.
Durgnat, Raymond, *Film Comment,* núm. 5, 1974.
Elbert, Jürgen, *Filmkritik,* núm. 2, 1970-71.
Elsaesser, Thomas, *Monogram,* núm. 207, 1970.
Finetti, Ugo, *Cinema Nuovo,* núm. 207, 1970.
Fovez, Jean-Élie, *Téléciné,* núm. 162, 1970.
Gambetti, Giacomo, *Bianco e nero,* núms. 5-6, 1970.
Gow, Gordon, *Films and Filming,* núm. 4, 1972.
Jebb, Julian, *Sight and Sound,* núm. 2, 1971.
Jogny, Marcel, *Téléciné,* núm. 167, 1971.
Kané, Pascal, *Cahiers du Cinéma,* núm. 225, 1970.
Lefèvre, Raymond, *La Revue du Cinéma/Image et Son,* número 240, 1970.
Limmer, Wolfgang, *Fersehen und Film,* núm. 4, 1971.
Manfelloto, B., «Due modi di distruggere il melodrammatico», *Cinema 60,* núms. 78-79-80, 1970.
Marcorelles, Louis, *Le Monde,* 18 mayo 1970.
Milne, Tom, *Monthly Film Bulletin,* núm. 454, 1971.
Morse, David, *Monogram,* núm. 5, 1974.
Sánchez Vidal, Agustín, *El Día de Aragón,* 11 diciembre 1982.
Tessier, Max, *Cinéma 70,* núm. 147, 1970.
Tinazzi, Giorgio, «Tristana: a proposito di Buñuel», *Cinema 60,* núms. 85-86, 1971.
Tiso, Ciriaco, *Filmcritica,* núm. 210, ott. 1970.
Turroni, Giuseppe, *Filmcritica,* núm. 210, octubre 1970.
Ungari, Enzo, «La scena depredata», *Cinema e Film,* números 11-12, 1970.
Utrera, Rafael, «La literatura de Galdós en su tratamiento cinematográfico», *Ínsula,* núm. 492, nov. 1987.

«Le charme discret de la bourgeoisie»

ALCALÁ, MANUEL, «Luis Buñuel rueda su última película», *Reseña,* julio-agosto 1972.
ALCALÁ, MANUEL, *Film-Korrespondenz,* núm. 4, 1973.
ALCALÁ, MANUEL, *Reseña,* junio 1973.
ARECCO, SERGIO, «Gli oneiropatici di Le charme», *Filmcritica,* núm. 233, 1973.
ARGENTIERI, MINO, «El fascino anarchico di Buñuel», *Rinascita,* 27 abril 1973.
ARISTARCO, GUIDO, «Il cerchio della storia», nella struttura della beffa, *Cinema Nuovo,* núm. 227, 1974.
BENAYOUN, ROBERT, «Dîner en ville avec le commandeur», *Positif,* núm. 146, 1973.
BORY, JEAN-LOUIS, *Le Nouvel Observateur,* 22 septiembre 1972.
BRAUCOURT, GUY, *Écran,* núm. 9, 1972.
BRUNO, EDOARDO, «L'impenetrabilità di Buñuel», *Filmcritica,* núm. 233, 1973.
BUFFA, MICHELANGELO, «La discreta sovversione di Buñuel», *Filmcritica,* núm. 228, 1972.
CAMPARI, ROBERTO, «L'ultimo Buñuel», NAC, junio-julio 1973.
CANBY, VINCENT; KAEL, PAULINE; HATCH, ROBERT, *Film 1972-73,* Indianapolis-Nueva York, 1973.
CAPPABIANCA, ALESSANDRO, «Buñuel: la messa in scena del metasogno», *Filmcritica,* núm. 233, 1973.
CHEVALIER, JACQUES, *La Revue du Cinéma/Image et Son,* número 265, 1972.
CIARLETTA, «Interpretabilità», *Filmcritica,* núm. 247, 1974.
COSULICH, CALLISTO, *Paese sera,* 14 abril 1973.
DAWSON, IAN, *Monthly Film Bulletin,* núm. 469, 1973.
DE BARONCELLI, JEAN, *Le Monde,* 16 septiembre 1972.
DEL BUONO, ORESTE, *Europeo,* 3 mayo 1973.
EBERT, JÜRGEN, *Filmkritik,* núm. 4, 1973.
FINK, GUIDO, «La borghesia e i suoi fantasmi», *Paragone,* número 286, 1973.
GOW, GORDON, *Films and Filming,* núm. 6, 1973.
IVALDI, NEDO, *Rivista del cinematografo,* núm. 6, 1973.
JAEGGI, URS, *Medium,* núm. 7, 1973.
KOCH, GERTRUD, *Kino,* núm. 4, 1973.
MAURIAC, CLAUDE, *L'Express,* 18 septiembre 1972.
MORANDINI, MORANDO, *Il Giorno,* 29 abril 1973.

Moscati, Italo, «L'ultimo Buñuel: una lucidità che va oltre il moralismo», *Cineforum,* núm. 120, 1973.
Piro, Sanibaldo, «La gaia relatività nell'ideologia del dubbio», *Cinema Nuovo,* núm. 227, 1974.
Rondi, Gianluigi, *Il Tempo,* 14 abril 1973.
Rosenbaum, Jonathan, *Sight and Sound,* núm. 1, 1972-73.
Ruf, Wolfgang, *Jugend Film Fernesehen,* núm. 4, 1973.
Sery, Patrick, *Cinéma 72,* núm. 170, 1972.
Sorel, Stéphane, *Téléciné,* núm. 176, 1973.
Tassone, Aldo, *Letture,* 1973.
Termine, Liborio, «Buñuel e il velleitarismo di un critico», *Cinema Nuovo,* núm. 233, 1973.
Trionfo; Capriolo; Boursier, «Il fascino discreto della rivoluzione culturale», *Fouricampo,* núm. 2, 1973.
Turroni, Giuseppe, «Il fascino discreto della borghesia», *Filmcritica,* núm. 233, 1973.
Vitoux, Frédéric, «Un chef d'oeuvre féroce et serein», *Positif,* núm. 146, 1973.

«Le fantôme de la liberté»

Benayoun, R.; Sineux, A.; Vitoux, F., *Positif,* núm. 162, 1974.
Bolzoni, Federico, «L'eterna giovinezza del "vecchio" Buñuel», *L'Avvenire,* 24 noviembre 1974.
Bonitzer, Pascal, «La table de dissection», *Cahiers du Cinéma,* núm. 253, 1974.
Cappabianca, A.; Mancini, M.; Tiso, C., *Filmcritica,* núm. 251, 1975.
Chevallier, Jacques, *La Revue du Cinéma/Image et Son,* número 290, 1974.
Clarens, Carlos, «Chance meetings: le fantôme de la liberté», *Sight and Sound,* núm. 1, 1974-75.
De Baroncelli, Jean, *Le Monde,* 12 septiembre 1974.
Escobar, Roberto, *Cineforum,* núms. 141-142, 1975.
Finetti, Ugo, *Cinema Nuovo,* núm. 235, 1975.
Frot-Contaz, Gérard, *Cinéma 74,* núms. 190-191, 1974.
Hennebelle, Guy, *Écran,* núm. 30, 1974.
Knorr, Wolfram, *Jugend Film Fernesehen,* núm. 2, 1975.
Le Puyat, Simon, *Téléciné,* núm. 193, 1974.
Madsen, Axel, «Phantom of liberty», *Sight and Sound,* número 3, 1974.
Martin, Marcel, *Écran,* núm. 29, 1974.
McGillivray, David, *Films and Filming,* núm. 7, 1975.

Meyer, Andreas, *Medium,* núm. 3, 1975.
Milne, Tom, *Monthly Film Bulletin,* núm. 493, 1975.
Moravia, Alberto, «Fino all'ultimo borghese», *L'Espresso,* número 49, 1974.
Rond, Richard, *Film-Comment,* núm. 5, 1974.
Rondi, Gianluigi, *Il Tempo,* 24 noviembre 1974.
Schröder, Peter, *Film-Korrespondenz,* núm. 2, 1975.
Sorgi, Claudio, *Rivista del cinematografo,* núm. 12, 1974.

«Cet obscur objet du désir»

Adair, Gilbert, *Film Comment,* núm. 6, 1977.
Balague, Carlos, *Dirigido por,* núm. 53, abril 1978.
Beerekamp, H., *Skrien,* núm. 74, 1978.
Benayoun, Robert, y Masson, André, Buñuel: «Cet obscur objet du désir», *Positif,* núm. 198, 1977.
Bolzoni, Francesco, *Rivista del cinematografo,* núm. 1, 1978.
Chevallier, Jacques, *La Revue du Cinéma/Image et Son,* número 322, 1977.
Dalmas, Jean, *Jeune Cinéma,* núm. 105, 1977.
Elia, M., *Sequences,* núm. 92, 1978.
Escobar, Roberto, *Cineforum,* núm. 174, 1978.
Everson, W. K., *Films in Review,* núm. 1, 1978.
Gow, Gordon, *Films and Filming,* núm. 8, 1978.
Haakman, A., *Skoop,* núm. 2, 1978.
Lefèvre, Raymond, *Cinéma 77,* núm. 226, 1977.
Milne, Tom, *Monthly Film Bulletin,* núm. 530, 1978.
Musatti, Cesare, *Cinema Nuovo,* núm. 254, 1978.
Oudart, Jean-Pierre, «Un homme, une femme et quelques bêtes», *Cahiers du Cinéma,* núm. 281, 1977.
Piil, M., *Kosmorama,* núm. 137, 1978.
Puccini, Dario, *Bianco e nero,* núm. 3, 1978.
Robinsen, D., *Sight and Sound,* núm. 3, 1978.
Rondi, Gianluigi, *Il Tempo,* 6 enero 1978.
Sotiaux, D., *Revue Belge du Cinéma,* núms. 9-10, 1977-78.
Sánchez, Francisco, *Cine,* México, núm. 3, abril 1978.
Tassone, Aldo, *Cinéma Québec,* núm. 3, 1978.

Índice

El cine, instrumento de poesía 7

Hitos para una biografía 33

Buñuel visto por sí mismo 57

Análisis y testimonios 89

Filmografía 127

Complemento filmográfico 309

Bibliografía 313

Colección
Signo e Imagen

Signo e Imagen / Cineastas

TÍTULOS PUBLICADOS

1. *Ingmar Bergman,* JUAN MIGUEL COMPANY (4.ª ed.).
3. *Stanley Kubrick,* ESTEVE RIAMBAU (4.ª ed.).
4. *Luis Buñuel,* AGUSTÍN SÁNCHEZ VIDAL (4.ª ed.).
5. *John Ford,* PATXI URKIJO (4.ª ed.).
6. *Eric Rohmer,* CARLOS F. HEREDERO Y ANTONIO SANTAMARINA.
7. *Fritz Lang,* QUIM CASAS (4.ª ed.).
8. *Billy Wilder,* CLAUDIUS SEIDL (3.ª ed.).
9. *George Cukor,* AUGUSTO MARTÍNEZ TORRES.
10. *S. M. Eisenstein,* JESÚS GONZÁLEZ REQUENA (2.ª ed.).
11. *John Cassavetes,* THIERRY JOUSSE.
12. *Akira Kurosawa,* MANUEL VIDAL ESTÉVEZ (3.ª ed.).
13. *David Lean,* RAMÓN MORENO CANTERO.
14. *Alain Tanner,* CHRISTIAN DIMITRIU.
15. *Federico Fellini,* PILAR PEDRAZA Y JUAN L. GANDÍA (2.ª ed.).
16. *Steven Spielberg,* MARCIAL CANTERO (2.ª ed.).
17. *Kenji Mizoguchi,* ANTONIO SANTOS.
18. *Joseph L. Mankiewicz,* N. T. BINH.
19. *Nicholas Ray,* JEAN WAGNER.
20. *Pedro Almodóvar,* ANTONIO HOLGUÍN (3.ª ed.).
21. *Jean-Luc Godard,* SUZANNE LIANDRAT-GUIGUES Y JEAN-LOUIS LEUTRAT.
22. *Vincente Minnelli,* AUGUSTO MARTÍNEZ TORRES.
23. *Roberto Rossellini,* ÁNGEL QUINTANA.
24. *Peter Greenaway,* JORGE GOROSTIZA.

25. *Sam Peckinpah*, Francisco Javier Urkijo.
26. *Víctor Erice*, Carmen Arocena.
27. *Vicente Aranda*, Enrique Colmena.
28. *Tomás Gutiérrez Alea*, José Antonio Évora.
29. *Fernando Birri (El alquimista poético-político)*, Fernando Birri.
30. *Michael Curtiz*, Pablo Mérida.
32. *Luchino Visconti*, S. Liandrat-Guigues.
33. *Nelson Pereira dos Santos*, Helena Salem.
34. *Carl Theodor Dreyer*, Manuel Vidal Estévez.
35. *Luis García Berlanga*, Francisco Perales.
36. *Francis Ford Coppola*, Esteve Riambau (2.ª ed.).
37. *David Wark Griffith*, José María Marzal.
38. *Arturo Ripstein (La espiral de la identidad)*, Paulo Antonio Paranaguá.
39. *Jean Renoir*, Ángel Quintana.
40. *Mario Camus*, José Luis Sánchez Noriega.
41. *Satyajit Ray*, Alberto Elena.
42. *Woody Allen*, Jorge Fonte (4.ª ed.).
43. *Wim Wenders*, Iñigo Marzabal.
44. *Pier Paolo Pasolini*, Silvestra Mariniello.
45. *Claude Chabrol*, Aldo Viganò.
46. *Martin Scorsese*, José Enrique Monterde.
47. *Jacques Tati*, Carlos Cuéllar.
48. *Elia Kazan*, Efrén Cuevas.
49. *Alfred Hitchcock*, José Luis Castro.
50. *Charles Chaplin*, Esteve Riambau.
51. *Brian De Palma*, Marcial Cantero.
52. *Robert Bresson*, Santos Zunzunegui.
53. *Patricio Guzmán*, Jorge Ruffinelli.
54. *Samuel Fuller*, Quim Casas.
55. *Michael Powell y Emeric Pressburger*, Llorenç Esteve.
56. *Rainer Werner Fassbinder*, Yann Lardeau.
57. *Glauber Rocha*, José Carlos Avellar.
58. *Abbas Kiarostami*, Alberto Elena.
59. *Michelangelo Antonioni*, Domènec Font.
60. *Manuel Gutiérrez Aragón*, Vicente Molina Foix.
61. *John Huston*, Marcial Cantero.
62. *David Cronenberg*, Jorge Gorostiza y Ana Pérez.

63. *Tim Burton*, MARCOS MARCOS ARZA (2.ª ed.).
64. *Howard Hawks*, FRANCISCO PERALES.
65. *Yasujiro Ozu*, ANTONIO SANTOS.
66. *Orson Welles*, SANTOS ZUNZUNEGUI.
67. *John Frankenheimer*, FRANCISCO JAVIER URKIJO.
68. *Takeshi Kitano*, LUIS MIRANDA.
69. *Miloš Forman*, CÉSAR BALLESTER.
70. *Douglas Sirk*, JESÚS GONZÁLEZ REQUENA.
71. *David Lynch*, QUIM CASAS (2.ª ed.).
72. *Buster Keaton*, JOAN M. MINGUET.
73. *Oliver Stone*, JORGE FONTE.
74. *Frank Capra*, RAMON GIRONA.
75. *Clint Eastwood*, CARLOS AGUILAR (2.ª ed.).
76. *Robert Aldrich*, JAIME IGLESIAS GAMBOA.
77. *Otto Preminger*, ANTONIO GARCÍA-BERRIO HERNÁNDEZ.
78. *François Truffaut*, LUIS GARCÍA GIL.
79. *Sergio Leone*, CARLOS AGUILAR.
80. *Fernando Fernán-Gómez*, JOSÉ LUIS CASTRO DE PAZ.

DE PRÓXIMA APARICIÓN

Andrei Tarkovski, CARLOS TEJEDA.